Angelika Schrobsdorff
Grandhotel Bulgaria

Angelika Schrobsdorff

Grandhotel Bulgaria

Heimkehr
in die Vergangenheit

Originalausgabe
Dezember 1997
© 1997 Deutscher Taschenbuch Verlag GmbH & Co. KG,
München
Umschlagkonzept: Balk & Brumshagen
Umschlagfoto: Angelika Schrobsdorff vor dem Haus,
in dem sie während des Exils in Sofia gewohnt hat
(© Angelika Schrobsdorff)
Satz: KCS GmbH, Buchholz/Hamburg
Gesetzt aus der Berling 10,5/12,75˙ (QuarkXPress 3.31)
Druck und Bindung: Kösel, Kempten
Gedruckt auf säurefreiem, chlorfrei gebleichtem Papier
Printed in Germany · ISBN 3-423-24115-2

Für meine Nichte Evelina

Jerusalem
Sofia

Fallit oder ein unauffälliges Elend

Anfang Dezember rief mich meine Nichte Evelina in Jerusalem an. Sie lebt mit Mann und neunjährigem Sohn in Burgas, einer Stadt am Schwarzen Meer.

»Motektsche!« sagte sie. »Oh, du mein Motektsche!«

Sie hat eine tiefe, vom vielen Rauchen belegte Stimme, doch wenn sie Motektsche sagt, das hebräische Wort für Süße, dem sie dann noch die bulgarische Koseform *tsche* anhängt, hat ihre Stimme den Ton eines Kleinkindes, das sich in den ersten Worten übt.

Ihr Anruf überraschte mich nicht, denn sie ruft öfter aus der Postzentrale an, wo ihre Freundin, die dort arbeitet, sie heimlich kostenlos telefonieren läßt.

»Ich habe gerade deinen Brief bekommen«, sagte sie, »und bin natürlich sehr traurig, daß du jetzt doch nicht kommen kannst, aber für dich ist es besser so. Du hättest es hier nicht ausgehalten.«

»Evi«, protestierte ich, »ich hab es schon oft ausgehalten, und es war, trotz allem, immer sehr schön für mich.«

»Diesmal nicht, Angeli, diesmal wär es nicht schön geworden. Aber sprechen wir von was anderem. Was macht deine Schulter, und wie geht es Dino?«

Evelina ist ein offener, mitteilsamer Mensch, der immer direkt das sagt und fragt, was ihr auf dem Herzen liegt. Warum also verschwendete sie plötzlich die kostbare Zeit eines Ferngespräches mit der Erkundigung nach einem unerheblichen Schmerz in meiner Schulter und dem Befinden meines schwarzen, zehn Jahre alten Hauskaters?

»Der Schmerz ist weg und Dino geht es gut. Also, was ist, Evi? Was ist los? Ist etwas bei euch zu Hause passiert?«

»Nein, bei uns zu Hause ist noch alles in Ordnung.«

»Was meinst du mit ›noch‹?«
»Na, wenn es in Bulgarien so weitergeht ...«
»Wie weitergeht?«
Sie schwieg.

Dank meiner Verbindungen zu Verwandten und Freunden wußte ich, daß in Bulgarien böse Zustände herrschten, daß es mal über Wochen kein Brot gab, mal kein Heizöl, mal nur stundenweise Elektrizität und daß die Preise für einen Normalverdienenden unerschwinglich geworden waren. Mehr wußte ich nicht, denn Bulgarien war eines der wenigen Länder, das keine Sensationsnachrichten zu bieten hatte, keine Massaker, keine Bürgerkriege, keine Flüchtlingsströme oder -lager, keine Seuchen – nichts also, was die Fernseheinschaltquoten oder Zeitungsauflagen hätte hochschnellen lassen. In Bulgarien war das Elend unauffällig und dadurch schlecht zu vermarkten.

»Evi«, rief ich, »nun sprich schon endlich. Läßt du dich scheiden? Ist dein Sohn sitzengeblieben? Ist euer Haus zusammengebrochen?«

»Nein, nicht das Haus«, sagte sie mit einem kleinen betrübten Lachen, »nur das Land.«

»Das Land, Evi, das Land! Ich weiß ja, daß es ...«

»Angeli, du weißt nicht, keiner von euch weiß.« Und plötzlich schrie sie: »Der bulgarische Staat ist fallit!«

»Was ist er?«

»Fallit, Angeli, fallit! Die Kommunisten haben es geschafft! Tausende werden in diesem Winter verhungern und erfrieren.«

Das Wort fallit war mir fremd, aber daß die Kommunisten etwas Furchtbares geschafft haben mußten, lag nahe.

»Du lieber Gott«, sagte ich, um mir Bedenkzeit zu geben und nicht allzu begriffsstutzig dazustehen, »wie konnte denn das ... ah, ich verstehe.«

Fallit war nichts anderes als die bulgarische Abwandlung des französischen Wortes faillite, und daraus schloß ich: Der bulgarische Staat war bankrott, die Gepflogenheiten der ehemaligen bulgarischen Bourgeoisie aber immer noch gültig. Sie bediente sich nachwievor französischer Worte. Das eine war so erschreckend, wie das andere belustigend.

»Was verstehst du, Angeli?«

»Daß der Staat pleite ist. Aber das mit den Kommunisten habe ich noch nicht ganz begriffen.«

»Ich kann dir das jetzt nicht am Telefon erklären. Ich schreibe dir.«

»Evi!«

»Ja?«

»Werden in diesem Winter wirklich Tausende verhungern und erfrieren?«

»Motek«, sagte sie, und ohne das *tsche* am Ende klang das Wort hart und ihre Stimme gar nicht mehr kindlich, »mach dir jetzt bitte keine Sorgen. Ich schwöre dir, Pentscho, Andy und ich haben genug zu essen und zu heizen. Ich hab ja ein paar deutsche Mark zur Seite gelegt. Aber die, die weder Deutschmark noch Dollar haben und von ihren Gehältern oder Renten leben müssen, denen gebe ich wenig Überlebenschancen. Fallit, Motektsche, ist fallit.«

Ausgerechnet Bulgarien

Als ich am nächsten Morgen auf der Terrasse frühstückte, beschloß ich, nach Bulgarien zu fahren. Vielleicht verdankte ich diesen Entschluß der Butter, die ich dick auf eine Scheibe Brot strich, der Sonne, die mich fast sommerlich heiß umfing, vielleicht auch Kater Dino, der neben mir auf einem Stuhl saß, ein Stück Käse forderte und bekam, daran schnupperte und es angeekelt liegen ließ. Ja, es muß wohl der Überfluß an Nahrung und Wärme gewesen sein, der Überdruß, mit dem der Kater ein Stück Käse zurückwies. Ich stand auf, ging geradewegs zum Telefon und rief mein Reisebüro an.

»Fliegt die El Al noch nach Bulgarien?« wollte ich wissen.

»Ja, einmal die Woche.«

»Bitte, buchen Sie mir einen Platz in der letzten Woche vor Weihnachten.«

»Da wäre ein Flug am 23. Dezember.«

»Ausgezeichnet«, sagte ich, denn es war der Tag vor meinem Geburtstag und auf diese Weise würde ich ihm entkommen und nicht durch zahlreiche Glückwunschanrufe an mein Unglück erinnert werden.

»Ich fliege am 23. Dezember nach Bulgarien«, teilte ich meinen Freunden und Bekannten schroff mit. Sie sollten es bloß nicht wagen, mir mit Einwänden zu kommen.

»Ausgerechnet Bulgarien!« sagte einer von ihnen. »Und das auch noch im Winter! Hättest du dir nicht etwas Angenehmeres, Wärmeres, Erholsameres aussuchen können?«

»Was ist denn das für eine Schnapsidee?« fragte ein anderer, »in Rumänien ...«

»Bulgarien«, verbesserte ich.

»Na, ist ja ein und dasselbe, in all diesen Ländern sollen chaotische Zustände herrschen.«

»Ach, wie schön!« rief eine Freundin, die einem nie richtig zuhörte. »Hab eine wunderbare Zeit!«

»Oh ...«, sagte eine dritte, und da ihr zu diesem Land und meinem bizarren Vorhaben offenbar überhaupt nichts mehr einfiel, erklärte sie: »Ich fliege über die Feiertage nach Rio.«

Ich rief meine Nichte in Burgas an und erklärte, daß ich am 23. Dezember in Sofia einträfe.

»Motektsche«, gurrte sie, »ist das dein Ernst?«

»Ja.«

»Motektsche«, schrie sie, »du bist eine Heroine.«

Der Aufschrei und die höchst schmeichelhafte Bezeichnung meiner Person entschädigten mich im voraus für all das, was mir bevorstand: ein Flug, für den ich gezwungen war, um drei Uhr früh aufzustehen, die Angst um Dino und die restlichen zwölf Katzen, die ich einem ebenso beflissenen, wie inkompetenten Paar anvertrauen mußte, der Mangel an winterfester Kleidung und nicht zuletzt mein angeschlagener Zustand, den ich sowohl meinem Alter als der israelischen Politik verdankte. Doch nichts, aber auch gar nichts brachte meinen heroischen Entschluß ins Wanken.

»Bitte, ruf meinen Schutzengel Bogdan an«, beauftragte ich meine Nichte, »und sag ihm, er möchte mich am Flugplatz abholen und etwa drei Wochen lang unter seine Fittiche nehmen.«

»Natürlich, Angeli, ich mach das sofort. Ohne ihn würdest du's ja nicht einmal vom Flugplatz bis zum Hotel schaffen.«

»Wie meinst du das?«

»Na ja, hier schlägt man den Leuten doch rechts und links für ein paar Dollar den Schädel ein, und Ausländer, besonders Frauen, sind freies Wild.«

»Ach so«, sagte ich und dachte: Freies Wild, Heroine – was man nicht alles in Bulgarien werden kann!

»Bitte mach dir jetzt keine Sorgen, Motektsche, mit dem großen, männlichen Bogdan an deiner Seite kann gar nichts passieren.«

»Ich weiß, Evilein. Aber frag ihn mal trotzdem, ob ich ihm nicht zu unserem Schutz eine Pistole mitbringen soll. Hier gibt's davon mehr als genug.«

Sie lachte ein tiefes, kleinkindhaftes Lachen, sagte: »Ich liebe dich«, und hing ein.

Gore, dollo – Oben, unten

Die nächtliche Fahrt durch Jerusalem war wunderschön. Die Luft warm und weich, die Stadt in friedlichem Schlaf, die Straßen ausgestorben.

»Auf Wiedersehen, Heilige Stadt«, sagte ich und fühlte einen Stich des Abschiedsschmerzes. Wäre Jerusalem wach gewesen und die Straßen voll, ich hätte ihn nicht gefühlt.

Auf dem Flugplatz herrschte wenig Betrieb. Ich gelangte schnell und problemlos in die Wartehalle. Auf der Abflugtafel leuchtete unter vielen anderen, angenehmeren, wärmeren, erholsameren Reisezielen das Wort: Sofia.

Ich schaute es lange an und fühlte etwas wie Zärtlichkeit. Sofia – ein Stück Zuhause.

Ich begab mich zu Ausgang drei. Es saßen schon etliche Menschen auf den Bänken. Sie waren trotz unzumutbar früher Stunde sehr rege, sahen aber aus, als hätten sie sich noch nicht das Gesicht gewaschen, die Zähne geputzt und die Haare gekämmt. Ich ging ein paarmal auf und ab, um zu hören, welche Sprache sie sprachen.

Einige sprachen hebräisch, andere bulgarisch. Dann sprachen die, die eben noch hebräisch gesprochen hatten, bulgarisch und umgekehrt. Bulgarische Juden, stellte ich fest. Etwas abseits stand eine kleine Gruppe Männer. Drei von ihnen waren robuste, bäuerliche Typen, in neuen, noch steifen Jeans und billigen Lederjacken, wie sie in der Altstadt von Jerusalem verkauft werden. Der vierte, älter und schmaler als die anderen, trug einen abgenutzten braunen Anzug und sein Gesicht war verhärmt. Bei ihnen mußte es sich um Gastarbeiter handeln, von denen viele schwarz in israelischen Bauunternehmen arbeiteten.

»Wie gefällt dir deine Arbeit?« fragte der Verhärmte einen der Robusten.

»Gore, dollo«, sagte der, was wörtlich übersetzt heißt: »Oben, unten.«

»Ich habe Glück gehabt und eine ›süße‹ Arbeit gefunden«, sagte ein anderer.

»Heide dä«, rief ein dritter, »eine süße Arbeit! Hast du die vielleicht bei der Mafia gefunden?«

Jetzt brachen alle in Gelächter aus, und ich ging weiter.

Ja, das waren heimatliche Klänge, rauhe und gleichzeitig blumige Worte, die ich in meiner Kindheit und Jugend so oft gehört, so oft gesprochen hatte. Wie übersetzte man *heide dä*, überlegte ich, ein Wort, das man zahllose Male am Tag gebrauchte, das verwunderter Ausruf, dringende Aufforderung oder, ohne das *dä* am Ende, sanfte Zustimmung sein konnte. Ich fand kein Äquivalent dafür.

Als sich der Himmel lichtete und einen neuen wolkenlos warmen Tag versprach, wurden wir zum Einsteigen aufgerufen. Es war sechs Uhr und ich erleichtert, daß wir pünktlich abflogen, also um 9 Uhr 30 in Sofia landen würden. Das Flugzeug war halb leer, nur die letzten zwei Raucherreihen, in denen ich einen Platz gebucht hatte, waren voll besetzt. Ich saß wie immer am Gang, neben einer kleinen Dicken, die sich in silbrige Leggings und einen rosa Angorapullover gezwängt hatte. Auf der anderen Seite des Ganges saßen die Bauarbeiter. Als sich das Flugzeug in Bewegung setzte, über die Startbahn raste und abhob, sagte einer von ihnen mit sanfter Zustimmung: »*Heide.*«

Das Rauchverbotschild erlosch, und im selben Moment zündeten sich alle dreiundzwanzig Passagiere in den letzten zwei Reihen eine Zigarette an. Das wurde selbst mir, einer überzeugten Raucherin, zuviel und ich stand auf, wählte eine Reihe in der Mitte der Maschine und ließ mich dort nieder.

Auf vielen kleinen Fernsehschirmen wurde uns jetzt die bunte, heile Welt Israels gezeigt: prächtige Blumen, blühende Bäume, glitzernder Schmuck vom Juwelier Stern, schöne tanzende Mädchen, braungebrannte Wellenreiter, hübsche spielende Kinder, moderne Fabriken, luxuriöse Restaurants, Villen in Gärten, glückliche Familien in schicken Autos.

»Donnerwetter«, murmelte ich, »haben wir's gut!«

Ich schlug ein Buch auf und versuchte mich auf die gar nicht bunte, heile Geschichte einer palästinensischen Hausfrau und Mutter von zehn Kindern zu konzentrieren, aber die kannte ich schon aus vielen ähnlichen Geschichten und außerdem wurde gerade das Frühstück serviert.

Es war ein ärmliches Frühstück, Besteck und Geschirr aus Plastik, die Brötchen vielleicht auch. Sie hatten eine blasse Farbe und eine glatte, unnachgiebige Oberfläche. Ich trank eine bräunliche, geschmacklose Flüssigkeit, die einem schon oft benützten Teebeutel zu entstammen schien. Das einzige Kind im Flugzeug begann selbstverständlich zu schreien. Es saß auf der anderen Seite des Ganges, drei Reihen hinter mir. Das Kind hörte nicht auf zu schreien. Ich schaute böse um die Ecke meines Sitzes. Die Eltern, eine hausbackene Mutter und ein großer, auf ordinäre Art gutaussehender Vater, bemühten sich, ihm den Mund mit einem der Plastikbrötchen zu stopfen. Das Kind, verständlicherweise, weigerte sich, schlug um sich, kreischte. Die Eltern, bulgarische Juden, die denkbar schlimmste Mischung was Kindererziehung anbelangt, versuchten, es mit Küssen und Liebkosungen zu beruhigen. Um mir nicht länger den Hals verrenken und meinen Ärger hinunterschlucken zu müssen, setzte ich mich ans Fenster, blickte auf eine graue, undurchlässige Wolkendecke und döste ein.

Als ich aufwachte, hatte sich das Flugzeug in eine Art Kneipe verwandelt. Man schwatzte und lachte, vertauschte die Sitze, traf sich zu einem Plausch im Gang, rauchte, wo man wollte, trank Coca-Cola, manche auch Whisky, war miteinander vertraut, wenn nicht sogar schon befreundet. In meiner Reihe, durch den Gang getrennt, saß jetzt ein sehr hübsches Mädchen, mit langem, blonden Haar und engen Jeans. Drei Männer hatten sich um sie geschart, darunter der gutaussehende Vater, mit einem Glas Whisky in der Hand. Das Kind plärrte immer noch oder schon wieder und die hausbackene Mutter, jetzt sichtbar verdrossen über die Ungezogenheit des einen und die sich anbahnende Untreue des anderen, packte den Schreihals und drückte ihn seinem Erzeuger in die Arme. Der nun hatte einen genialen Einfall: er tauchte den Schnuller des Kleinen in sein Glas Whisky und steckte ihn ihm in den Mund. Darauf herrschte Ruhe und allgemeine Erleichterung.

Die Wolkendecke war aufgerissen und ich sah unter mir schneebedeckte Berge und über mir eine Videokamera, mit der ein unbedarftes Männlein unter Anteilnahme sämtlicher Passagiere ungeschickt herumhantierte.

Selbst auf einem Flug in ein moribundes Land wird einem dieser technische Schnickschnack nicht erspart, dachte ich verärgert. Ich hoffe, das Ding wird ihm schon auf dem Flugplatz geklaut.

Inzwischen war es 9 Uhr 15 und die Landung mußte kurz bevorstehen. Ich zündete die letzte Zigarette dieses Fluges an, vergewisserte mich, daß die um meine Taille gegürtete Geldtasche noch da war, und versuchte, den Text eines Liedes zu rekapitulieren, das ich in meiner Kindheit gelernt hatte. Aber mir fiel nur die erste Zeile ein: »Bulgarien, Bulgarien, du bist ein glücklich Land ...«

In der Sprechanlage knackte es, dann erklang eine männliche Stimme, die uns mitteilte, daß wir uns jetzt über Sofia befänden. Jemand klatschte voreilig und die Stimme fuhr fort: wegen dichten Nebels aber leider nicht landen könnten. Jetzt hörte man ein vielstimmiges Raunen, das während der folgenden Bekanntgabe immer mehr anschwoll: Wir würden darum etwa eine halbe Stunde über der Stadt kreisen und, falls sich der Nebel nicht lichte, nach Burgas weiterfliegen.

Das Raunen war in allgemeinen Lärm übergegangen und in den hinein schrie ein Fluggast: »Burgas, was zum Teufel machen wir in Burgas?«

Ich, die ich schon einmal vor Jahren wegen eines Schneesturmes über Sofia in Burgas gelandet war, hätte ihm das genau erklären können: Wir werden zum Übernachten in irgendein scheußliches Hotel einquartiert und am nächsten Tag in einem überfüllten Zug acht Stunden nach Sofia verfrachtet. Ich lachte.

Das hübsche blonde Mädchen in den engen Jeans sah vorwurfsvoll zu mir hinüber. Sie fand die Möglichkeit, in Burgas zu landen, gar nicht komisch. Ich im Grunde ja auch nicht.

Wir kreisten mal höher, mal tiefer, weit über eine halbe Stunde. Wenn wir aus dem Bereich des Nebels kamen, erblickte ich unter mir eine triste Landschaft: graubraune, schorfige Erde, kleine Ortschaften in demselben schmuddeligen Farbton, hier und da ein See, der aussah, als sei er aus Blei gegossen.

Die Passagiere waren aufgefordert worden, auf ihre Plätze zurückzukehren und sich anzuschnallen. Die übermütige Stimmung war in beklommene Stille umgeschlagen. »Nur noch zwei Stunden länger und wir sind in Amerika!« kam eine Stimme aus dem Hintergrund.

»Wenn das so weitergeht, reicht das Benzin nicht mal bis Burgas«, erwiderte darauf ein anderer.

»Also, wenn ihr mich fragt«, rief ein dritter, »dann stimmt das alles nicht. Tatsache ist, daß wir entführt werden.«

Gelächter, in das sich ein Unterton von Angst mischte.

Die Fernseher waren erloschen, die Stewardessen verschwunden. Das Flugzeug senkte sich, tauchte tiefer und tiefer, in ein kompaktes, weißes Nichts. Wir wurden hastig gebeten, das Rauchen einzustellen, und als die Räder der Maschine den Boden berührten, höflich darauf aufmerksam gemacht, daß wir soeben in Sofia gelandet seien.

»Baruch ha Schem«, rief eine Frau aus tiefstem Herzen. »Gesegnet sei der Name!«

Heimkehr

Bogdan, die Gottesgabe, ein Name, dem er alle Ehre machte, und Lilli, meine ehemalige Mitschülerin, mit der ich seit fünfundfünfzig Jahren befreundet bin, warteten auf mich. Nicht eineinhalb Stunden Verspätung, nicht das seltsame Verbot, die Eingangshalle zu betreten, nicht Nebel noch Schnee hatten sie vertreiben können. Ein solches Verhalten erfordert zweierlei: ein hartes Training im Ertragen von Widerwärtigkeiten und eine ungeheure Wertschätzung der Freundschaft. Bogdan sah ich sofort, denn er ist sehr groß und breit, hat im Verhältnis dazu einen kleinen, kahlen Kopf und ein Gesicht, aus dem so viel Humor, Kraft und Lebensklugheit spricht, daß es sofort den Blick gefangennimmt und gleich darauf das Herz.

Lilli sah ich nicht, denn erstens hatte ich sie nicht erwartet, zweitens war sie so klein wie Bogdan groß, und drittens war etwas mit ihren Haaren passiert. In der ersten Phase unserer Freundschaft hatte sie prachtvolle, schwarzglänzende Zöpfe gehabt; als ich sie zwanzig Jahre später wiedersah, war ihr Haar kurz, aber immer noch schwarz gewesen und während meiner folgenden häufigen Besuche auch geblieben. Jetzt hatte es plötzlich die Farbe einer zu früh gepflückten Orange, ein merkwürdiges Kolorit, das möglicherweise noch zu ihren feinen Zügen, nicht aber zu ihrem klaren und bescheidenen Wesen paßte.

Ich ging also an ihr vorbei auf die Gottesgabe zu und verschwand in seinen kompakten, anorakgepolsterten Armen. Erst als sie mich mit den Worten: »Ja, und mich siehst du überhaupt nicht«, am Ärmel zupfte, entdeckte ich sie in der Höhe von Bogdans Hüfte, beugte mich zu ihrem ungewohnt farbigen Kopf hinab und küßte sie fest auf beide Wangen.

»Woher wußtest du denn, daß ich heute ankomme, Lilli?« fragte ich.

»Äh, Angelika, das wissen wir doch alle! Evelina hat es mir gesagt, Bogdans Frau Raina hat es mir gesagt, und dann habe ich unsere Mitschülerinnen angerufen, um es ihnen auch zu sagen. Sie wollen dich alle sehen. Am 26. Dezember kommen einige zu mir zum Abendessen: Radka, Witschka, Jordanka ... Du erinnerst dich doch an Jordanka?«

»Nein, an Jordanka erinnere ich mich nicht.«

Ehrlich gesagt, erinnerte ich mich an keine. Als ich sechzehnjährig die Schule verlassen hatte, waren es junge Mädchen gewesen, als ich einigen von ihnen auf einem, von Lilli organisierten,

Treffen wiederbegegnet war, hatten sie sich in früh gealterte, von Mühsal und Enttäuschung gezeichnete Frauen verwandelt. Ich hatte keine von ihnen wiedererkannt und gewünscht, diese Begegnung wäre mir erspart geblieben. Die Kluft der Zeit, der übergangslose Schritt vom Schulmädchen zur Großmutter, der weit auseinander klaffende Unterschied zwischen ihrem und meinem Leben war unüberbrückbar gewesen. So blieb das einzige, was mich mit ihnen verband, die ferne Erinnerung an eine Schar lebhafter und warmherziger Schülerinnen in schwarzen Schürzen, mit denen ich ein Klassenzimmer, die Angst vor Prüfungen und die schwärmerische Vorliebe für unsere schöne Mathematiklehrerin, Schwester Anastasia, geteilt hatte. Diejenigen, mit denen ich über die Schule hinaus enge Freundschaft geschlossen und nach zwanzigjähriger Trennung mühelos wieder aufgenommen hatte, waren Ludmila, Lilli und Stefana gewesen. Seither waren weitere dreißig Jahre vergangen. Ludmila, mit der ich am engsten verbunden gewesen war, hatte sich umgebracht, Lilli und Stefana waren vor etlichen Jahren an Brustkrebs erkrankt und lebten von Kontrolluntersuchung zu Kontrolluntersuchung mit der Ungewißheit. Wieviel Zeit blieb uns noch?

Bogdan hatte sich mit meinen Koffern beladen, Lilli riß mir die Reisetasche aus der Hand.

»Ich kann auch tragen«, murrte ich, »ich kann sogar sehr viel tragen. Glaubt ihr, in Jerusalem schleppt mir jemand die ...«

»Vorrrsicht«, rief Bogdan mit tiefer Stimme und knatterndem R, »hier schrecklich glatt. Halt dich fest an meine Jacke.«

»In Jerusalem sind die Straßen bei Regen auch schrecklich glatt.«

»Das hier ist nicht Regen und Jerusalem, sondern Schnee und Bulgarien«, erklärte Lilli und hakte mich energisch unter.

»Wenn ihr so weitermacht«, sagte ich, »komme ich mir vor wie eine schwache, alte Frau.«

»Na, jung sind wir nicht«, lachte Lilli, die wie alle Bulgaren keine schonenden Umwege um eine Tatsache machte.

»Das hier ist schwach und alt«, sagte Bogdan und blieb vor einem schmutzverkrusteten Lada stehen, »aber fährt noch gut.«

Da der Gepäckraum mit abenteuerlichen Sachen vollgestopft war und eine der Türen sich nur mit Mühe, die andere gar nicht aufsperren ließ, dauerte es eine Weile, bis Lilli und ich mehr unter als neben den Koffern im Auto verstaut waren.

»Glaubst du, es springt an?« fragte ich, über die Fahrtüchtigkeit des Autos zu Recht im Zweifel.

»Springt an«, sagte Bogdan, und da man sich immer auf sein Wort verlassen konnte, lehnte ich mich beruhigt auf meinem Sitz zurück.

Wir fuhren über eine Straße voller Tücken. Schlamm und Eisschollen wechselten einander ab und das Auto schlingerte mit seinem Hinterteil, als tanze es Lambada.

»Hast du keine Winterreifen?« fragte ich.

»Nä«, erwiderte Bogdan und zündete sich eine Zigarette an, »kosten zu viel.«

Der Nebel lag wie ein Leichentuch über der Landschaft. Man sah Flächen brauner, mit Schnee gesprenkelter Erde, und im Hintergrund schemenhaft die berüchtigten Wohnsiedlungen. Hier und da auch eine Ansammlung kleiner, verwahrloster Häuser, die nahe am Straßenrand in schmutzigem Schnee kauerten. Es war dieselbe Strecke, dieselbe Jahreszeit, dasselbe Wetter, in dem meine Mutter und ich, in einem Treck kopfloser Menschen aus dem brennenden Sofia in Richtung Süden gelaufen waren, nicht wissend, wo wir die Nacht, den nächsten Tag verbringen würden. Ich war sechzehn Jahre alt gewesen und nur von dem Gedanken getrieben, mein Leben zu retten.

»Schläfst du?« fragte Lilli.

»Aber nein«, sagte ich, »ich denke an unsere Flucht damals, nach den schweren Bombenangriffen auf Sofia.«

»Das war am 10. Januar 1943«, sagte Lilli. »Ich zünde an diesem Tag noch immer eine Kerze an, zum Dank, daß uns nichts passiert ist.«

»Müssen wir viele Kerzen anzünden«, sagte Bogdan, »ist viel passiert in unsere Leben.«

»Und wenn du nicht bald die Scheibenwischer anmachst«, bemerkte ich, »wird wieder etwas passieren.«

»Funktionieren nicht. Sind mir die guten aus Deutschland gestohlen worden. Die hier bulgarische Dreck.«

»Aber du kannst doch nichts sehen!«

»Nein, kann ich nicht, fahre ich mit sechste Sinn.«

Auch auf Bogdans sechsten Sinn konnte man sich verlassen, und zum Glück funktionierte wenigstens die Heizung. Es war warm und behaglich in dem alten Lada.

»Ich freue mich schon auf Stefana«, sagte ich zu Lilli. »Wie geht es ihr?«

Lilli schwieg verdächtig lange, räusperte sich, sagte schließlich: »Ich wollte noch etwas damit warten, du bist ja gerade erst angekommen. Es geht ihr nicht so gut.«

Ich drehte mich zu Lilli um, sah ihr kleines, verstörtes Gesicht unter den koketten orangefarbenen Locken und fragte: »Also was ist mit ihr?«

»Schlaganfall. Sie ist halbseitig gelähmt, aber nicht mehr in Lebensgefahr. Es geht ihr sogar schon etwas besser.«

»Nimm Zigarette«, sagte Bogdan und steckte mir eine zwischen die Lippen, »sind bulgarisch, nicht gut, aber kann man rauchen.«

Er gab mir Feuer, und ich starrte auf die beschlagene Scheibe. Stefana, ein Ausbund an Vitalität, Humor und Intelligenz, halbseitig gelähmt und wahrscheinlich für immer an Bett und Rollstuhl gefesselt. Ludmila tot. Nur noch Lilli.

»Liegt sie im Krankenhaus?« fragte ich.

»Nein, Gott sei Dank nicht mehr. Da konnte man ja auch gar nichts für sie tun.«

»Krankenhäuser pleite«, sagte Bogdan, »besser man sterben zu Hause.«

»Die Zigarette schmeckt wirklich nicht gut«, sagte ich und suchte den Aschenbecher, um sie auszudrücken.

»Wirf aus Fenster. Aschenbecher geklaut.«

»Wir werden Stefana besuchen«, sagte Lilli, »ich habe ihr gesagt, daß du kommst, und sie freut sich schon sehr auf dich.«

Wir hatten die Stadtgrenze erreicht und schepperten über eine mit Kopfstein gepflasterte, mit Schlaglöchern besäte Straße. Rechter Hand erstreckte sich der Borisowa Gradina, ein großer, schöner Park, der nach dem ehemaligen Zar Boris benannt worden war. In der kommunistischen Ära hatte er einen volksnahen Namen erhalten und die Leute waren zusammengezuckt, wenn ich ihn immer noch bei seinem mir vertrauten, königlichen Namen genannt hatte. Inzwischen hat er den zurückerhalten.

»Ich muß dort wieder mal spazierengehen«, sagte ich.

»Aber bitte nicht alleine!« rief Lilli erschrocken. »Das ist hier sehr gefährlich.«

»In Jerusalem auch«, erklärte ich in dem Bestreben, gewisse Mißstände gerecht zu verteilen.

»Wegen Araber«, konstatierte Bogdan, »sind auch große Räuber.«

Das hatte ich nun von der gerechten Verteilung.

»Ihr Bulgaren seid schreckliche Rassisten«, sagte ich.

»Jede Volk Rassist. Nur die einen verstecken, die anderen zeigen.«

Der Verkehr war dichter geworden, aber mit dem einer größeren westlichen Stadt ließ er sich nicht vergleichen. Es fuhren Busse, Straßenbahnen und Trolleybusse, eine Kreuzung zwischen dem einen und dem anderen. Sie schienen alle noch aus der Vorkriegszeit zu stammen. Die Autos, die in dem hoffnungslosen Versuch, tiefen Schlaglöchern auszuweichen, im Zickzack durch die Straßen humpelten, schlingernd vor den Ampeln hielten und mit durchdrehenden Rädern wieder anfuhren, sahen nicht anders aus als Bogdans Lada. Es waren fast alle alte, aus dem Westen herbeigeschaffte Wagen mit verdreckter Karosserie. Möglicherweise verbarg sich darunter auch manchmal ein Auto neueren Datums und besseren Zustands. Ich hatte keinen Blick für solche Dinge und war überhaupt erstaunt, daß in einem Staat, der fallit war, noch so viele Autos fuhren.

»Ist das Benzin hier teuer?« fragte ich Bogdan.

»Äh«, sagte er und lachte über meine naive Frage, »was hier nicht teuer und jeden Tag teurer!«

»Ein Brot kostet schon hundert Leva«, belehrte mich Lilli, »und wenn ich viermal im Monat ein Kilo Fleisch kaufe, ist meine halbe Rente weg.«

Vor uns lag jetzt der Boulevard Zar Oswoboditel, die mit gelben Klinkersteinen gepflasterte Prachtstraße Sofias, mit der mich eine Fülle von Erinnerungen verband. Wir überquerten den Kanal, an dem ich so oft entlanggelaufen war, fuhren an dem Wohnhaus vorbei, in dessen sechstem Stock Freunde meiner Mutter, eine aus Wien emigrierte jüdische Familie gelebt hatte, und dann an der Villa der *English Speaking League,* in der ich an einem Englischkurs teilgenommen und mich zielstrebig lernend auf meine Flirts, Romanzen und Liebesdramen mit den Mitgliedern der alliierten Militärmission vorbereitet hatte. Jetzt näherten wir uns dem großen Platz mit dem kriegerischen Denkmal von Zar Alexander dem Zweiten, der die Bulgaren vom Joch fünfhundertjähriger türkischer Herrschaft befreit hatte, eine Tat, die ihm den Namen »Zar Befreier« und den Russen eine bis in die Gegenwart reichende Dankbarkeit einbringen sollte.

»Heimkehr, Angelintsche?« fragte Bogdan, der mein Schweigen und meine teils aufmerksam auf ein Gebäude gerichteten, teils nostalgisch nach innen gewandten Blicke richtig gedeutet hatte.

»Heimkehr in die Vergangenheit«, sagte ich, »die einzige Heimkehr, die es für mich noch gibt.«

Da, kurz vor dem Platz, stand das herrschaftliche Haus, in dem sich der englische Offiziersclub eingerichtet und ich, siebzehnjährig, meine ersten unvergeßlichen Parties durchtanzt, meine ersten Triumphe gefeiert hatte, und direkt daneben befand sich das Café Berlin, in das meine Mutter und ich so oft gegangen waren. Sie, um dort ihren Verehrer, Leo Ginis, zu treffen, ich, um Eis zu essen und den sentimentalen Liedern eines Stehgeigers zu lauschen. Vor zwei Jahren noch war es Café Berlin gewesen, jetzt war es geschlossen, die Fenster mit braunem Karton vernagelt. Wir schlidderten auf dem vereisten Klinkerpflaster über den Platz, vorbei am Zar Befreier und seiner in heldenhafter Pose erstarrten Truppe, vorbei an der ernsten Fassade des Parlaments, neben dem eine breite kurze Auffahrtsstraße zur Alexander-Nevsky-Kathedrale führte. Sie thronte auf einem runden Platz von gewaltigem Ausmaß, ein monumentales, goldbekuppeltes Bauwerk, in dem ich in schneller Folge meinen »lieben Gott« gefunden und als »bösen Gott« wieder aus meinem Leben verbannt hatte. Ich warf ihr einen langen, verschwörerischen Blick zu und beschloß, die Strafe endlich aufzuheben und sie nach fünfundfünfzig Jahren doch wieder einmal zu besuchen. Als ich sie aus meinem Blickfeld verlor, mußte ich über mich lachen, und Bogdan sagte: »Ja, bist du froh, gleich zu Hause zu sein.«

Es waren nur noch etwa hundert Meter bis zum Hotel. Da war die hübsche russische Kirche, der einstmals hinter hohen Mauern verborgene, jetzt öffentliche Schloßpark, die südliche Front des vereinsamten königlichen Palais. Ihm gegenüber das Grandhotel Bulgaria, das im Jahre 1939, als ich mit meinen Eltern dort Einzug gehalten hatte, vielleicht wirklich *grand* gewesen war, jetzt aber, nach fast sechzig Jahren, ein so müdes, von den Erschütterungen des Lebens mitgenommenes Gesicht hatte wie ich.

Grandhotel Bulgaria

Die Hotelhalle, ein riesiger düsterer Raum, in dem sich seit dreißig Jahren nichts geändert hatte, war gespenstisch leer. In der einen Ecke flimmerte ein Fernseher, in der gegenüberliegenden, neben der unscheinbaren Bar, saß eine dicke strickende Frau. Hinter der Rezeption, die mit einer weihnachtlichen Girlande geschmückt war, stand dasselbe apathische Mädchen wie vor zwei Jahren. Ein anderes saß vor einem Computer und starrte den schwarzen Bildschirm an. Ein junger Bursche in speckiger dunkler Hose und zerknittertem weißen Hemd steckte die Zigarette, die er gerade hatte anzünden wollen, wieder weg. Wahrscheinlich war er der Hotelboy, für dessen komplette Ausstattung das Geld nicht mehr gereicht hatte. In der Nähe der Rezeption stand ein rachitischer Christbaum, an dem vier rote Kugeln und drei goldene Sterne hingen. Aus einem unsichtbaren Radio schallte die forciert fröhliche Stimme eines Sprechers, dann das unerträgliche amerikanische Weihnachtslied *Jingle Bells*.

»Die Dame hier«, sagte Bogdan, »hat durch ihr Reisebüro in Jerusalem ein Einzelzimmer mit Bad reservieren lassen.« Er buchstabierte meinen Namen.

Das Mädchen blätterte lustlos in einem Heft, in dem ich vermutlich als einziger Gast verzeichnet war, der ein Zimmer bestellt hatte, nickte und verlangte meinen Paß.

»Haben Sie einen speziellen Wunsch?« fragte sie dann.

Bogdan und Lilli sahen mich aufmunternd an, und ich fragte mich, was für einen speziellen Wunsch sie wohl von mir erwarteten.

»Nur warm und ruhig soll es sein«, sagte ich und hoffte, daß das nicht die speziellsten aller Wünsche waren.

»Ist das Zimmer geheizt?« fragte Bogdan mißtrauisch.

»Selbstverständlich.«

Sie gab dem mißglückten Hotelboy einen Schlüssel, und in der Vorfreude auf das erste und vermutlich letzte Trinkgeld dieses Tages, stürzte sich der Junge auf meine Koffer.

Wir fuhren in einem alten, aber noch rüstigen Lift in den dritten Stock. Es mußte dieselbe Etage sein, in der ich vor zwei Jahren ein Zimmer bewohnt hatte, denn auf dem himbeerroten Läufer entdeckte ich sofort die damals von mir beanstandete und erst nach zwei Tagen gereinigte Stelle, auf die ein besoffener Gast gekotzt hatte. Jetzt war da ein großer, heller Fleck.

Der Hotelboy schloß die Tür 315 auf und stellte meine Koffer sorgfältig in eine Ecke des bescheidenen Zimmers, das mit weiß lackierten Möbeln und blau-grauem Teppichboden ausgestattet war. Ich gab dem Jungen zwei Dollar, was ihn zu einem strahlenden Lächeln und Bogdan zu einem ernsten Vorwurf hinriß: »Ein Dollar, Angelika, 460 Leva. Für zwei Dollar eine ganze Familie ...«

»Bitte, Bogdan«, unterbrach ich ihn, »wenn ich mir bei jedem Dollar ausrechnen muß, was eine arme Rentnerin oder eine ganze Familie dafür kaufen könnte, werde ich verrückt. Kommt, setzt euch, ich wasch mir nur schnell die Hände.«

Das Bad war ein Duschraum und der so winzig, daß die Tür beim Öffnen ans Klo stieß. Zum Glück war ich dünn, eine Person von umfangreicherer Statur hätte keine Chance gehabt hineinzukommen.

»Geheizt ist gut«, stellte Bogdan fest, als ich mich am Waschbecken vorbei wieder ins Zimmer gezwängt hatte, »brauchst du nicht frieren.«

An Frieren war gar nicht zu denken. Das Zimmer war überheizt und ich darüber ungehalten. Ich war nach Bulgarien gekommen, um die Mißstände eines bankrotten Staates am eigenen Leibe zu erfahren und darunter zu leiden.

»In Israel ist im Winter nirgends so gut geheizt«, sagte ich anklagend, »ist das hier nur in den Zimmern für Ausländer so heiß?«

»Nein, bei uns in der Wohnung ist es auch sehr heiß«, erklärte Lilli, »wir müssen dauernd die Fenster öffnen.«

»Merkwürdig«, sagte ich, »ich dachte, die Menschen erfrieren hier.«

»Nicht über Feiertage«, sagte Bogdan.

»Ach so, erst ab 2. Januar«, nickte ich und drehte am Knopf des Heizkörpers.

»Nicht doch, Angelika«, rief Bogdan, »kannst du nicht regulieren! Entweder Schwitzen oder Frieren.«

»Aber das ist doch eine schreckliche Verschwendung!« empörte ich mich und riß das Fenster auf. »Könnte man die Heizung regulieren, könnte man ...«

»Ja, könnte man vieles, wenn Bulgaren hätten Verstand. Aber letzte Verstand die Kommunisten haben geraubt.« Er lachte dröhnend und Lilli kicherte.

»Na schön«, sagte ich mit einem Anflug von Erschöpfung, »lassen wir jetzt die Bulgaren, die Kommunisten, das Trinkgeld, die Heizung und was sonst noch alles und machen wir einen Plan für den Rest des Tages.«

Ich nahm meine Geldtasche ab und legte sie neben mich aufs Bett.

»Hier drin sind fünftausend Dollar. Was machen wir damit?«

Lilli und Bogdan sahen sich mit dem Ausdruck der Verzweiflung an.

»Das ist ein Vermögen«, seufzte sie.

»Das ist Aufforderung zu Raub«, rief er.

»Es wird ja wohl noch ein Plätzchen in Bulgarien geben, an dem fünftausend Dollar sicher sind.«

»Gibt nicht«, sagte Bogdan mit Überzeugung, »also machen wir jetzt Plan.«

Wer diesen Winter überlebt

Als Lilli nach mehrmaliger Versicherung, daß ich den Heiligen Abend mit ihr und ihrer Familie verbringen würde, gegangen war, gab ich Bogdan die fünftausend Dollar.

»Bei dir sind sie bestimmt sicher«, erklärte ich.

»Nä«, widersprach er, »kann ich überfallen, kann ich sogar getötet werden. Hier jetzt gibt viele Pistolen, riecht man Geld, schießt man.«

»Das verdankt ihr dem Westen«, sagte ich, die es nicht lassen konnte, die Mißstände der Welt gerecht zu verteilen. »Man kann halt nicht alles haben, die soziale Sicherheit des Kommunismus und die große Freiheit des Kapitalismus.«

»Hier nicht Freiheit, hier Kriminalität.«

»Was die betrifft, seid ihr hier noch Waisenknaben. In Amerika und Europa bringen bereits Kinder Kinder um, läuft jemand Amok und schießt gleich ein Dutzend Leute über den Haufen, tötet ein Vater seine ganze Familie, feuert ein Fahrer aus seinem Wagen, weil ihm das Gesicht oder Auto eines anderen Fahrers nicht gefällt.«

»Ja«, stellte Bogdan fest, »Westen dekadent. Gehen wir jetzt Dollar wechseln.«

Nichts schien leichter zu sein als das. Wenn es hier etwas im Überfluß gab, dann waren es Wechselstuben. Wo immer ich hinschaute, sah ich die Aufschrift *Change*, gewiß das einzige Wort in englischer Sprache, das jeder Mensch in diesem Land beherrschte. *Change*, ein Begriff, eine Verheißung, eine Hoffnung; *Change*, eine gehegte, für Notfälle aufbewahrte Banknote, die sich in viele Levascheine verwandelte, ein Bündel inflationsgeschwächter Scheine, mit denen man seine Elektrizitätsrechnung bezahlen, ein Medikament für seine kranke Mutter, ein kleines Weihnachtsgeschenk für sein Kind kaufen konnte.

Bogdan fuhr dicht am Straßenrand entlang und an einer Wechselstube nach der anderen vorbei.

»Was ist denn?« fragte ich. »Warum wechseln wir nicht endlich?«

»Muß ich beste Kurs finden. Sehe ich auf Tafel zehn Leva mehr, fünf Leva weniger. Gibt es vielleicht eine, wo ist fünfzehn Leva mehr. Versuchen wir bei Globus.«

Ich wollte ihm sagen, daß es mir auf zehn Leva mehr oder weniger nicht ankäme, besann mich dann aber und schwieg. Das worauf ich leichthin verzichten wollte, konnte für einen Bulgaren die Rettung sein.

Die Wechselstube, die sich »Globus« nannte, machte einen gediegeneren Eindruck als all die anderen, die ich gesehen hatte, und viele Menschen drängten sich in dem kleinen Raum, quollen über die Schwelle bis auf die Straße.

»Muß ja ein sehr guter Kurs sein«, sagte ich.

»Ja, ist in Ordnung.«

Er parkte den Wagen mit zwei Rädern auf einer Verkehrsinsel, schärfte mir ein, im Auto sitzen zu bleiben und niemandem zu öffnen, sperrte seine und meine Tür ab und verschwand.

Geht es in Bulgarien wirklich so gefährlich zu, fragte ich mich kopfschüttelnd, oder handelt es sich hier um eine Epidemie von Verfolgungswahn?

Ich sah mir die Leute auf der Straße an. Sie machten keinen gefährlichen Eindruck, waren ärmlich und farblos gekleidet, hatten müde Gesichter und einen abwesenden Blick, der erkennen ließ, daß sie in keine angenehmen Gedanken verstrickt waren. Kein Mensch lachte, keiner schien einem Ziel entgegenzugehen, auf das er sich freute. An einer Haltestelle wartete ein nasses, frierendes Menschenknäuel auf den Bus. Vor einem Schaufenster, in dem Küchengeräte und Geschirr ausgestellt waren, hatten sich zwei Frauen in einen Multimix verguckt, auf den sie immer wieder zeigten und sich gestenreich seiner außerordentlichen Fähigkeiten versicherten. Kinder fehlten im Straßenbild, Jugendliche scheinbar auch, jedenfalls stachen sie nicht durch lebhaftere Kleidung und fröhlicheres Verhalten aus der Menge hervor. Nur einmal während der viertelstündigen Wartezeit tauchte ein Farbfleck auf und näherte sich mit spitzen Schritten dem Auto. Es war eine junge, nach westlichem Muster aufgedonnerte Frau, mit sehr viel Make-up im Gesicht, einem bunten Halstuch, bronzefarbenen Stiefeln, einem kurzen grünen Cape und einem schwungvollen Filzhut auf langem strohblondem Haar.

Vielleicht eine Nutte, überlegte ich, oder die Freundin eines Mafiabosses. Vielleicht aber auch nur ein ganz normales nettes Mädchen, das sich eine amerikanische Filmschauspielerin zum Vorbild genommen und sich die extravagante Schminke und Kleidung mühseligst zusammengespart hat. Plötzlich tat sie mir leid, mehr leid als die ärmlich gekleideten Menschen, die ihr Schicksal angenommen und sich in der Misere eingerichtet zu haben schienen. Wie mußte sie sich, wie mußten zahllose junge Leute sich nach diesem westlichen nie gelebten Leben sehnen, in dem alles so glatt, so schön, so beglückend verlief wie in der Werbung für ein besonders schonendes und gleichzeitig haltbares Haarspray.

Ich blickte von dem unwegsamen Gehsteig an den verkommenen Fassaden der Häuser empor in einen Himmel, der aus einem gelblich-grauen Guß zu sein schien.

Im Frühling und Sommer sieht es hier ganz anders aus, ermutigte ich mich, du erinnerst dich doch noch, wie blau der Himmel sein kann, wie voll und grün das Laub der Bäume, wie hübsch die Frauen im Licht der Sonne, wie attraktiv die gutgewachsenen Männer mit ihren gebräunten Gesichtern! Im Frühling und Sommer sind die Straßen voller Menschen, die Gesichter voller Leben. Man geht spazieren, man lacht, man freut sich, man verliebt sich.

Bogdan schloß die Tür auf, setzte sich hinter das Steuer, zündete eine Zigarette an.

»Nicht wahr, Bogdan«, sagte ich, »im Frühling und Sommer geht es den Menschen hier viel besser. Die Heizungskosten fallen weg, man kann sich leicht anziehen, es gibt frisches Obst und Gemüse ...«

»Kann man sich aber nicht kaufen.«

»Ein bißchen vielleicht doch.«

Er ließ den Motor an und fuhr los: »Habe ich zweihundert Dollar für dich gewechselt«, sagte er, »aber gebe ich dir das Geld nicht hier auf Straße.«

»Nicht wahr, Bogdan«, beharrte ich, »wenn es warm ist und sonnig, sieht alles ganz anders aus.«

Er hielt vor einer roten Ampel, sah mich belustigt an und sagte: »Ja, Angelintsche, sieht dann alles ganz anders aus. Gibt es hier eine gute Spruch, der heißt: Wer überlebt diese Winter, wird es bereuen.«

Bogdan

Bogdan ist von Beruf Ingenieur, sein Spezialgebiet sind Fahrstühle, die er montiert und repariert. Viele Jahre arbeitete er in einem staatlichen Werk, von dem er noch heute behauptet, es sei das größte und fortschrittlichste nicht nur in Bulgarien, sondern in ganz Europa gewesen. Jetzt wird dort kaum noch produziert.

Gleich nach der Wende in Bulgarien, im Jahre 1991, machte sich Bogdan, wie so viele Angestellte staatseigener Unternehmen selbständig. Er mietete gemeinsam mit einem Freund und Partner ein kleines, barackenartiges Haus, das zwischen hohen Wohnblocks auf einem unbebauten, verwahrlosten Gelände stand, und richtete dort sein Büro ein. Das Geschäft ging schlecht, und um finanziell über die Runden zu kommen, fuhr er mit einem alten, klapprigen Wagen, dem Vorgänger des Lada, Taxi.

Auf diese Weise bin ich ihm im Winter 1992 vor dem Sofioter Flugplatz, wo er auf Fahrgäste wartete, zum ersten Mal begegnet.

Da sich das Geschäft mit dem Taxi als ebenso wenig lukrativ erwies wie das mit den Fahrstühlen, überließ er letzteres seiner Frau Raina und seinem Freund Ivan und ging nach Deutschland, wo er in Hamburg einen Trupp bulgarischer Bauarbeiter beaufsichtigte. Es war, für bulgarische Verhältnisse, eine gut bezahlte Arbeit, die ihm einen finanziellen Rückhalt sicherte. Er blieb eineinhalb Jahre in Hamburg und kehrte dann mit dem Lada, einem kleinen Lieferwagen und einem Sammelsurium an Malerbedarf und Reinigungsmitteln deutschen Fabrikats nach Sofia zurück. Dort eröffnete er in demselben Haus, in dem sich sein Büro befindet, einen kleinen Laden, in dem sein Sohn die mitgebrachten und auf eigentümlichen Wegen nachgelieferten Waren verkaufte, seine tüchtige Frau die Buchhaltung führte und die Bosse, Bogdan und Ivan, sich um Aufträge bemühten.

Das Geschäft geht nachwievor schlecht und auch der kleine Laden mit Malerbedarf und Reinigungsmitteln will nicht in Schwung kommen.

Die *Privatisazia*, ein Wort, das in aller Munde ist, ein Schritt, in den so viel Hoffnung gesetzt wurde, hängt wie ein Damoklesschwert über den Köpfen zigtausender Bulgaren, die ihn ohne die notwendige Erfahrung, ohne die unerläßlichen pekuniären Mittel freiwillig gewagt haben oder, da die staatseigenen Unternehmen in hoher Zahl aufgelöst wurden, wagen mußten.

Aber Bogdan, der Überlebenskünstler, der Mann mit dem unverwüstlichen Humor, der Freund mit dem großen Herzen geht nicht unter und der makabre Spruch: »Wer diesen Winter überlebt, wird es bereuen«, trifft auf ihn nicht zu. Bogdan bereut nicht, Bogdan kämpft, denn er liebt das Leben, von welcher Seite es sich auch zeigt.

Privatisazia

Raina, Bogdans Frau, war ein zartes, schönes Geschöpf mit Rehaugen. Sie saß in einem kleinen Büro mit Schreibpult, Spülbecken und geschmücktem Tannenzweig vor einem neuen Computer. Vladimir, Bogdans Sohn, stand im Laden. Ivan, Bogdans Freund und Partner, hatte es sich mit drei Männern im Chefzimmer gemütlich gemacht. Sie tranken Kaffee und rauchten Zigaretten. Die Stube, in die knapp ein großer Tisch, der als Schreibtisch diente, ein Stuhl, ein uralter Sessel und ein Sofa für Zwerge hinein paßte, sah aus, als hätte man soeben einen Brand gelöscht. Durch dichte Rauchschwaden erspähte ich ein heilloses Durcheinander, das in einem so spärlich eingerichteten Raum sicher nicht leicht zu bewerkstelligen gewesen war.

Der Laden dagegen war ungemein ordentlich. Die Waren standen säuberlich auf ihren Plätzen, was vielleicht daran lag, daß sie nicht einmal zum Vorzeigen aus den Regalen genommen worden waren. Bogdans Sohn, ein junger Mann mit hübschen, sanften Zügen, blätterte in einer Zeitung, die ihm von Zeit zu Zeit einen verächtlichen Ausruf entlockte. Ich hielt unter Farbbüchsen und Pinseln, Waschpulver und Putzmitteln nach etwas Verschenkbarem Ausschau und entdeckte schließlich eine Schachtel, die eine Tube Badegel, eine Sprühdose Deodorant und ein Stück Seife enthielt.

»Glaubst du, so was kann ich jemandem zu Weihnachten schenken?« fragte ich Bogdan.

»Wunderschöne Geschenk«, sagte er, »jeder das braucht.«

»Aber wenige Menschen haben hier eine Wanne, in der sie ein Gelbad nehmen können.«

»Darum Deodorant und Seife wichtig. Mußt du hier praktisch denken.«

Ich kaufte die Schachtel und, da ich nun schon einmal praktisch dachte, auch gleich noch ein paar Stücke Seife.

Als sich die Tür öffnete und drei Leute den Laden betraten, war ich erleichtert.

Kunden, frohlockte ich, die vielleicht ein paar Büchsen von dem teuersten Farblack kaufen. Aber schon bei der lauten, fröhlichen Begrüßung stellte sich heraus, daß es sich um Familienangehörige handelte. Die Korpulente, in einem schwarzen Lederkostüm von ungewöhnlich mißglücktem Schnitt, war die Frau von Bogdans Freund und Partner; der hochgeschossene, magere Jüngling mit der Pudelmütze ihr Sohn; und die Schwangere, deren Bauch wie eine Wassermelone im Netz eines großmaschigen Pullovers hing, eine Schwägerin. Es wurde ein Weilchen geschwatzt, gescherzt, gelacht, dann wurde geschimpft und gejammert: Der Preis der Zigaretten, die bisher fünfzig Leva gekostet hatten, war um siebzig Prozent in die Höhe geschossen, und auch das Brot und Schweinefleisch waren wieder teurer geworden. Im Haus neben der Korpulenten war eingebrochen und der Fernseher, das Radio, ja sogar ein Mantel aus weißem Kaninchenfell gestohlen worden. Im Stadtviertel der Schwangeren hatte man in der Nacht die Telefonleitungen geklaut und dadurch das Fernsprechnetz lahmgelegt.

»Das gibt es doch gar nicht«, sagte ich. »Wie und wozu soll man Telefonleitungen stehlen?«

Bogdan dröhnte vor Lachen und erklärte, daß das dauernd passiere, und es meistens Zigeunerjungen seien, die so geschickt wie Affen an den Telefonmasten hinaufklettern könnten.

»Und was haben sie dann von den Drähten?« wollte ich wissen.

»Geld natürlich! Sie verkaufen in eine andere Stadt. Wollen sie auch manchmal Hochspannungsleitungen klauen und fallen sie dann tot runter wie gebratene Hühner.«

Ich starrte ihn ungläubig an.

»Ja, Angelintsche, kommt mir dabei die Gedanke, sollst du jetzt Mittag essen.«

»Gebratenes Huhn mit Hochspannungsleitung garniert«, sagte ich.

Bogdan fand diese Bemerkung so komisch, daß er sie den anderen übersetzte und großes Gelächter erntete.

Bulgarien, Bulgarien, ging es mir durch den Sinn, du bist ein glücklich Land.

Kinder freuen sich hier über alles

Eigentlich wollte ich nichts anderes als schlafen. Ich hatte Jerusalem um drei Uhr früh unter einem milden, klaren Sternenhimmel verlassen, jetzt war es ein Uhr mittag, und ich stand in einer trostlosen Gegend Sofias zwischen Mietskasernen, Schuppen und Gerümpel, unter mir Eis und Matsch, über mir ein schwerer, grauer Himmel, aus dem Schneeregen tropfte. Zwei große Köter jagten einen dritten, der irgend etwas Eßbares im Maul hielt. Ein paar vermummte Kinder stapften an mir vorbei durch die Pfützen. Morgen war der Heilige Abend. Dachten sie daran? Freuten sie sich darauf? Würde dieser Abend überhaupt etwas bringen, auf das sie sich freuen konnten? Nichts erinnerte in dieser gottverlassenen Umgebung an Weihnachten. Und während ich da stand und den Kindern nachsah, fiel mir die deutsche Fernsehwerbung für ein Katzenfesttagsmahl von Sheba ein: Meeresfrüchte mit feinen Kräutern, in appetitliche Scheiben geschnitten und mit einem Petersiliensträußchen verziert. »Geht es dem Tier gut, freut sich der Mensch!«

»Essen fällt weg«, sagte ich zu Bogdan, »ich muß noch was zu Weihnachten kaufen.«

»Was?«

Ich hob entmutigt die Schultern, denn angesichts dieser Misere erschien mir jedes Weihnachtsgeschenk, das ich kaufen würde, wie eine Verhöhnung.

»Verdammte Scheiße«, sagte ich, und Bogdan schüttelte begeistert den Kopf, womit man in Bulgarien nicht etwa Verneinung, sondern Zustimmung ausdrückt.

Wir fuhren in das größte Spielzeugwarengeschäft, denn ich hatte beschlossen, ein Puppe für Lillis Enkeltochter zu kaufen. Vor dem Eingang stand ein großer, junger Weihnachtsmann mit weißem Wattebart, rotem Mantel mit Kapuze und angeödetem Gesicht. Es war offensichtlich, daß ihm sein Job nicht gefiel und er den Kleinen, die ihn argwöhnisch anstarrten, gerne die Zunge rausgestreckt hätte.

Das Geschäft war voll, das Spielzeug schlechte Qualität, und den Verkäuferinnen gefiel ihr Job genauso wenig wie dem Weihnachtsmann der seine. Ich hatte selten so unattraktive Puppen gesehen wie in diesem Laden. Viele von ihnen waren Barbie-Imitationen und, wenn möglich, noch scheußlicher als das Original. In regelmäßigen Abständen quäkte eins von diesen Ungeheuern ein Weihnachtslied. Es klang so pervers, daß ich mich entnervt zu den Stofftieren flüchtete. Die waren auch nicht besser als die Puppen. Von Plüsch und Possierlichkeit keine Rede. Hellblaue, struppige Bären und unförmige Hunde.

Die Menschen, die sich um mich herum an den Tischen drängten, waren genauso unentschlossen wie ich, das aber bestimmt aus einem anderen Grund. Ich hatte westliche Ansprüche, sie hatten kein westliches Geld. Sie betrachteten das Spielzeug, nahmen es in die Hand, ließen sich von einer erschlafften Verkäuferin erklären, was man alles damit machen könne, fragten nach dem Preis, überlegten mit in die Ferne gerichtetem Blick, ob sie den Kauf wagen konnten, bedankten sich und gingen mit unschlüssigen Schritten an einen anderen Verkaufstisch, wo sie etwas Billigeres zu finden hofften. Manche griffen auch ganz schnell zu, so als fürchteten sie, in der nächsten Sekunde den Mut zu verlieren.

»Was soll ich nun kaufen?« wandte ich mich hilfesuchend an Bogdan, aber zum ersten Mal hatte auch er keinen Rat: »Freuen sich Kinder hier über alles«, sagte er.

Ich kaufte schließlich eine Puppe in rosa Kleid und platinblonder Lockenpracht und dann auch noch ein Feuerwehrauto für Bogdans Enkel. Als wir das Geschäft verließen, begleitete uns das perverse Gequäke der singenden Puppe und draußen empfing uns das Gebimmel einer Glocke, die der Weihnachtsmann lustlos auf und nieder schwenkte.

»Jetzt brauche ich noch Schokolade«, seufzte ich.

»Fahren wir also zu ZUM.«

»Zu was?«

»Kennst du doch ZUM, ›Zentralen Universalen Magazin‹, größte Kaufhaus in Sofia. Gibt es da alles.«

Das, was Bogdan alles nannte, war eine magere Auswahl an Grundnahrungsmitteln, von denen es jeweils nur eine Sorte gab, und importierten Konservendosen, bei denen es sich vor allem um deutsche Ausschußware zu handeln schien. Es gab auch eine lange, verglaste Theke, an der unappetitlich aussehendes Fleisch verkauft wurde, verschiedene Würste, auf die das graue Licht schwacher Glühbirnen abgefärbt hatte, zwei Sorten eines bleichsüchtigen, in Bulgarien hergestellten Käses und ein paar Mayonnaisensalate, die auch keinen vielversprechenden Eindruck machten. Ich fragte mich, wo die wunderbare Lukanka, eine flache, scharfgewürzte Salamiart, der gute bulgarische Schafskäse, der weltweit bekannte Joghurt abgeblieben waren, kaufte traurig zwei blaßrosa Joghurt im Glas, eine Packung langweiliger deutscher Kekse und, in Ermangelung eines schwarzen Tees, eine Schachtel Früchtetee aus Holland.

»Hier kriminell teuer«, schimpfte Bogdan, der von einem Regal zum anderen gelaufen war und die Preise studiert hatte. »Hier du kaufst nicht Schokolade.«

»Oh doch, Bogdan«, sagte ich, »wir fahren jetzt nicht durch die halbe Stadt, um eine Schokolade zu finden, die zehn oder fünfzig Leva billiger ist. Komm jetzt, da drüben ist sie.«

Daß sich die Schokolade hinter einer Absperrkette befand, verwunderte mich. Vielleicht wollte man sie vor unbefugten Zugriffen schützen, denn sie mußte, besonders zur Weihnachtszeit, sehr begehrt und für die meisten unbezahlbar sein. Dabei handelte es sich hier keineswegs um ein verführerisches Angebot, wie es sich einem in Deutschland auf Schritt und Tritt aufdrängte: Hunderterlei feinster Pralinen, Marzipanfrüchte, Blumen, Würste, Christkinder, weihnachtlicher Schokoladenschmuck in buntes Stanniolpapier gehüllt, Zuckerwerk und Lebkuchenhäuser – ein wahres Schlaraffenland westlicher Erfindungsgabe.

Trauer und Wut würgten mich im Hals, als ich auf die Tafeln griechischer und englischer Schokolade, auf die billig aufgemachten Schachteln bulgarischer Pralinen hinabschaute.

»Kriminelle Preise«, murmelte Bogdan in meinem Rücken.

»Gibt es keine Schweizer Schokolade?« fragte ich die Verkäuferin.

Sie sah mich mißbilligend an und zeigte auf einen Korb, der am Ende des Tisches stand und große Tafeln Milkaschokolade enthielt.

»Na, Gott sei Dank!« sagte ich. »Wenigstens etwas.«

»Kriegt man woanders zu halbe Preis«, brummte Bogdan und als ich drei Tafeln kaufte: »Heide dä, Angelika, eine groß genug für drei!«

Als wir das Kaufhaus verließen, regnete es. Vor uns dehnte sich ein großer, unmethodischer Platz. Häuser wuchsen in ihn hinein, Straßenbahngleise und Verkehrsinseln durchschnitten ihn. Er war mitsamt dem sechsstöckigen Kaufhaus in der kommunistischen Ära entstanden und übertraf den ehemaligen Mittelpunkt der Stadt, dessen Schmuck die alte Kirche Zweta Nedelja gewesen war, zwar an Dimension, nicht aber an Charme. Jetzt hatte der neue Platz außer dem Kaufhaus noch etliche Bürohäuser und das Sheraton Hotel zu bieten. Das nun erfüllte einem westlichen Touristen jeden Wunsch, vom Ballsaal bis zur Sauna, vom Nachtclub bis zum Wiener Kaffeehaus, das sogar mich schon einige Male angelockt hatte. Es war ein Café mit warmer Beleuchtung, höflichen Kellnerinnen, gut gepolsterten Sitzecken und einem ausgezeichneten, in weißen Porzellankannen servierten Tee. Es lag dem Kaufhaus schräg gegenüber, und als ich seiner jetzt durch einen Schleier dichten Regens gewahr wurde, erwachte in mir das Verlangen nach einer gemütlichen Atmosphäre und einer heißen Tasse Tee.

»Bogdan«, sagte ich voll der frohen Erwartung, »ich möchte dich ins Sheraton zu einem echten Wiener Kaffee einladen.«

Er warf mit einem scharfen »Tze« den Kopf in den Nacken, was in Bulgarien Nein bedeutet.

»Bitte, Bogdan!«

»Nä! Zahlst du jetzt nicht tausend Leva für eine Quatsch.« Er zog sich die Kapuze seines Anoraks über den Kopf, nahm mich am Arm und steuerte auf sein Auto zu.

»Ich habe mich so gefreut«, klagte ich. »Sieh mal, da steht sogar ein großer Weihnachtsbaum vor dem Hotel!«

»Willst du vielleicht auch kaufen.«

»Er ist wirklich sehr schön geschmückt.«

»Ist ja auch Geschenk für uns von Rockefeller-Stiftung – hat amerikanische Dimension so wie Preis für Kaffee in Sheraton Hotel.«

Er lachte, öffnete mir die Tür des Autos und schlug sie erbarmungslos hinter mir zu. Als er sich neben mich setzte, sagte er: »Willst du sehen, wie leben Bulgaren oder wie trinkt Mafia Kaffee in Sheraton Hotel?«

»Ich will alles sehen!«

»Wird nicht gelingen. Also wohin wir jetzt fahren?«

»Ins Hotel Bulgaria«, sagte ich trübe, »ins Bett mit einer Tasse Früchtetee aus Holland und einem trockenen Keks aus Deutschland.«

Davon geht die Welt nicht unter

Ich wollte an diesem ersten Abend in Sofia alleine sein, allein im Grandhotel Bulgaria, in dem ich mit dem Abschied von meinem Vater einen der bittersten und mit meinem ersten Heiratsantrag einen der beglückendsten Augenblicke durchlebt hatte. Ich wollte diesen Abend mit keinem Menschen teilen, mit keinem Wort stören. Er gehörte meinen Erinnerungen, der Suche nach dem elfjährigen Kind und dem siebzehnjährigen Mädchen.

»Komm doch zu Raina und mir«, hatte Bogdan mich umzustimmen versucht. »Was du willst alleine in diese tote Hotel?«

»Für mich ist es nicht tot, es ist voller Bilder und Stimmen.«

»Ja, ich verstehe, aber weiß nicht, ob ist gut.«

»Es ist sehr gut, Bogdan. Wir sehen uns morgen um zehn Uhr früh. Danke für alles.«

»Vergiß nicht, abzusperren Zimmertür. Hast du viel Geld und Hotel ist leer.«

Ich schnallte mir die Geldtasche mit dem dicken Bündel Levascheine um die Taille, zog mich warm an, kämmte mir die Haare, versuchte einen Kontakt herzustellen zwischen dem Gesicht im Spiegel und dem des Kindes, dem des jungen Mädchens.

»Heide dä, Angelintsche«, sagte ich, »schlägt immer noch dasselbe Herz unter deinen Rippen.«

Ich drehte den Schlüssel zweimal im Schloß und betrachtete dabei die Tür. Es war eine ganz gewöhnliche Holztür, rechteckig und mit gelblicher Lackfarbe gestrichen. Waren die Türen damals nicht viel höher und breiter gewesen, die Türklinken vergoldet, der Anstrich weiß? Und die Gänge, überlegte ich, während ich zum Fahrstuhl ging, hatten die Läufer nicht ein Muster gehabt, waren die Decken nicht mit Stuck verziert gewesen?

Ich wußte nicht genau, wo ich hin wollte. Es gab, wie ich dem Hotelprospekt entnommen hatte, ein Restaurant mit hundertzwanzig Plätzen, einen Grill Nr. 1 mit sechzig und einen Grill Nr. 2 mit hundertfünfundfünfzig Plätzen, einen roten Salon mit sechzig Plätzen, eine Bierhalle mit hundertachtzig Plätzen, ein Café mit hundertfünfzig Plätzen, einen beigen Salon mit fünfzig Bar- und achtzig Salonplätzen, eine Hotelbar mit vierzig Plätzen. Ich hatte auf meinem Taschenrechner ausgerechnet, daß mir 895 Plätze zur Verfügung standen, und das verwirrte mich jetzt etwas. Es war wohl das beste, ich ging zuerst in den beigen Salon, um an der Bar mit fünfzig Plätzen einen Wodka zu trinken, und dann in das Restaurant mit hundertzwanzig Plätzen, um etwas zu essen. Es mußte das Restaurant sein, in dem ich meinen ersten Heiratsantrag bekommen hatte.

Ich drückte auf den Knopf, neben dem »Mezanin« stand. Mezanin klang interessant und führte vielleicht auch zum beigen Salon.

Doch als ich ausstieg, stand ich vor einer sehr eindrucksvollen Flügeltür aus schwarzem Holz mit der Aufschrift: »Roter Salon«.

Mal sehen, was der zu bieten hat, dachte ich und öffnete die Tür.

Der rote Salon hatte sich den Glanz zaristischer Zeiten bewahrt. Schwarz poliertes Holz und weinrot tapezierte Wände. Teppichboden und Stuhlpolster in demselben warmen Farbton. Die Tische waren hübsch gedeckt, blütenweiße Tücher und Servietten, die in Habt-acht-Stellung auf den Tellern standen. Wandleuchter in Tulpenform und vor der langen Fensterwand geraffte Tüllgardinen und Topfpflanzen. Ein anheimelnder Raum, aber kalt und gähnend leer. An einem kleinen Tisch in der Ecke saßen zwei junge Kellner, rauchten und spielten Karten.

»Möchten Sie zu Abend essen?« fragte der eine und machte Anstalten aufzustehen.

»Nein, danke«, winkte ich ab. »Ich suche nur den beigen Salon.«

»Ja«, sagte er, »der ist auch schön und hier direkt gegenüber.«

Der beige Salon war gar nicht schön, denn er hatte sich nicht den Glanz zaristischer, sondern den Trübsinn kommunistischer Zeiten bewahrt. Auch der weihnachtliche Flitter und die Discomusik konnten den nicht auflockern. Neben der Bar, die keineswegs für fünfzig Menschen Platz hatte, saßen Kellnerin und Barkeeper beim Abendessen an einem Katzentischchen. Das, was sie auf den Tellern hatten, sah appetitanregend aus und der Barkeeper schien auch gar keine Lust zu haben, aufzustehen und mich zu bedienen.

»Willst du etwas?« fragte er von seinem Platz aus.

»Ja, einen Wodka«, sagte ich kleinlaut, steckte mir eine Zigarette zwischen die Lippen und suchte erfolglos das Feuerzeug in meiner Tasche.

Der junge Mann schob noch einen Bissen in den Mund, stand dann auf und trat hinter die Bar.

»50 oder 100 Gramm?« fragte er.

»50 Gramm sollte eigentlich reichen.«

Er goß eine erstaunliche Menge in ein Wasserglas, stellte es mir hin und übersah die nicht angezündete Zigarette.

»Haben Sie vielleicht Streichhölzer?« fragte ich.

»Tze«, machte er, »nur ein Feuerzeug.«

Er holte es aus der Tasche und gab mir Feuer.

Ich hatte jetzt zwei Möglichkeiten: Entweder ich bat den Mann, mich mit seinem Feuerzeug für den Rest des Abends zu begleiten, oder ich versuchte, es ihm abzukaufen. Letzteres schien mir ratsamer.

»Würden Sie so nett sein und mir Ihren Anzünder verkaufen?« fragte ich etwas verlegen.

Die Verlegenheit hätte ich mir sparen können. Der Mann wäre wahrscheinlich auch bereit gewesen, mir seine Hose zu verkaufen.

»Hundert Leva«, sagte er und gab mir sein Feuerzeug. »Willst du noch was?«

»Ja«, sagte ich durch seine Bereitwilligkeit ermuntert, »eine ...«

Mir fiel das bulgarische Wort für Kanne nicht ein, aber wenn ich an das deutsche Wort die hier allgemein übliche Verniedlichung *itschka* dranhing, würde er es vielleicht verstehen.

»Ich hätte gerne eine Kannitschka«, sagte ich.

Er verstand auch wirklich, wollte aber wissen, was drin sein sollte.

Es war mir zu kompliziert, ihm klarzumachen, daß ich meinen mitgebrachten Tauchsieder hineinstecken wollte, um mir heißes Wasser für den Früchtetee zu kochen, darum sagte ich: »Ein leeres Kännchen genügt.«

Der Mann musterte mich durchdringend und mit allen Anzeichen eines langsamen Verstehens: Aha, die Frau ist nicht ganz dicht.

Mit dieser Erkenntnis sagte er: »Ein leeres Kännchen gibt es nicht.«

»Macht gar nichts«, beteuerte ich, »Hauptsache es gibt noch das große Restaurant mit der Musik.«

»Gibt es.«

Ich sollte jetzt wirklich aufhören, mein verrostetes Bulgarisch an dem armen Mann auszuprobieren und ihn damit am Abendessen zu hindern. Schnell trank ich den Wodka aus, zahlte und ging.

Das Restaurant, das die große Welt für mich gewesen war, hatte sich keine Spur verändert. Unten der Raum mit den Tischen, der Tanzfläche, dem kleinen Podium für das Orchester, oben, durch eine breite Treppe miteinander verbunden, durch gelb gestrichene Säulen gestützt, die kreisrunde Galerie, auf der ich mit meinem ersten Heiratsbewerber, dann mit verschiedenen, weniger ernst zu nehmenden Verehrern gesessen hatte. Damals war der Eintritt allein russischen Offizieren sowie englischen und amerikanischen Mitgliedern der Militärmission gestattet worden. Für Bulgaren männlichen Geschlechts war es *off limits* gewesen.

Die Russen hatten den unteren Raum in Besitz genommen, Engländer und Amerikaner teilten sich wohl oder übel die Galerie, hatten dort aber jeweils ihren eigenen, streng behüteten Bereich. Es liefen sozusagen drei Grenzen durch das Restaurant und zwischen den Sowjets und den westlichen Alliierten hatte sich bereits der Kalte Krieg bemerkbar gemacht. Der einzige Platz, auf dem sie alle in ungewollte Berührung gekommen waren, war die Tanzfläche gewesen. Dort hatten die Russen, über die das Fraternisierungsverbot verhängt worden war, mit ihren voluminösen russischen Soldatinnen getanzt, Briten und Amerikaner dagegen mit hingebungsvollen, seidenbestrumpften Bulgarinnen, die nur einen Gedanken gehabt hatten: von den seidenen Strümpfen über den Ehering zum heilbringenden Paß zu gelangen.

An diesem Abend saß kein einziger Gast auf der Galerie, aber im unteren Teil des Lokales hatte sich eine größere Gesellschaft an drei zusammengerückten Tischen niedergelassen. Eine Kellnerin mit weißer Schürze über einer üppigen Vorderfront kam mit mütterlichem Lächeln auf mich zu und fragte, wo ich Platz nehmen wolle. Angesichts der großen Anzahl leerer Tische fiel mir die Entscheidung schwer. Schließlich wählte ich den, der einem Heizkörper am nächsten stand, denn in den unteren Räumlichkeiten war es so kalt, wie in den oberen Zimmern heiß. Um die Kälte und ein plötzlich aufsteigendes Gefühl der Wehmut zu bekämpfen, bestellte ich weitere fünfzig Gramm Wodka. Die Kellnerin strich das nicht mehr frische Tischtuch glatt und legte die Speisekarte vor mich hin: Es gäbe ein gutes Schnitzel mit Kartoffitschki, erklärte sie und verschwand. Zwei Männer betraten das kleine Orchesterpodium. Sie hatten mehr Ähnlichkeit mit Arbeitern, die jetzt gleich die Ärmel hochkrempeln und das Podium auseinandernehmen würden, als mit Musikern. Doch als sie zu spielen begannen, der eine Saxophon, der andere Klavier, war ich angenehm überrascht. Sie spielten den alten amerikanischen Schlager *Easy to love*, und ich blickte zur Galerie empor, auf der ich immer gesessen hatte, mir zur Seite die Männer, die die Uniform der Sieger, für mich darüber hinaus den Strahlenkranz unserer Retter getragen hatten. Von ihnen bewundert, begehrt, geliebt zu werden war der Triumph über jahrelange Erniedrigung, war der Inhalt meines Lebens gewesen.

Ich versuchte tiefer in das Mädchen von damals einzudringen, aber sie war mir so fern wie etwa die hübsche junge Frau, die jetzt mit einem flotten Mann in weinrotem Jackett zu *You are so easy to love* tanzte. Ich kannte die Geschichte dieses Mädchens in jeder Einzelheit, aber ich konnte sie nicht mehr fühlen, ich sah ihr Gesicht mit den unausgereiften Zügen, ihren strammen Körper in dem zu eng gewordenen roten Badeanzug, aber wir hatten kein gemeinsames Ich mehr. Sie hatte mich aus ihrem ungestümen Gefühlsleben, ich hatte sie aus meinem müden Körper verbannt.

Die Kellnerin brachte mir den Wodka, und ich bestellte ein Omelett, gut durchgebraten, aber bitte nicht in Öl.

»Nicht in Öl«, wiederholte sie, und an ihrem besorgten Gesicht erkannte ich, daß das wieder einmal ein extravaganter Wunsch war.

Ob es vielleicht Butter gäbe, fragte ich, oder Margarine?

»Im Moment, wegen des Banquetts ...«, begann sie, besann sich dann aber und meinte, man würde schon etwas auftreiben. Ob ich auch ein Salatchen haben wolle.

»Nein, danke«, sagte ich und von der Manie, alles zu verniedlichen, bereits angesteckt, »nur etwas Brotchen.«

Und was ich zum Wodka dazu trinken wolle, Coca-Cola oder Limonade.

Mir schien das ein merkwürdiges Ansinnen, doch dann fiel mir ein, daß es in Bulgarien üblich war, jeden Schnaps mit einem dieser klebrigen Getränke zu vergewaltigen, womit man den Moment der Volltrunkenheit lange hinauszögern konnte.

»Ein Glas Weißwein zum Omelett wäre mir lieber«, sagte ich,

und sie schüttelte zustimmend den Kopf und schlug mir ein besonders gutes Muskatchen vor.

Am Tisch, an dem das »Banquett« stattfand, ging es inzwischen sehr laut und fröhlich zu. Man aß langsam, würzte jede paar Bissen mit einer Zigarette, trank sich ausdauernd »Nastravje« zu, sprach unentwegt, lachte herzhaft.

Ich überlegte, ob es sich bei diesen Leuten um die berühmte Mafia handele, aber sie sahen nicht danach aus. Es war eine typisch bulgarische Gesellschaft, temperamentvoll, unprätentiös und sozial. Menschen, die Freude am Essen und Trinken, am Erzählen und Lachen, am Singen und Tanzen hatten, slawische Seelen, denen ein Abend mit Freunden mehr bedeutete als materieller Luxus. Ja, so kannte ich sie, meine Bulgaren: ein unkompliziertes, lebenslustiges Volk. Ein Volk, dem man den Boden unter den Füßen weggezogen hatte.

Ich trank meinen Wodka und durch den sanften Nebel, der mir mit ihm in den Kopf stieg, hörte ich ein Lied, das ich ein halbes Jahrhundert nicht mehr gehört hatte: *Davon geht die Welt nicht unter ...*

Zwei Paare standen auf und drehten sich schwungvoll im Walzertakt. Der Saxophonist hatte die Melodie amerikanisiert. Er stieß mit zurückgebogenem Kopf in sein Blasinstrument, als gelte es, Jericho zu erobern.

»Mutti«, hatte ich damals gefragt, »kann die Welt denn einfach untergehen?«

»Nicht für alle, mein Häschen«, hatte sie geantwortet, »aber für manche schon.«

Die freundliche Kellnerin brachte das Omelett und den Wein und wünschte mir: »*Bon appetit.*«

Vielleicht war sie gar keine Kellnerin, sondern eine arbeitslose Ärztin, die das Glück hatte, sich ein paar Leva im Hotel Bulgaria zu verdienen.

»Davon geht die Welt nicht unter ...«, summte ich den Text des Liedes mit, »sieht man sie manchmal auch grau ...«

Vielleicht wäre es doch besser gewesen, Coca-Cola anstatt Wein zu bestellen. Hundert Gramm Wodka nach einem so langen, bewegten Tag auf nüchternen Magen, waren etwas gewagt. Ich kicherte, und die zwei Musiker wechselten von der nicht untergehenden Welt auf bulgarische Volksmusik über.

Die Gäste des Banquetts gerieten in Begeisterung, klatschten, stießen schrille »Ijuh«-Rufe aus, sangen mit. Mein Herz, unter starkem Alkoholeinfluß, hüpfte im wilden Rhythmus der Musik. Unser bulgarisches Nationalbewußtsein war erwacht. Der Staat war fallit, das Land in Grund und Boden gewirtschaftet, das Leben seiner Bürger eine einzige Misere, aber ein Bulgare im Kreis seiner Freunde, an einem gedeckten Tisch, unter der Einwirkung von Alkohol, Musik und lustigen Geschichten blieb ein Bulgare. Als die Musiker ein Pause einlegten, sang einer der Gäste, ein wuchtiger Mann mit grauhaarigem Löwenhaupt, ein schwermütiges Lied von der Schönheit Bulgariens. Er hatte einen eindrucksvollen Baß und sehr viel Gefühl.

Ich trank den letzten Schluck Wein, zahlte, verabschiedete mich von der Kellnerin und ging mit etwas steifen, aber immer noch sicheren Schritten in die Hotelhalle. Ein junger Mann lümmelte sich in einem Sessel, eine ältere, blasse Frau saß dösend hinter der Rezeption. Ich verlangte meinen Schlüssel, hatte aber die Nummer meines Zimmers vergessen.

Die Frau warf einen kurzen Blick in das Heft mit den Eintragungen: »315«, stellte sie fest.

Ich nahm den Schlüssel mit dem kläglichen Nummernschildchen in Empfang und sagte: »Früher war das Hotel Bulgaria das beste in Sofia.«

»Früher?«

»Vor dem Krieg.«

»Vor dem Krieg war alles besser.«

»Da gab es auch Suiten im Hotel.«

»Die gibt es immer noch.«

»Zwei Schlafzimmer und in der Mitte ein Salon.«

»Nein, ein Schlafzimmer und ein Salon.«

Ich überlegte. Ich hatte mit meiner Mutter in dem einen Zimmer in einem breiten Ehebett geschlafen und war am Morgen durch den hellen, freundlichen Salon zu meinem Vater in das zweite Zimmer gelaufen, um ihn ganz vorsichtig zu wecken.

»Unmöglich!« sagte ich zu der blassen, teilnahmslosen Frau. »Es müssen zwei Schlafzimmer gewesen sein, ich habe doch hier im Sommer 1939 mit meinen Eltern gewohnt.«

Sie schwieg und sah mich starr an. Wahrscheinlich versuchte sie, sich mein Alter auszurechnen.

»Ach, du lieber Gott«, rief ich auf die Uhr schauend, »auch das noch!«

Es war zehn Minuten nach zwölf, der 24. Dezember. Wieder ein Jahr älter.

Die Ciratsche

»Also fahren wir jetzt zu Rote Kreuz«, sagte Bogdan und ließ den Motor seines Autos an, »und fragen wir da nach die Ciratsche.«

Die Ciratsche, wörtlich übersetzt die Wais'chen, hatten sich als Problem herausgestellt. Mein Vorhaben, ein Waisenhaus zu besuchen, um Geld zu spenden und den Kindern zu Weihnachten Schokolade und andere Süßigkeiten zu bringen, hatte sowohl bei Bogdan als bei Elia, dem uns begleitenden Fotografen, Fragen und Einwände aufgeworfen.

Zunächst einmal mußte der Begriff Waisenkinder geklärt werden, denn ich hatte das bulgarische Wort dafür vergessen, Bogdan hatte das deutsche nie gehört und Elia verstand sowieso keine Fremdsprache. Als wir uns schließlich auf Ciratsche geeinigt hatten, ein Wort, fand ich, das nach einem Schuhputzmittel klang, stieß ich mit der Absicht, Geld zu spenden, auf Widerstand.

»Wird Geld nie kommen an Kinder«, protestierte Bogdan,

»steckt sich wem du gibst sofort in eigene Tasche. Schokolade besser.«

»Gut, dann kaufen wir eben Schokolade«, gab ich nach, »und fahren damit ins Waisenhaus. Vielleicht gibt es da doch jemand ...«

»Gibt nicht.«

An diesem Punkt angekommen, hatte sich jedoch herausgestellt, daß weder Bogdan noch Elia wußten, wo sich ein Waisenhaus befand. Die Männer beratschlagten, beteuerten, daß es viele gäbe, durchsuchten das Telefonbuch nach einer Adresse, fragten die beiden Frauen hinter der Rezeption, den Hotelboy, einen Handwerker, der sich gerade an einer der Fahrstuhltüren zu schaffen machte, und ein älteres Paar, das die Hotelhalle betrat, wo man in Sofia eins der vielen Waisenhäuser finden könne. Alle zerbrachen sich den Kopf, aber keiner hatte eine Antwort. Schließlich kam Elia mit einem guten Vorschlag: Man solle beim Roten Kreuz nachfragen, denn das sei ja nun für solche Institutionen zuständig. Es wurde dann noch eine Weile über die Adresse des Roten Kreuzes debattiert, von dem Bogdan behauptete, es befände sich in der und der Straße, und Elia, nein, es befände sich in jener. Aber nun saßen wir alle im Auto und der Fotograf auf dem Rücksitz fummelte an seiner Kamera herum.

Er war ein Mann unbestimmbaren Alters und bescheidenen, liebenswürdigen Wesens. Sein Gesicht, von tiefen Furchen durchzogen, hatte den hier vorherrschenden grau-grünlichen Farbton, der auf schlechte Ernährung, ein Übermaß an Zigaretten und psychische Erschöpfung schließen ließ.

Meine Nichte Evelina hatte ihn mir als langjährigen Freund der Familie empfohlen, und er war nicht davon abzuhalten gewesen, mir sofort zur Verfügung zu stehen. Mein behutsamer Versuch, ihn wieder abzuwimmeln, indem ich erklärte, ich hätte noch gar keinen festen Plan und darum auch keinen Fotografen nötig, war von Bogdan durchkreuzt worden.

»Ist gut, wenn er gleich kommt mit«, hatte er entschieden,

»brauchst du nicht lange erklären, was du willst, brauchst du nur zeigen.«

Und wie immer hatte Bogdan recht.

»Wollen wir nicht schon die Schokolade kaufen?« fragte ich, als wir jetzt an einem Lebensmittelgeschäft vorbeifuhren.

»Nä«, erwiderte Bogdan, »müssen wir erst finden die Ciratsche. Sitzt du sonst vielleicht auf hundert Tafeln Schokolade.«

»Sie wissen gar nicht, was Schokolade ist«, sagte Elia. »Ich habe da grade eine Geschichte von einer Ausländerin gehört, die in Pleven ein Waisenhaus besucht und den Kindern Schokolade mitgebracht hat. Aber die wußten gar nichts damit anzufangen. Schließlich hat sich ein kleiner Junge ein Herz gefaßt und gebeten: Tante, kannst du uns nicht was zum Essen schenken, ein Stückchen Wurst vielleicht oder Käse?«

»Ja«, sagte Bogdan, »habe ich eine ähnliche Geschichte ...«

»Bitte nicht, Bogdan«, unterbrach ich ihn, »eine Geschichte dieser Art genügt!«

»Heide dä, Angelintsche, wissen viele Millionen Kinder nicht, was ist Schokolade. Sollst du nicht sein sentimental, können du und ich nicht ändern. Gibt es Menschen, die wollen ändern und können nicht, gibt es Menschen, die können ändern und wollen nicht.«

Er hielt vor einem zweistöckigen Haus, das sich durch nichts als Rotes Kreuz zu erkennen gab und einen toten Eindruck machte.

»Sieht aus, als sei es zu«, bemerkte Elia.

Bogdan stieg aus und kam gleich darauf wieder zurück: »Ist zu«, bestätigte er, »ist zu bis 2. Februar. Steht aber auf eine Zettel noch andere Adresse.«

»Fahren wir dorthin«, sagte ich fest entschlossen, die Ciratsche ausfindig zu machen.

Die zweite Rote-Kreuz-Stelle befand sich in einem der vielen Wohnkomplexe, etwas außerhalb der Stadt. Das Haus hatte achtzehn Stockwerke und unten einen kleinen, verglasten Vorbau, in dem große, offene Säcke mit verstaubten, hundekuchenähnlichen Keksen standen. Viele von denen lagen auf dem Boden, wo sie vermutlich von Ratten und Mäusen angeknabbert worden waren.

»Eine Schande«, murmelte Elia, der versonnen darauf hinabschaute. »Wie viele Menschen würden sich über diese Kekschen freuen und da läßt man sie hier verkommen.«

Wir fuhren in einem verdreckten Fahrstuhl, der jeden Moment steckenbleiben mußte, in den obersten Stock und standen dort vor einer versperrten Tür.

»Über Feiertage zu«, konstatierte Bogdan.

»Ist doch die Höhe!« rief ich verärgert. »Immerhin ist das hier das Rote Kreuz! Aus diesem Land kann ja gar nichts werden!«

»Bravo, Angelintsche«, lachte Bogdan, »hast du schnell begriffen.«

»Wenigstens die Mäuse werden sich über die Feiertage freuen«, sagte Elia, der immer noch den Keksen nachtrauerte.

Langsame Schritte kamen die Stufe hinauf und wir schauten alle drei gespannt in ihre Richtung. Auf dem Treppenabsatz tauchte ein kompakter, kleiner Mann auf, der in der Hand einen Becher dampfenden Kaffee hielt. Da es auf dieser Etage nur eine Tür gab und die zum Roten Kreuz führte, mußte der Mann dazugehören. Wir wünschten uns alle einen guten Tag, und als dem nichts mehr folgte, wurde ich ungeduldig.

»Nun frag ihn doch schon, Bogdan!«

»Langsam, Angelika, weiß ich doch nicht, wer der Mann ist. Ist er vielleicht auch nur ein Fremder wie wir.«

»Der seinen Kaffee achtzehn Stockwerke über der Erde in einem schmutzigen Treppenhaus trinken will!« bemerkte ich spöttisch.

Der Mann zog einen Schlüssel aus der Tasche, doch erst als er den in das Türschloß steckte, sprach ihn Bogdan an. Er tat es in den gewählten Worten der ehemaligen bulgarischen Bourgeoisie, deren direkter Nachkomme er war, und ich wagte nicht mehr, mich mit jüdischer Hast einzumischen. Gesittet lief ich hinter den drei konversierenden Männern einen langen Gang hinunter, betrat an dessen Ende ein büromäßig eingerichtetes Zimmer und folgte der Aufforderung, auf einem der Stühle Platz zu nehmen. Dort saß ich stumm und lauschte einer ebenso höflichen wie unergiebigen Unterhaltung und dann zwei langen Telefongesprächen, die der Mann, in Waisenhäusern nicht bewandert, mit Kollegen führte, die auf diesem Gebiet möglicherweise informiert waren.

Die Information, die ich am Ende der Gespräche erhielt, erschien mir allerdings so abwegig, daß ich nicht nur an ihr, sondern auch dem Verstand der Person, die sie übermittelt hatte, zweifeln mußte.

»Die Waisenhäuser«, erklärte der Mann, »sind zur Zeit leider nicht in Betrieb.« Er trank einen Schluck Kaffee und zündete sich danach eine Zigarette an.

Jetzt konnte ich nicht länger stumm bleiben, unterdrückte jedoch die jüdische Hast und fragte freundlich: »Entschuldigen Sie, mein Herr, aber ich verstehe nicht recht, was Sie damit meinen.«

»Er meint«, mischte sich Bogdan ein, »daß Waisenhäuser über Feiertage geschlossen sind.«

»Und wo sind die Waisen?«

»Weg.«

»Wo? Waisen sind doch bekanntlich in Waisenhäusern, weil sie niemand mehr haben, der für sie sorgt.«

»Haben viele eben doch eine Tante oder Großmutter für Feiertage.«

»Und die, die keine haben?«

Er hob die Schultern und fragte den Mann.

Die seien wahrscheinlich im Gebirge, sagte der. Es gäbe Ferienlager und die Kinder dort unterzubringen sei natürlich billiger, als ein ganzes Haus in Betrieb zu halten. Nach den Feiertagen, nähme er an, wären sie wieder zurück. Er sah mich an, lächelte entschuldigend und erklärte: »Unsere sozialen Institutionen sind fallit.«

Ich stand auf und bedankte mich. Er hätte zu danken, sagte er feierlich, es täte gut, einem Menschen zu begegnen, der ein Herz für Waisenkinder habe.

»Brauchst du nicht traurig sein«, sagte Bogdan, als wir wieder im Auto saßen und ich betreten schwieg, »werden wir noch finden die Ciratsche.«

Um es voraus zu sagen: Wir haben sie noch oft gesucht, aber nie gefunden. Ob das an unserer Ungeschicklichkeit lag, an der Unkenntnis der Leute, die wir fragten, oder daran, daß die Wais'chen in ihren Ferienlagern erfroren waren, weiß ich nicht. Auf jeden Fall siegte die Resignation über mein Herz für die Waisen, und wenn ich mir das eingestehe, kommt mir noch heute unweigerlich der kleine Junge in den Sinn, der nicht wußte, was Schokolade ist, und zaghaft fragte: »Tante, kannst du uns nicht was zum Essen schenken ...«

Ljulien

Ljulien, in das wir anschließend fuhren, war die größte der fünf Trabantenstädte Sofias. Dort lebten zweihunderttausend Menschen aller Schichten in sogenannten Wohnkomplexen, die in Blocks aufgeteilt waren. Die Häuser waren, was Höhe, Farbe, billigste Ausstattung und einen bemerkenswerten Grad an Verkommenheit betraf, absolut identisch. Aus diesem Grund waren sie sorgfältig numeriert. Jeder Block, jedes Haus, jeder Eingang, jedes Apartment hatte eine Nummer, was einen Neuling, der dort eine Adresse suchte, mehr verwirrte als es ihm half. Ich hatte noch nie einen Wohnbereich gesehen, in dem es so perfekt gelungen war, jeden Funken Individualität auszutreten und damit eine Atmosphäre zu schaffen, die Orwells Schreckensvision übertraf. Während wir eine breite, grade, baumlose Straße entlangfuhren, deren einzige Abwechslung Höcker und Schlaglöcher waren, fragte ich mich, was für eine Form von Existenz die Menschen in diesen Wohnblöcken führten. War es nur noch der Selbsterhaltungstrieb, der sie zwang weiterzuleben? War es ein Hoffnungsschimmer, diesem Alptraum doch einmal zu entkommen und in einem Haus zu wohnen, das menschliche Züge hatte, ein rotes Ziegeldach vielleicht, einen kleinen Balkon, einen Baum vor dem Fenster? Oder war es nur wieder ich, die westlich-bürgerliche Maßstäbe anlegte und glaubte, daß zu einem menschenwürdigen Dasein zumindest ein Zipfelchen Schönheit gehörte, eine Nische persönlicher Ausdrucksform?

»Wie können die Menschen in einer so immensen Häßlichkeit leben?« fragte ich Bogdan.

»Können Menschen überall leben, wenn sie haben Dach über Kopf und Fernseher vor Nase. Müssen die hier sogar froh sein, daß sie können in Ljulien leben, müßten sie sonst auf Straße sitzen. Hat alles Väterchen Staat gebaut für seine Kinder – Mladost, Druschba, Nadeschda ...«

»Jugend«, »Einigkeit«, »Hoffnung«, dachte ich. Was für Namen für diese Mißgeburten!

»Und was heißt ›Ljulien‹?« wollte ich wissen.

»Heißt nichts, ist ihnen nichts mehr eingefallen, kann man es vielleicht nennen Sonnenstrahlchen. Ja, wie ist jetzt die Adresse?«

»Block 874, Haus 85, Eingang 11, Apartment 40. Soll ganz in der Nähe eines Zigeunerlagers sein.«

»Zigeunerlager! Lieber Himmel! Ist schlimme Adresse. Wer sind diese Leute?«

»Verwandte einer israelischen Freundin. Der Mann, ihr Großneffe, ist Jude, seine Frau Armenierin.«

»Gibt nicht! Armenier heiraten keine Juden, heiraten nicht mal Bulgaren.«

»Bogdan, was soll ich dir sagen. Diese Armenierin hat einen Fehltritt begangen und einen bulgarischen Juden geheiratet. Sie haben sogar zwei Kinder. Meine Freundin hat mir Dollar für sie und auch für die Eltern des Mannes mitgegeben.«

»Wohnen auch in Ljulien?«

»Nein, in Sofia. Aber das Haus da soll noch schrecklicher sein als das hier in Ljulien.«

»Warum sind sie nicht gegangen nach Israel?«

»Weil der Vetter meiner Freundin überzeugter Kommunist war und Bulgarien nicht verlassen wollte«, sagte ich und freute mich auf eine deftige Reaktion Bogdans. Aber er blieb gelassen: »Gibt es Idioten überall«, sagte er nur.

»Mein Lieber, die Menschen, die an den Kommunismus geglaubt haben und alles andere als Idioten waren, sind nicht zu zählen.«

»Verstehst du nicht.«

Inzwischen hatten wir nach langer Suche Block 874 gefunden und nach einer weiteren Viertelstunde sogar Haus 85. Es war tatsächlich das letzte des sogenannten Wohnkomplexes. Hinter ihm öffnete sich das weite, von bewaldeten Hügeln begrenzte Flachland, das an einer Stelle durch die Zigeunersiedlung, eine Ansammlung elender Bruchbuden, an einer anderen durch eine riesige Baustelle verunstaltet war.

»Das ist U-Bahn«, setzte mich Bogdan in Kenntnis, und Elia fügte hinzu: »Zwanzig Jahre hat man daran gebaut und das ist dabei herausgekommen.«

Ich bat ihn, ein paar Aufnahmen von der Umgebung zu machen, und stieg aus. Bogdan folgte mir: »Laß ich dich nicht gehen alleine, Haus sieht nicht gut aus.«

Für ihn, an solche Anblicke gewöhnt, sah das Haus nicht gut aus, für mich sah es verheerend aus. Vom Glas der Eingangstür waren nur noch ein paar spitze Zacken übrig, die Stufen waren wohl Jahre nicht mehr gefegt, geschweige denn aufgewischt worden, die Wände des Treppenhauses waren entweder mit eingetrocknetem Schlamm oder mit Fäkalien beschmiert, und es mußte Mühe gemacht haben, diesen braunen Dreck flächenmäßig zu verteilen. Der Fahrstuhl war in demselben Zustand wie das Treppenhaus. Am Schaltbrett fehlten ein paar Knöpfe, zum Glück aber nicht der oberste.

»Weiß wirklich nicht, wie diese Dinger noch funktionieren können«, sagte ich, während wir Stockwerk für Stockwerk hinauf geschüttelt wurden.

»Sind stabiles Fabrikat«, entgegnete Bogdan, der es als Fachmann und langjähriger Angestellter des ehemals größten und besten Fahrstuhlwerks wissen mußte.

Er begleitete mich bis vor die Wohnung Nummer 40, drückte auf die Klingel, wartete bis sich die Tür geöffnet hatte und er einen scharfen Blick in das Gesicht eines etwa vierzigjährigen Mannes werfen konnte. Es war ein blasses, überaus sanftes, von karottenrotem Haar umkränztes Gesicht.

»Warte ich unten auf dich«, sagte Bogdan beruhigt.

Ich stellte mich vor, wurde mit einem scheuen Lächeln hineingebeten und trat aus dem Schweinestall des Treppenhauses in eine kleine Wohnung, in der peinlichste Ordnung und Sauberkeit herrschten. Die Einrichtung war die in Bulgarien übliche: bürgerliche Möbel, die zum Teil noch aus der »guten Stube« der Vorfahren stammten, und Standardmöbel, die man in der kommunistischen Ära gekauft hatte. Doch jedes Stück war gut erhalten, die Polster nicht zerschlissen, die Bücherregale nicht verstaubt, das Glas der Vitrine nicht befleckt. In der Küche, deren Tür offenstand, saß die Armenierin, eine rundliche, schwarzhaarige Frau, und putzte Gemüse. Zu ihren Füßen lag ein anmutiger Hund, der mit seinem karottenroten Fell und dem sanften, schmalen Gesicht seinem Herrn ähnelte. Frau und Hund erhoben sich, um mich zu begrüßen, sie mit einem Händedruck, der Hund mit sachte pendelndem Schweif und dem höflich interessierten Blick, den er sich gewiß bei seinem Herrn abgeguckt hatte. Wir setzten uns um einen niederen, mit einem Spitzendeckchen verzierten Tisch und unterhielten uns. Beide sprachen gut deutsch und waren ein angenehm zurückhaltendes Paar, sie zweifellos diejenige, die den Ton angab und die praktischen Dinge des Lebens erledigte, er ein Mann, der nicht ganz in diese Welt und schon gar nicht nach Ljulien paßte.

Ob es nicht etwas bedrückend sei, hier zu wohnen, erkundigte ich mich vorsichtig. Er schwieg mit einem kleinen, verlegenen Lächeln, sie erwiderte, daß es sich bei der Wohnung in Ljulien ursprünglich nur um eine kurze Übergangslösung gehandelt hätte. Als ihr Sohn vier Jahre alt gewesen sei, hätten sie ihr kleines altes Haus zugunsten einer neuen Wohnung, die sich im Zentrum Sofias in Bau befand, verkauft und wären bis zu deren Fertigstellung für kurze Zeit hierher gezogen. Inzwischen sei ihr Sohn sechzehn, die neue Wohnung immer noch im Rohbau und sie dazu verurteilt, mit zwei halbwüchsigen Kindern in drei kleinen Zimmern in Ljulien zu hausen – möglicherweise für die nächsten zwölf Jahre oder für immer.

Man gewöhne sich an alles, sagte der sanfte, karottenrote Mann ergeben und der sanfte, karottenrote Hund, der sich an sein Bein geschmiegt hatte, sah liebevoll zu ihm auf.

Ob es nicht besser wäre, nach Israel auszuwandern, fragte ich.

Nein, sagten sie wie aus einem Mund, und er fuhr fort: hier hätten sie gute Arbeitsplätze, Eltern und Freunde, einen erstklassigen Geigenlehrer für ihre begabte Tochter und ein renommiertes Gymnasium für ihren Sohn, der in einem Jahr sein Abitur mache. In Israel müßten sie alle neu anfangen, wären nichts, hätten nichts und dazu fehle ihnen der Mut und die Motivation.

Das könne ich verstehen, sagte ich, stand auf und trat an das geöffnete Fenster, um einen Blick auf das Panorama von Ljulien zu werfen. Ein starker, warmer Wind hatte sich erhoben und die graue Wolkendecke zerfetzt. Der Himmel zeigte sich in dramatischen Farben: über den Hügeln eine schwarz-violette, gelb umsäumte Wand, über dem Flachland ein reines Türkisblau, über das eine Herde weißer und perlgrauer Wolken fegte.

»Sieht schön aus«, sagte ich und vermied es, auf die von Menschenhirn und Menschenhand entstellte Erde hinab zu blicken.

»Ja«, sagte die Armenierin, »da haben wir noch Glück gehabt. Kein schreckliches Hochhaus vor unseren Fenstern, nur Himmel und, wenn man nach Westen schaut, freies Land, Hügel und Wald.«

Sie hatten ihre Nische gefunden, überlegte ich, in diesem monströsen Ljulien, in diesem verdreckten Haus, in dieser engen Wohnung, die sie sich zu viert teilen mußten. Sie hatten ein Stück Himmel, gute Arbeitsplätze, Eltern und Freunde, die richtige Ausbildung für ihre Kinder, einen karottenroten Hund.

Ob Jerusalem eine schöne Stadt sei, fragte mich der sanfte Rothaarige. Oh ja, sagte ich, das sei sie.

Und wie es sich da lebe? Man höre so arge Dinge darüber: die Bombenattentate und die Araber und die vielen fanatischen Orthodoxen und die Siedler rundherum und die ewige Kriegsgefahr. Ob das wirklich stimme?

Ja, sagte ich, das stimme.

Sie würde in so einer Stadt nie leben können, sagte die Armenierin, Ljulien sei schon schlimm genug, aber wenigstens könne man da noch mit dem Bus fahren, ohne Angst zu haben, daß er explodiere. Wie ich das aushielte?

Man gewöhne sich an alles, wiederholte ich die Worte ihres Mannes, und außerdem hätte ich von meiner Wohnung einen wunderschönen Blick. Kein Haus vor den Fenstern, nur Himmel, und, wenn ich nach Osten blickte, die judäische Wüste.

In einer Wüste würde doch nichts wachsen, sagte die Frau, sie hätte es gerne grün.

Die Vorstellung von einem Leben in Jerusalem mußte in ihr ein ähnliches Gruseln hervorrufen wie bei mir der Gedanke an ein Leben in Ljulien.

Na ja, grün sei die Wüste nun gerade nicht, sagte ich und mußte lachen, aber trotzdem sehr schön.

Die schwarz-violette Wolkenwand war näher gerückt und hatte das hübsche Türkisblau verschluckt. In absehbarer Zeit würden sich die Wassermassen über Ljulien ergießen. Genau das hatte mir gefehlt!

Ich verabschiedete mich, strich dem Hund, der sich höflich erhoben hatte, über den schmalen Kopf und verließ das saubere, kleine Nest.

Bogdan und Elia saßen in dichtem Zigarettenqualm im Auto

und waren bester Stimmung. Der eine hatte einen ganzen Film verschossen, der andere die Türschlösser seines Ladas repariert und neu gekaufte Scheibenwischer angebracht.

»Wohin jetzt?« fragte Bogdan, der Unermüdliche.
»Ins Zigeunerlager«, sagte ich.
»Nä, Angelika«, erklärte er kategorisch »das nicht!«
»Ich will nur einen kurzen Blick darauf werfen.«
»Willst du werfen kurze Blick auf Schwarze Meer, fahren wir. Aber Zigeunerlager nä.«
»Hast du Angst vor den Zigeunern oder was?«
»Ja, habe ich Angst. Schmeißen sie dir Kind unter Auto.«
»Wie bitte?«
»Ist schon paarmal passiert. Muß ich zahlen für Kind eine ganze Leben nur, weil du willst Blick werfen auf Lager. Hast du genug Palästinenserlager in Israel. Kannst du dir ansehen dort.«
»Na schön, dann fahren wir eben jetzt zum Kommunisten.«
»Hast du heute schöne Programm, aber immer noch besser Kommunist als Zigeuner.«

Boris

Der Kommunist und Vetter meiner israelischen Freundin wohnte in der Straße Sredna Gora. Zunächst kam mir nur der Name bekannt vor und ich nahm an, ihn irgendwann einmal gehört zu haben. Als er mich aber nicht losließ, mir immer wieder in den Kopf kam, dort wie ein kleiner Poltergeist herumrumorte und mich zwang, ihn leise vor mich hinzusagen, löste sich aus dem Wort eine vage Erinnerung: Ich kannte nicht nur den Namen der Straße, ich kannte auch die Straße selber, eine sehr schmale, mit Kopfstein gepflasterte Straße, die durch ein verwildertes Viertel mit kleinen Häusern und Gärten führte. Ich sah sie vor mir – und damit brach die Erinnerung ab. Merkwürdig! War ich nur zufällig in diese Straße geraten? Hatte ich dort jemanden besucht? Es mußte auf jeden Fall lange her und kein bedeutungsvoller Besuch gewesen sein, wenn ich mich nicht mehr daran entsinnen konnte. Also nicht wichtig. Vergessen wir die ganze Geschichte. Aber der kleine Poltergeist ließ nicht locker, zog und zupfte so lange an den Fäden meines Gedächtnisses, bis er einen weiteren Erinnerungsfetzen in mein Bewußtsein gezerrt hatte: ein kleines, baufälliges Haus am Ende der Straße und Herzklopfen, als ich die enge Treppe hinaufstieg.

»Bogdan«, sagte ich, »ich habe Halluzinationen.«

»Hast du was?«

»Ich kenne jemand, der in Sredna Gora gewohnt hat und den ich dort auch besucht habe. Aber mir fällt nicht ein, wer das war.«

»Glaube ich nicht, daß du kennst jemand, der wohnt in diese arme Gegend. Haben da gelebt einfache Juden, wie Schneiderin von meine Mutter. War liebe Frau und gute Schneiderin, kann ich mich noch an sie erinnern.«

»Ich habe hier jemand besucht«, beharrte ich, »vor langer Zeit und mit Herzklopfen.«

»Muß es gewesen sein ein Geliebter«, scherzte Bogdan, und mit diesem Wort kam der Durchbruch.

»Boris«, schrie ich. »Natürlich! Wie konnte ich das vergessen!«

»Was ist passiert?« fragte Elia erschrocken vom Rücksitz.

»Äh, Glupusti ist passiert«, sagte Bogdan mit dem gutmütigen Dünkel bulgarischer Männer, für die die Frau immer das nicht ernst zu nehmende Weibchen bleibt.

Aber ich war in diesem Moment sehr ernst zu nehmen und das, was er als Glupusti-Dummheit bezeichnete, war von tiefer Bedeutung. Boris war kein Liebhaber gewesen, sondern meine erste, noch unschuldige und von ihm als solche respektierte Liebe. Die Romanze hatte sich in dem Dorf Buchowo abgespielt, wohin ich mit meiner Mutter, Boris mit seinen Eltern vor den Bombenangriffen aus Sofia geflohen waren. Neun Monate waren er, Sohn eines zaristischen Generals und Jurastudent im letzten Semester, und ich, sechzehnjährig und auf der Kippe zwischen Kind und Frau, unzertrennbar gewesen. Rückblickend erscheint mir diese Zeit und diese Liebe als die unbeschwerteste meines Lebens. Das kleine primitive Dorf, die großherzigen Bauern, der Rhythmus der Natur, der das Leben prägte, das war unsere Welt gewesen, eine reiche, klare, wunderbare Welt, in der wir nichts anderes besaßen als das Unentbehrlichste, in der wir nichts anderes fühlten als das Glück unserer Jugend, in der wir nach nichts anderem verlangten als nach unserer Nähe, den Zärtlichkeiten und Gesprächen, den winterlichen Stunden an der offenen Feuerstelle, den langen Spaziergängen im Frühling und Sommer, in denen wir betäubt von der Macht unserer Gefühle, dem Duft reifender Felder, dem Anblick eines flimmernd blauen Himmels das Leben angebetet hatten.

Wieder in Sofia und damit einem Leben ausgeliefert, das dank der Politik und deren fatalen Begleiterscheinungen alles andere als anbetungswürdig war, hatten sich unsere Wege getrennt. Bulgarien war im September 1944 kommunistisch geworden und Boris mit seiner Familie in höchster Gefahr, ich war staatenlos geworden und mein Schicksal noch ungewisser als zuvor. Wir hatten uns noch wenige Male getroffen, aber die Angst vor der Miliz war stärker gewesen als die Freude, und der Wille zu überleben mächtiger als die Liebe. Das einzige Treffen aus jener Zeit, an das ich mich über die Jahre erinnere, war das in einer Wohnung, in der ein Flügel stand. Ich weiß nicht mehr, wem diese Wohnung gehört hat, aber ich entsinne mich genau, daß es ein Spätnachmittag im Herbst gewesen ist, daß eine Stehlampe gebrannt und Boris' Profil mit der sehr hohen, gewölbten Stirn, dem großen Mund und dem traurigen Lächeln beleuchtet hat. Er spielte die deutschen Schlager, die er mir so oft in Buchowo auf seinem Akkordeon vorgespielt hatte. Es war der endgültige Abschied gewesen.

»Ja«, sagte Bogdan nach einem langen, rücksichtsvollen Schweigen, »gibt es viel zu denken über deinen Geliebten.«

»Er war kein Geliebter, er war meine erste Liebe.«

»Ist dasselbe.«

»Kann dasselbe sein, war es aber nicht. Ich war sechzehn und sehr kindlich, er war vierundzwanzig und sehr anständig.«

»Und hat er gewohnt hier in Sredna Gora?«

»Nicht damals, erst als ich ihn 1968 nach zwanzig Jahren wiedersah.«

»Wie du hast ihn gefunden nach zwanzig Jahren?«

»Durch seine Mutter. Sie wohnte immer noch in derselben großen Wohnung, in der sie schon damals mit Mann und Söhnen gelebt hatte. Sie hatte allerdings nur noch ein Zimmer, der Rest der Wohnung war unter zwei Familien aufgeteilt worden. Ihr Mann war tot, ich weiß nicht, ob er eines natürlichen Todes gestorben ist oder im Zuge der Säuberungsaktionen umgebracht worden war. Bojan, ihr jüngerer Sohn, lebte in einer anderen Stadt. Er hatte die Militärakademie besucht und stand deshalb wahrscheinlich auch auf der schwarzen Liste. Aus Boris' Mutter, die ich als eine in sich ruhende, gelassene Frau gekannt hatte, war ein verstörtes Wrack geworden. Sie litt ganz offensichtlich an Verfolgungswahn. Mein Besuch und mein Wunsch, Boris wiederzusehen, versetzten sie in Panik. Sie hat lange gezögert, mir seine Adresse zu geben. Er werde nach wie vor überwacht, habe Frau und Sohn und dürfe sich nicht exponieren. Ein Besuch aus dem Westen könne ihm und seiner Familie zum Verhängnis werden. Erst als ich ihr gesagt habe, daß ich noch keinem meiner hier lebenden und ähnlich exponierten Verwandten und Freunde zum Verhängnis geworden sei, flüsterte sie mir seine Adresse zu, bat mich aber, erst bei Dunkelheit hinzugehen und genau aufzupassen, ob mir jemand folgte.«

»Ja«, sagte Bogdan, der mir aufmerksam zugehört hatte, »es waren viele krank damals, haben gehabt Verfolgungswahn.«

»Den habt ihr nach wie vor. Nur sind es heute nicht mehr die Kommunisten, vor denen ihr euch fürchtet, sondern die Kriminellen und die Mafia.«

»Ist dasselbe. Die, die heute sind kriminell und Mafia, waren früher Kommunisten. Haben sie damals Bulgarien kaputtgemacht mit Ideologie, machen sie kleine Rest jetzt kaputt für Geld. Werden wir nicht los diese Arschlöcher!«

Er zündete sich eine Zigarette an und zog Rauch und Wut tief in die Lunge. »Also«, sagte er danach mit wiedergewonnener Beherrschung, »bist du gegangen zu Boris mit Herzklopfen.«

»Ja.«

»War Wiedersehen schön? War keine Enttäuschung?«

»Das erzähle ich dir ein anderes Mal«, sagte ich und überlegte: War es schön gewesen? War es eine Enttäuschung? Nein, weder das eine noch das andere. Meine Angst, einen Mann wiederzufinden, der den Erinnerungen einer Sechzehnjährigen in keiner Weise entsprach, hatte sich als grundlos erwiesen. Meine Sehnsucht nach der Vergangenheit und Jugend, die Boris verkörperte, war schmerzhaft gewesen. Als ich ihm unangemeldet, denn er besaß kein Telefon, gegenüberstand, hatte ich einen Moment lang bereut, gekommen zu sein. Er war nie ein Beau gewesen, aber dank seines Charmes, seiner Intelligenz und sanften Ironie ein anziehender Mann. Jetzt sah man ihm nur noch die Klugheit an und eine mit Trauer gemischte Resignation. Er war mit seinen vierundvierzig Jahren, seinem schütteren grauen Haar, seinen braunen Filzpantoffeln bereits ein alter Mann. Sein schmaler Körper war dünn geworden, und sein Gesicht wurde von der wuchtigen Stirn erdrückt, von dem zu großen Mund verschlungen. Doch an seiner warmen, dunklen Stimme und an den makellos schönen Händen, die er mir entgegenstreckte, hatte ich ihn wiedererkannt.

»Angelika«, hatte er leise gesagt und dann den Namen hinzugefügt, der mir von den Bewohnern Buchowos gegeben worden war: »Gientsche, Germantscheto« – Gientsche, das Deutschchen.

Wir waren nicht fähig gewesen, uns zu umarmen und freundschaftlich zu küssen. Eine Scheu, die aus den Tiefen der Erinnerung stieg, hatte uns verbunden und gleichzeitig getrennt.

Boris, der Mann mit dem schütteren, grauen Haar, dem von Resignation und Trauer gezeichneten Gesicht, den Filzpantoffeln, war der Mann gewesen, der mich vor vierundzwanzig Jahren zum ersten Mal in meinem Leben geküßt hatte, in einem bulgarischen Dorf, in einer Schneesturmnacht, in einer Welt, die eigens für uns geschaffen worden war.

Wie viele Männer hatten mich seither geküßt, Männer, in die ich verliebt gewesen war, Küsse, die ich leidenschaftlich erwidert hatte, Männer und Küsse, die mit den Jahren verblaßt waren, Gefühle, die nicht mehr nachempfindbar, die abstrakt geworden waren. Boris war einmalig, weil er der erste gewesen war, sein Kuß unauslöschlich, der Tumult, den er damals in mir hervorgerufen hatte, der Moment grenzenloser Verwirrung und Verzauberung noch heute lebendig.

»Zweiundzwanzig Jahre ist es jetzt her«, hatte er gesagt.

»Nein, vierundzwanzig.«

»Du sprichst vom Anfang, ich vom Ende.«

Sein Lächeln war dasselbe geblieben, Melancholie in den samtigen, schwarzen Augen, Ironie um die Mundwinkel, und einen Moment lang hatte ich den jungen Boris vor mir gesehen und gesagt: »Für mich ist es ein unvergeßlicher Anfang.« Und er: »Für mich war es ein bitteres Ende.«

Nach diesen Worten, den einzigen beziehungsvollen an diesem Abend, hätte ich gehen sollen. Sie hatten noch einmal die alten Zeiten, die alten Gefühle in mir geweckt und mit ihnen den Schmerz des Unwiederbringlichen. Ich hatte Boris gesehen, ihn in seiner Stimme, seinem Lächeln wiedergefunden und mich davon überzeugt, daß er nicht der Ausrutscher einer Sechzehnjährigen gewesen war, nicht ein bedeutungsloser Mann, dem ich über die Jahre wertvolle Eigenschaften angedichtet hatte.

Ja, ich hätte gehen und mir das Bild eines Boris bewahren sollen, das sich über das des ergrauten Mannes in Filzpantoffeln geschoben hatte. Aber in diesem Moment hatte die Stimme der Gegenwart gerufen, seine Frau, die wissen wollte, wer da sei.

Die Wohnung, vollgestopft mit Büchern und alten Kelims, die nicht nur auf dem Boden lagen, sondern über Sessel und Tische geworfen waren, hatte die lange, schmale Form eines Eisenbahnwaggons gehabt. Boris' Frau, ebenso dick wie klug, ebenso resolut wie ihr Mann weltfremd, war mir mit selbstsicherer Unbefangenheit entgegengekommen. Sie sprach fließend Deutsch, Französisch und Russisch und war eine anerkannte Übersetzerin ausländischer Bücher. Boris, der unter dem kommunistischen Regime mit seinem Jurastudium nichts hatte anfangen können und dürfen, arbeitete als Literatur-, Theater- und Filmkritiker bei einer Zeitung. Er galt nach wie vor als politisch unzuverlässig, eine Tatsache, die er nur flüchtig erwähnt und damit zu erkennen gegeben hatte, daß es ein Thema war, über das er nicht sprechen wollte. Um so mehr hatte ich sprechen müssen, denn seine Fragen nach meinem Leben waren unerschöpflich gewesen. Also hatte ich erzählt und mich mit meinen Gedanken und Worten immer weiter von dem Boris der Gegenwart, diesem dünnen, grauen Mann, der neben seiner dicken klugen Frau saß, entfernt. Irgendwann war auch noch der Sohn erschienen, ein gutaussehender, liebenswürdiger Junge von sechzehn Jahren, der die Zuversichtlichkeit seiner Mutter, nicht aber den Charme seines Vater geerbt zu haben schien. Als ich aufgestanden war, um zu gehen, hatte mich Boris' Frau aufgefordert, sie doch wieder einmal zu besuchen. Er hatte geschwiegen, mich zur Haustür begleitet und mir die Hand geküßt: »Leb wohl, Angelika«, hatte er gesagt, »es war wunderbar, dich wiederzusehen. Ich habe mich oft gefragt, was wohl aus dir geworden ist.«

Mein Wunsch nach einem Wort, einer Geste, einem Lächeln, das noch einmal den Boris der Vergangenheit heraufbeschwören würde, war überwältigend gewesen. Aber er hatte sich mir nicht mehr gezeigt, und ich war gegangen.

»Sind wir in Sredna Gora«, sagte Bogdan. »Welche Nummer hat Haus?«

»Ich weiß es nicht mehr«, sagte ich in Gedanken immer noch bei Boris. »Ich glaube, es war ein Eckhaus.«

»Ah, Angelintsche, genug schon! Frage ich nicht nach deine erste Liebe, frage ich nach Kommunist.«

»Ach der! Nummer 4.«

Es hatte zu regnen begonnen, und durch die beschlagene Scheibe sah ich das Kopfsteinpflaster und im Gestrüpp der Gärten die kleinen verwahrlosten Häuser. Ja, das war sie, die Straße, in der ich Boris wiedergefunden und verloren hatte.

»Ich habe ihn nie mehr wiedergesehen«, sagte ich zu Bogdan, »Ich weiß nicht, was passiert ist. Bei meinem nächsten Besuch in Bulgarien wohnte er nicht mehr in Sredna Gora, und seine Nachbarn, die ich fragte, hatten keine Ahnung, wo er war. Seine Mutter war tot, sein Bruder in irgendeiner anderen Stadt. Er war wie vom Erdboden verschluckt. Vielleicht ist er in den Westen geflohen, vielleicht wußte er schon damals, als ich ihn das letzte Mal sah und er Lebwohl sagte ...«

Bogdan hatte angehalten.

»Was ist?« fragte ich.

»Hier das Haus Nummer 4.«

»Wo?«

Es war das Ende der Straße, die an dieser Stelle nicht mehr gepflastert war. Auf der rechten Seite stand das Betonskelett eines großen Baus, auf der linken eine zweistöckige Ruine.

»Du irrst dich, Bogdan, in dem einen Haus kann noch niemand wohnen, in dem anderen kann niemand mehr wohnen.«

Auch Bogdan, den nichts mehr in diesem Land und Leben zu erschüttern schien, war konsterniert: »Steht aber da an die kleine Haus: Nummer 4. Gehen wir schauen.«

Es war tatsächlich bewohnt, und ein altes Weiblein, das uns vom Fenster aus beobachtet haben mußte, öffnete neugierig die Tür. »Sucht ihr jemand?« fragte sie, und hoffte wohl, daß wir sie suchten.

»Ja, einen Herrn Levi.«

»Der wohnt einen Stock höher«, brummte sie enttäuscht.

»Gehst du besser alleine«, meinte Bogdan, »habe ich Angst, Treppe hält mein Gewicht nicht aus.«

»Und ich habe Angst, daß ich den Gestank nicht aushalte«, sagte ich und stieg eilig die morschen Stufen hinauf.

Auf mein Klopfen öffnete eine kleine, grauhaarige Frau in geblümter Kittelschürze, hinter ihr stand ein Mann, der das gealterte Abbild seines sanften karottenroten Sohnes war. Ich erklärte, daß ich aus Jerusalem käme und ihnen ein Geschenk von ihrer Kusine mitgebracht hätte.

»Das ist aber nett«, strahlte die Frau, der ich das Kuvert überreichte.

»Bitte treten Sie doch ein«, sagte der scheue Mann.

Die Wohnung war genauso ordentlich und sauber wie die in Ljulien. Der sogenannte Salon, ein häßliches Quadrat mit blaßgrün gestrichenen Wänden, sah aus, als würde er nie benutzt. In seiner Mitte stand das Glanzstück, ein Tisch, unter dessen blank polierter Glasplatte sich eine Sammlung kleiner, bunter Glastiere befand. Ich sagte mir, meine Reaktion vorausahnend: »Tu's nicht!« Aber ich konnte den Blick nicht abwenden und starrte auf diese Menagerie putziger, farbenfroher Tiere. Sie war wahrscheinlich ihr kostbarster Besitz, mit Liebe gesammelt, mit Freude betrachtet, mit Stolz vorgezeigt. Eine kleine Arche Noah, in den sie umspülenden schmutzigen Fluten physischen und moralischen Zerfalls. Ein irrsinniges Mitleid mit den zwei alten Leuten trieb mir die Tränen in die Augen.

»Bitte, nehmen Sie doch Platz«, sagte der Mann, und seine Frau fügte hinzu: »Ich mache Ihnen schnell ein schönes Täßchen Nescafé.«

»Nein, danke, man wartet unten auf mich«, sagte ich, fand ein Tuch in meiner Manteltasche und schnaubte mir die Nase: »Ein Schnupfen«, erklärte ich.

»Ja, jeder ist zur Zeit erkältet«, bemerkte sie, »ein Täßchen Tee wäre vielleicht das Richtige.«

»Nein, wirklich nicht«, rief ich fast flehend, verabschiedete mich hastig und floh.

»Na«, grinste Bogdan, »hat sich Kommunist gefreut mit Dollar?«

»Laß das«, sagte ich. »Das sind sehr anständige, liebe Leute und es tut mir weh, wie sie da leben mit ihren Glastierchen.«
»Ach, Tiere haben sie auch noch?«
»Nein, Bogdan! Keine richtigen Tiere, nur Tierchen aus Glas.«
Seine schmalen, braun-grünen Augen forschten besorgt in meinem Gesicht: »Ja«, sagte er, »war heute zu viel für dich: die Ciratsche, Ljulien, deine erste Liebe, Tiere aus Glas. Saugst du Schmerz auf wie Schwamm. Gehen wir jetzt essen, Elia, du und ich, und trinken große Rakia. Mußt du nicht alles am ersten Tag machen.«
Ich legte meine Hand auf seine. Auch wenn er nicht wußte, was ein Glastierchen war, verstand er doch immer das Wesentliche.

Eine heilige Nacht

Am Abend, dem heiligen, regnete es nicht nur, es schüttete. Ich stopfte die kleinen Geschenke in eine Plastiktüte und zog aus dem häßlich gebundenen Strauß die zwei einzigen frisch gebliebenen Rosen. Die anderen waren innerhalb einer Stunde verwelkt, und ich hatte sie weggeworfen. Als ich in die Hotelhalle kam, in der Bogdan auf mich wartete, um mich zu Lilli zu fahren, rief er entgeistert: »Haben wir gekauft Strauß, wo ist er?«
»Im Mülleimer im Bad«, entgegnete ich, »die zwei Rosen hier sind die einzigen, die noch einigermaßen lebendig sind.«
»Darfst du nicht bringen zwei Rosen. Eine oder zwei Blumen man bringt nur Toten. Wird Lilli sich sehr erschrecken. Gib mir Zimmerschlüssel, werde ich finden ein dritte Rose.«
Ich gab ihm den Schlüssel, und er kehrte nach einer Weile mit einem Stiel zurück, an dem ein trauriges, schlaffes Köpfchen hing.
»Über die kann man sich nun wirklich erschrecken«, sagte ich, »eine Schande! Bulgarien war bekannt für seine riesigen Rosenfelder und sein Rosenöl. Gibt es das auch nicht mehr?«
»Gäbe alles, wenn gäbe Menschen, die wollen arbeiten. Bulga-

ren wollen nicht mehr arbeiten, besonders nicht in Landwirtschaft. Haben wir gehabt Kirschen dieses Jahr wie Sand an Meer. Keiner hat gepflückt. Sind sie von Baum gefallen und verfault. Haben wir Kirschen gehabt aus Türkei, Tomaten aus Griechenland, Fleisch aus Australien, Weizen aus Argentinien. Exportiert Mafia alles, was wir noch haben. Wird sie eines Tages unsere Herzen, Nieren und Lebern exportieren.«

Er schaltete das Radio ein, und eine piepsige Kinderstimme sang *Stille Nacht, heilige Nacht* auf bulgarisch. Wir fuhren in strömendem Regen durch eine dunkle Stadt. Sie sah alles andere als weihnachtlich aus. Nicht, daß ich auf eine weihnachtliche Atmosphäre Wert gelegt hätte, aber diese Atmosphäre, ob mit oder ohne Weihnachten, war trostlos.

»Soll ich wirklich nicht kommen und dich wieder abholen?« fragte Bogdan.

»Nein, ich möchte, daß du heute abend bei deiner Familie bleibst.«

»Und du? Wo ist deine Familie?«

»Überall und nirgends.«

»Hoffe ich, daß du hast eine schöne Abend ohne Schmerz«, sagte er und küßte mich auf beide Wangen.

Lillis Mann, Slavko, erwartete mich unter einem großen, schwarzen Schirm auf der Straße. Er war ein Herr alter Schule, dessen gute Manieren selbst ein leichter Schlaganfall nicht hatte beeinträchtigen können.

»Das war aber wirklich nicht nötig, daß Sie hier im Regen auf mich warten«, sagte ich.

»Gnädige Frau, es war mir ein Vergnügen, auf Sie zu warten.«

Er küßte mir die Hand, bot mir den Arm und hielt mir den Schirm fürsorglich über den Kopf. Sein ritterliches Benehmen hätte einer Dame in Abendtoilette, einer strahlend beleuchteten Freitreppe und einem Herrenhaus gut angestanden. Statt dessen tapsten wir im Dunkeln über ein halsbrecherisches Trottoir, in ein schäbiges Mietshaus, in dem jemand von oben herunter schrie: »Die Fahrstuhltür klemmt wieder. Könnt ihr sie mal richtig zumachen?«

Nicht nur die Tür klemmte, die Lampe funktionierte auch nicht. Ich hatte das unangenehme Gefühl, in einem aufrecht stehenden Sarg in den dritten Stock befördert zu werden.

»Leider«, sagte der unsichtbare Slavko, »ist gerade heute alles etwas durcheinander, denn bei unserer Tochter und ihrem Mann ist ein Malheur passiert. Man hat bei ihnen einzubrechen versucht.«

»Das ist ja schlimm«, sagte ich und ahnte nicht, daß sich das »Malheur« zu einem Drama ausweiten sollte, das den ganzen Heiligen Abend beherrschte. Dabei war es gar nicht der Einbruchsversuch als solcher, der den Abend durcheinanderbrachte, sondern die Panik von Lillis Tochter und Schwiegersohn, die es für notwendig gehalten hatten, sich auf der Stelle hinter einer Stahltür zu verbarrikadieren. Der Gedanke an sich war bei der Epidemie an Einbrüchen sinnvoll, aber der Beschluß, ihn noch am selben Tag eigenhändig in die Tat umzusetzen, doch ziemlich tollkühn. Denn da der Preis einer neuen Stahltür für die Betroffenen unerschwinglich war, mußte die eines Freundes, der sich in der glücklichen Lage befand, sich eine neue leisten zu können, entfernt und in den Türrahmen des jungen Paares eingepaßt werden. Bei diesem gewagten Unternehmen stellte sich dann natürlich heraus, daß weder die neue noch die alte Stahltür in den jeweiligen Rahmen paßte und dementsprechend bearbeitet werden mußte. Diese Arbeit hatte am Morgen begonnen und war zum Entsetzen aller Beteiligten bei meiner Ankunft um acht Uhr abends immer noch nicht beendet.

»Sie hätten einen Fachmann holen sollen«, sagte ich, in den Strudel der Ereignisse hineingerissen.

»Also, Angelika«, sagte Lilli, die den Tisch deckte, »ein Fachmann! Und dann auch noch an den Feiertagen! So etwas gibt es nicht.«

Wir saßen im Wohnzimmer, wo an einem schlicht geschmückten Tannenbäumchen die Kerzen brannten und im Fernsehapparat ein Weihnachtsprogramm mit vielen Kindern, Liedern und geschwätzigen Moderatoren ablief. Juliana, Lillis Tochter, die eine halbe Stunde zuvor triefend und verstört eingetroffen war, telefonierte überall nach ihrem Mann herum. Aber der war entweder von einer der Stahltüren erschlagen worden oder – hoffnungsvoller Ausblick – bereits auf dem Weg zu seinen Schwiegereltern. Milka, Lillis Enkelin, ein reizendes, wohlerzogenes Kind, war mit meiner platinblonden Puppe beschäftigt, und der ritterliche Slavko, Lillis Mann, mitsamt dem großen, schwarzen Regenschirm verschwunden. Wahrscheinlich wartete er vor dem Haus auf seinen unseligen Schwiegersohn.

»Tante«, fragte mich Milka, »hat dir der Weihnachtsmann die Puppe für mich mitgegeben?«

Lilli sah mich beschwörend an, und ich begriff zum Glück gerade noch rechtzeitig. »Natürlich, wer denn sonst!«

»Sie glaubt noch an den Weihnachtsmann«, erklärte mir Lilli auf deutsch.

»Wie alt ist das Kind?«

»Sieben.«

»Donnerwetter! Im Westen glauben die Kinder in diesem Alter nur noch an die Technik. Ich fürchte, sie würden lieber auf ihre alleinerziehende Mutter verzichten als auf ihren Gameboy.«

»Auf was für eine Mutter?«

»Alleinerziehend. Väter sind abgeschafft. Frau ist Manns genug. Männer sind Schweine.«

»Angelika«, sagte Lilli mit einem kleinen unsicheren Lachen, »du übertreibst.«

»Nur ein bißchen. Der Grundgedanke stimmt.«

»Also das wäre nichts für mich«, meinte sie nachdenklich, »ich war immer nur Frau, auch in den Jahren, in denen ich als Bibliothekarin gearbeitet habe. An erster Stelle standen immer meine Tochter und mein Mann. Er ist ein guter Mann, und wir hatten trotz der schlimmen Zeiten immer ein harmonisches Familienleben. Ich hab früh lernen müssen, daß es nichts Wichtigeres in dieser friedlosen Welt gibt als festes Zusammenhalten.«

Ja, Lilli hatte eine lange und bittere Lehrzeit erduldet. Sie stammte aus einer angesehenen Familie stolzer und patriotischer Bulgaren. Ihr Vater hatte das eindrucksvolle Amt eines königlichen Schloßverwalters bekleidet, und Lilli, das Musterbeispiel eines untadeligen Kindes, war häufiger Gast bei dem kleinen Prinzen Simeon und seiner älteren Schwester Marie-Luise gewesen. Mit der kommunistischen Machtübernahme wurde sie, siebzehnjährig, mit der Familie in einen kleinen Ort in der Provinz verbannt. Dort hatten sie sich zehn Jahre lang mühselig durchgeschlagen. Als sie nach Sofia zurückkehren durften, hatte Lilli ein spätes Studium begonnen. Daß sich ihr innigster Wunsch, der nach einer eignen Familie, erfüllen würde, hatte sie kaum noch gehofft. Mit Slavko, einem Herren alter Schule, der ein ähnliches Schicksal wie sie erlitten hatte, war er dann doch noch in Erfüllung gegangen, und aus Lilli das geworden, wozu sie ihr Leben lang prädestiniert gewesen war: eine zufriedene Ehefrau und glückliche Mutter.

Sie hatte den Tisch zu Ende gedeckt, und ich blickte beklommen auf ein Mahl, dessen bloßer Anblick mir schon Sodbrennen verursachte: Truschia, ein in Essig eingemachtes Gemüse, saure Gurken, dicke weiße Bohnen und Sauerkrautrouladen mit Reis gefüllt.

»Das ist das traditionelle Weihnachtsessen«, belehrte mich Lilli. »Heute ist der letzte Tag der Fastenzeit und während der darf man kein Fleisch und kein Fett essen.«

»Ich wußte gar nicht, daß du die Fastenzeit einhältst.«

»Seit wir Rentner sind«, sagte sie und lachte, »halten wir immer die Fastenzeit ein, auch wenn keine ist. Zum Glück haben die Kinder jetzt beide Arbeit in einer privaten CD-Plattenfirma gefunden. Sie sind zwar Chemiker, aber als Chemiker findet man keine Arbeit. In fast keinem Beruf findet man Arbeit. Jeder achte Bulgare ist arbeitslos. Angelika, willst du vielleicht schon einen Rakia trinken?«

»Ja, das will ich schon lange.«

»Warum sagst du dann nichts.« Sie goß mir und sich ein Glas ein und schaute zu ihrer Tochter hinüber, die ermattet in einem Sessel saß, das Telefon auf den Knien. »Juliana, wo stecken eigentlich unsere Männer. So kann das doch nicht weitergehen! Das Kind wird schon unruhig.«

Das Kind wickelte gelangweilt sein kariertes Faltenröckchen um einen Arm und wurde von Mutter und Großmutter zurechtgewiesen: »Laß das, Milka, so etwas tut ein kleines Mädchen nicht!«

Ich sagte »Nastravje«, trank den Rakia und verwünschte die Stahltür, den sogenannten Heiligen Abend, das in Essig eingemachte Gemüse und meine Rosen, die jetzt einmütig verwelkt den Eßtisch zierten.

Als die vermißten Männer schließlich doch noch eintrafen, brach hektische Aktivität aus. Krassimir, der Schwiegersohn, ein gutaussehender Mann, dessen Gesicht entweder von dem kurzen Vollbart oder dem Malheur mit der Tür verdüstert wurde, begrüßte mich mit einem gequälten Lächeln und verschwand dann in den hinteren Räumlichkeiten, um sich zu säubern. Juliana, wieder zum Leben und den sich ihr damit stellenden Aufgaben erwacht, lief mit einem sauberen Hemd hinter ihm her. Lilli zündete neue Kerzen am Bäumchen an, und Milka, die lange und artig genug auf den Beginn des Heiligen Abends gewartet hatte, rannte aufgeregt im Zimmer herum und schrie: »Baba, kommt jetzt der Weihnachtsmann?« Allein Slavko bewahrte Ruhe und Schliff, setzte sich neben mich an den Tisch und fragte: »Darf ich der gnädigen Frau noch einen Rakia einschenken oder lieber ein Glas Wein?«

Der Abend wurde von da an sehr beschleunigt, denn das erschöpfte junge Paar schien nur den einen Wunsch zu haben: so schnell wie möglich in die eigene Wohnung zurückzukehren und die einbruchssichere Tür hinter sich zuzumachen. Die Bescherung, ein brauner Plastiksack, den Juliana auf ein Klingelzeichen des »Weihnachtsmannes« an der Wohnungstür in Empfang nahm und ins Zimmer brachte, nahm keine fünf Minuten in Anspruch.

Jeder Erwachsene, ich inbegriffen, erhielt ein kleines Geschenk, Milka zwei: das eine war eine zusammensetzbare Hasenkinderstube aus Plastik, das andere waren zwei schmale Büchlein. Das liebenswürdige Kind versuchte ein Höchstmaß an Überraschung und Freude zu bekunden, aber man sah ihm die Enttäuschung an. Die kleinen hellblauen und rosa Plastikhasen machten mich traurig. Vergeblich sagte ich mir, daß es lächerlich sei, in solche Nebensächlichkeiten die ganze Lebenslage eines Menschen, einer Familie, eines Volkes hineinprojizieren zu wollen. Das Kind wurde geliebt, es hatte ein warmes Bett, ein hübsches Faltenröckchen, genug zu essen. Es litt keine Not – noch nicht.

»Angelika«, rief Lilli, »jetzt wollen wir aber auf deinen Geburtstag trinken. Ich sehe noch, wie du zum ersten Mal in unser Klassenzimmer kamst. Du warst so dünn und so ängstlich und in der Schürzentasche hattest du einen kleinen Stoffhund, ganz klein und weich. Den hast du uns dann gezeigt. Erinnerst du dich?«

»Nein«, sagte ich und dachte: Über den kleinen, weichen Hund hätte ich heute wohl auch geheult – und mit Recht.

Der Rote Salon

Ich hatte den Roten Salon, in dem ich jeden Morgen alleine frühstückte, liebgewonnen. Auf meinem Tisch in der Nähe eines Heizkörpers, der eine Illusion von Wärme spendete, stand ein Schildchen mit der Aufschrift: *Réservée*. Es ließ mich wissen, daß ich ein bevorzugter Gast war, denn sollte jemals ein zweiter im Hotel auftauchen, durfte er es nicht wagen, meinen Platz einzunehmen. Auch die Kellner waren mir lieb geworden und ich ihnen, denn ich hinterließ, wie überall, Trinkgelder, die Bogdan anfangs zur Verzweiflung, dann in die Resignation getrieben hatten. Am ersten Tag bedienten mich zwei junge, sympathische Männer, die sofort begriffen, daß ich nicht eine Tasse lauwarmes, sondern ein Kännchen kochendes Wasser wünschte, statt eines Teebeutels zwei und anstelle zweier magerer Tütchen Zucker fünf. Das übrige hatte ich ihnen überlassen und festgestellt, daß sie es ausgesprochen gut mit mir meinten: Auf dem Teller hatten sich Aufschnitt und Käse, Butter und harte Eier getürmt. »Genug für eine ganze Familie«, hätte Bogdan gesagt und damit sofort mein schlechtes Gewissen wachgerüttelt. Da ich aber immer nur ein Stückchen Wurst und ein Scheibchen Käse aß, konnte ich hoffen, daß der Rest an eine ganze Familie weitergereicht wurde. Am nächsten Tag waren zwei ältere Kellner im Roten Salon: der eine ein stämmiger, bäuerlicher Typ, der sich gut für die brachliegende Landwirtschaft geeignet hätte. Der andere hatte das Aussehen eines Akademikers oder, bei näherer Betrachtung, das eines Schauspielers, der einen Akademiker darstellte. Beide beherrschten das Wort *breakfast* und ich das Wort *sakuska*, was sie dazu veranlaßte, beifällig die Köpfe zu wiegen und mich zu fragen, ob ich bulgarisch spräche.

»Gore, dollo – oben, unten«, sagte ich, und daran knüpfte sich ein längeres Gespräch.

Der Akademiker hatte einen Vetter, der seit zwanzig Jahren mit Frau und zwei Kindern glücklich in München lebte, ein Glück, das er, der Kellner, bei einem Besuch in Deutschland sehr wohl verstanden hatte.

»Das ist ein süßes Leben dort«, sagte er.

Der Stämmige war noch nie im Westen gewesen, dafür aber in der Tschechoslowakei, in Ungarn und Dresden. »Jetzt«, sagte er, »kann ich mir nicht mal mehr ein Reise nach Varna leisten.«

Während der kommunistischen Ära hatte er im Restaurant Moskau gearbeitet und viele Kollegen aus der DDR gehabt. Nach der Wende waren die alle nach Deutschland zurückgegangen und das Restaurant war geschlossen worden. Wie es den Leuten in der ehemaligen DDR jetzt ginge, wollte er von mir wissen.

Soviel ich wüßte, seien sie unzufrieden, gab ich zur Antwort.

Er schnalzte mißbilligend mit der Zunge: »Denen geht es im

Gegensatz zu uns doch herrlich«, sagte er. »Aus uns hier in Bulgarien wird nie mehr was!«

Man könne sich seine Eltern und seine Heimat nicht aussuchen, sagte der Akademiker, es sei das einzige, was man sich nicht aussuchen könne. Das Stühlchen hier könne man sich aussuchen, das Jäckchen, die Frau, aber die Eltern und die Heimat nicht. Und dann mit einem sehnsüchtigen Blick durchs Fenster auf das verlassene Schloß: »Ach, wäre doch unser König Simeon da. Das würde alles ändern.«

»Heide dä«, rief der Stämmige, der dem Kommunismus, dem Restaurant Moskau, den Kollegen aus der DDR, den Reisen in die Ostblockstaaten, kurzum dem ganzen, gesicherten Leben eines einfachen Mannes nachtrauerte: »Was redest du für Unsinn! Glaubst du, dieses reiche verwöhnte Männchen, das gar nicht weiß, was Bulgarien ist, könnte uns aus dem Dreck rausziehen? Noch nicht mal einen Regenwurm kann der mit seinen weißen Händchen aus der Erde ziehen. Soll er sich doch seine Krone auf den Hintern setzen ... Entschuldigung, meine Dame ... da gehört sie hin.«

Besuch beim lieben Gott

Es hatte die ganze Nacht geschneit und schneite immer noch in dichten Flocken, als ich mich auf den Weg zur Alexander-Nevsky-Kathedrale machte. Sofia unter einer Decke jungfräulichen Schnees sah plötzlich wieder hübsch aus, und die Menschen, die den Feiertag ausnutzten, um im ehemaligen Schloßpark und auf der Prachtstraße, dem Zar Oswoboditel, spazierenzugehen, hatten fröhliche Gesichter und rote Wangen. Manche zogen Kinder auf Schlitten hinter sich her, andere führten stolz ihr Statussymbol, einen Rassehund, an der Leine. Es gab davon viele, und die meisten waren groß und gut genährt.

Als ich den großen weißen Platz überquerte und mich dem mächtigen Portal der Kathedrale näherte, war mir zumute, als ginge ich zu einem Mann, den ich als Backfisch angeschwärmt und dann mit der Erkenntnis, daß er aus der Nähe betrachtet enttäuschend war, schnell wieder fallengelassen hatte. Jetzt, getrieben von einer Mischung aus Neugier und Nostalgie, wollte ich ihn noch einmal aufsuchen, um mich davon zu überzeugen, daß er tatsächlich ein Blender gewesen war: attraktiv und banal zugleich.

Es fand gerade eine Messe statt, und die Kirche war voll: Männer und Frauen, Alte und Junge, Menschen aus sogenanntem »guten Haus« und einfache Leute aus den Dörfern, ehemaliges Bürgertum und ehemalige Genossen standen andächtig und sich fleißig bekreuzigend eng beieinander. Das flackernde Licht Hunderter Kerzen, die vollendete Schönheit gregorianischer Gesänge, die Gold und Silber durchwirkten Gewänder der Priester, die ganze kult- und weihrauchgeschwängerte Inszenierung zog einen, ob man wollte oder nicht, in ihren Bann und spülte unvorhergesehene Gefühle hoch.

Ich kaufte eine Kerze und schlängelte mich durch die Menschenmenge zu einem der vielen vergoldeten Kerzenständer, neben denen flache, mit feinem Sand gefüllte Kästen standen. Während ich den Docht anzündete und die Kerze in den Sandbehälter für die Toten steckte, dachte ich an meine Mutter, an ihren verzweifelten Versuch, sich in den Glauben zu retten, an ihr gottverlassenes Sterben.

Ach, Mutti, sagte ich lautlos, der Glauben war uns beiden nicht gegeben. Nicht wahr?

Ich ging ein paar Schritte weiter, blieb in der Mitte des Kirchenschiffes stehen und schaute empor: Ja, da saß er noch immer dräuend in der höchsten Kuppel, Farben und Konturen nicht verblaßt: ein wotanähnlicher Alter mit wohlgenährtem Gesicht, weißer Mähne und Rauschebart.

»Hi«, grüßte ich, »da bin ich wieder nach fünfundfünfzig Jahren. Wollte dich noch mal besuchen und etwas mit dir plaudern.

Erinnerst dich doch noch an mich, meine vielen inbrünstigen Gebete, die du nicht erhört hast, und meine letzten unflätigen Worte an dich, über die du vermutlich gekichert hast. Bist ja ein zynischer, alter Joker mit einem irrwitzigen Humor. Findest deine Schöpfung wohl sehr komisch, na ja, für uns hier unten hält sich die Komik in Grenzen.«

In einem Seitenflügel sah ich einen leeren Stuhl, setzte mich und schloß die Augen.

Sofort ist sie da, meine Mutter, das gebräunte Gesicht, das Lächeln, das die hohen Backenknochen noch höher zu schieben scheint, das weiße Leinenkleid mit den großen zinnoberroten Blumen, um den Hals die Kette mit dem dickstämmigen Kreuz aus patiniertem Silber, das sie nach ihrem Übertritt zum russisch-orthodoxen Glauben ständig trug. Ich sehe sie das Knie beugen und sich bekreuzigen, eine von Gesang, Kerzenlicht und Weihrauchduft betörte Gestalt, die mich befremdet hatte. Bis dahin hatte ich lediglich gewußt, daß es eine katholische und eine evangelische Konfession gab, ich zu letzterer gehörte und aus diesem Grund weder das Knie beugen, noch das Kreuz schlagen mußte. Dieser Regel war ich eisern treu geblieben, denn es war die einzige, die ich gekannt hatte. Warum meine Mutter, von der ich annehmen mußte, daß sie genauso evangelisch war wie ich, sich plötzlich so seltsam benommen hatte, ahnte ich damals nicht, hatte es aber darauf zurückgeführt, daß eben alles anders und rätselhaft geworden war, seit wir in Bulgarien lebten. Also hatte ich lieber nicht gefragt und meine Kerzen angezündet – für meinen Vater, meinen Bruder, meine Großeltern – für all die fernen, geliebten Menschen, die ich hatte verlassen müssen: »Lieber Gott«, hatte ich dazu gebetet, »bitte beschütze sie, und laß sie mich schnell wiedersehen.«

Der liebe Gott hat sie nicht beschützt.

Ich verließ die Kirche mit einem Gefühl der Leere, die selbst der gregorianische Chor nicht hatte füllen können, und schlug die

Richtung zur Uliza Oborischte ein, eine hübsche, zur guten Wohngegend zählende Straße, in der wir vier Jahre lang gelebt hatten. Bis zu unserem Haus waren es nur zehn Minuten, und der Gang durch das verschneite Sofia belebte mich wieder. Zahllose Male war ich durch diese Straße gelaufen, ein Kind an der Hand seiner Mutter in einem Bisammäntelchen im Winter, einem über der Brust gesmokten Hängerchen im Sommer; eine kleine, magere Schülerin in schwarzer Kittelschürze auf dem Weg zur Schule; ein fast schon junges Mädchen, untergehakt mit seiner Freundin Ludmila und, erster Schritt in eine lang ersehnte neue Lebensphase, einem Gürtel um die Taille. Angelika, Angeli, Angelintsche – ein über die Jahre entschwundenes Geschöpf, das einmal ich gewesen war, das, nicht mehr nachvollziehbarer Gedanke, ich war.

Ich stand vor dem vierstöckigen Mietshaus, ein häßlicher, aber solider Kasten, an dem nicht einmal die körnige graubraune Farbe abgeblättert war.

Das letzte Mal war ich vor drei Jahren mit meinen Freundinnen Lilli und Stefana zu unserer Wohnung hinaufgestiegen und hatte an der Tür mit der Aufschrift: Doktor Ivanov, Haut- und Geschlechtskrankheiten, geklingelt. Der Arzt, hocherfreut gleich drei haut- oder geschlechtskranke Patientinnen auf einmal vor sich zu sehen, hatte uns eingelassen und auf meinen Wunsch, nur schnell die Wohnung besichtigen zu dürfen, seine Enttäuschung nicht verbergen können. Heute war die Haustür abgeschlossen, und so konnte ich weder dem Arzt noch unserer Wohnung, die sich über so viele Jahre ihre Dürftigkeit bewahrt hatte, einen neuerlichen Besuch abstatten.

Plötzlich wurde die Tür von innen geöffnet, ein alter Mann mit weißem Spitzbart und Baskenmütze trat auf die Straße und sah mich dort stehen.

»Suchen Sie jemand?« fragte er mißtrauisch, denn ich, in meinem pelzgefütterten Ledermantel, konnte ja schließlich zur Mafia gehören.

»Ja«, sagte ich, »ich suche eine Frau Elisawetha Lingorska, die hier mit ihren zwei Töchtern wohnt.«

»Wie heißt die Dame?«

Ich wiederholte den damaligen Namen meiner Mutter langsam und deutlich.

»Die gibt es hier nicht«, erklärte der Herr. »Sie müssen sich in der Adresse geirrt haben. Ich wohne schon dreißig Jahre in diesem Haus und bin noch nie einer Frau Lingorska oder einer ihrer beiden Töchter begegnet.«

»Das dachte ich mir«, sagte ich, »es ist ja auch schon über fünfzig Jahre her.«

»Fünfzig Jahre!« rief der Mann überrascht. »Gute Frau, in fünfzig Jahren kann eine Menge passieren!«

»Ja«, nickte ich, »wem sagen Sie das!«

Stefana

Bojana, ein Villenvorort Sofias, liegt am Fuß des Witoscha-Gebirges. In der zaristischen Zeit hatten dort wohlhabende Bürger ihre anspruchslosen, aber gemütlichen Ferienhäuser gehabt. In der kommunistischen Epoche waren die von hohen Funktionären übernommen, renoviert und vergrößert worden. Auch viele neue Häuser waren hinzugekommen, darunter das des Ministerpräsidenten Schivkov. Es befand sich in einem Park, der sich hinter einer Mauer verborgen, doppelt und dreifach bewacht und gesichert, über Kilometer hinstreckte. Nach der Wende war die Sache kompliziert geworden und Bojana ein Mischmasch aus Bürgern oder deren Nachkommen, die ihr Eigentum zurückerhalten hatten, ehemaligen Funktionären, die angeblich sofort ins Lager der Mafia übergewechselt und dementsprechend Besitzer der Häuser geblieben waren, und neureichen Profiteuren, die sich dort protzige Villen hingestellt hatten.

Meine Freundin Stefana gehörte zu denjenigen, die ihren Besitz in Form eines Grundstückes zurückbekommen, nicht aber das Geld gehabt hatten, sich ein Haus darauf zu bauen. Ein ehemaliger, jetzt in ebenso dunkle wie lukrative Geschäfte verwickelter Pilot und dessen Frau, eine Stewardeß, hatten das Geld zum Bau eines Hauses, aber kein Grundstück gehabt. Also war man sich einig geworden: Stefana hatte dem geschäftstüchtigen Piloten das Grundstück abgetreten und der hatte darauf ein Haus gebaut. Die obere Etage, eine gelungene Hollywood-Parodie, gehörte ihm, der Stewardeß und einem riesigen Rottweiler, die untere, die den Charakter eines Schwarzwaldhäuschens hatte, Stefana und ihrem Mann Ivan. Etwa ein Jahr lang durften sie und Ivan sich an ihrer Ferienwohnung, dem hübsch bepflanzten Garten und einem zierlichen schwarzen Hund freuen und auf das hoffen, was man einen geruhsamen Lebensabend nennt. Doch diese Hoffnung wurde durch Stefanas Schlaganfall zunichte gemacht. Sie wurde zum Pflegefall, Ivan zum aufopfernden Pfleger, und der von beiden geliebte kleine Hund riß aus und kehrte nie mehr zurück. Dieser verhängnisvollen Situation fuhr ich jetzt durch eine schneeglitzernde Landschaft entgegen.

»Früher bin ich oft in Bojana gewesen«, sagte ich zu Bogdan, der den Lada mit abgewetzten Reifen und Grandezza durch die Schneewehen steuerte.

»Ich auch«, erinnerte sich Lilli, »damals war es noch ein Tagesausflug, und man ist mit dem Bus und Picknickkörben hingefahren und dann durch die Wälder gewandert. Das war schön!«

»Und in der Nähe von Bojana«, nahm ich ihre Reminiszenzen auf, »gab es ein Dorf, wo man bei einem Bauern Rotwein trinken und Kaschkaval essen konnte. Wie genau ich mich noch an das kleine Lehmhaus und die Wiese davor erinnere und an die Kuh, die ich angefahren habe.«

»Eine Kuh du hast angefahren«, rief Bogdan und brach in sein dröhnendes Gelächter aus. »Mit was?«

»Mit dem Jeep eines britischen Captains. Mit dem bin ich

immer dorthin gefahren, und er hat mir gezeigt, wie man das Ding fährt, und mich eines Tages ans Steuer gelassen. Da bin ich prompt in der blöden Kuh, die am Straßenrand stand, gelandet.«

»War sie tot?«

»Nein, Gott bewahre, sie nicht, aber das Kalb. So jedenfalls hat der Besitzer der Kuh behauptet. Sie soll schwanger gewesen sein und für das Kalb mußte der britische Captain zahlen. Er hat mich nie wieder ans Steuer gelassen.«

Bogdan und Lilli waren außer sich vor Vergnügen, aber in mir wuchs die Beklommenheit, je mehr wir uns Bojana näherten.

»Gibt es eigentlich noch das Restaurant Bojanskoto Chantsche?« erkundigte ich mich.

»Natürlich«, erwiderte Bogdan, und Lilli sagte: »Da warst du doch mal mit Ludmila, nicht wahr?«

»Ja, da war ich mit Ludmila und einer größeren Gesellschaft. Die Kapelle hat bulgarische Volksmusik gespielt und wir haben wie verrückt Choro getanzt.«

Ich sehe Ludmila: die schmalen Schultern und Hüften, die hochgetürmten roten Haare, das Katzengesicht mit den grünen Augen. Sie tanzt und lacht und ist atemlos in einem Ausbruch ungestümer Lebenslust, die sie sich vor unserer Abfahrt in die Vene ihres Armes injiziert hatte.

»In welchem Jahr war das?« fragte Lilli.

»Noch während des Kommunismus. Ich habe damals ja immer bei ihr gewohnt und wie eine Krabbe auf ihrem nierenförmigen Sofa geschlafen.«

»Ach ja«, seufzte Lilli, »damals war Ludmila noch ganz in Ordnung.«

»Du irrst dich. Tagsüber als Ärztin war sie noch ganz in Ordnung, aber wenn sie abends nach Hause kam, war sie kaputt, hat sich entweder mit Schlaftabletten vollgestopft und ist einfach umgekippt oder hat sich eine Spritze verpaßt – Vitamine wie sie sagte – und ist wie ein Rakete in die Luft gegangen. Ludmila hat sich über viele Jahre systematisch umgebracht.«

»Weißt du warum?«

»Sie hat das Leben halt nicht ausgehalten.«

»Ja, so ist das«, sagte Lilli, »Ludmila war gesund und wollte sterben, und Stefana ist krank und will leben.«

»Und dann es gibt Leute«, schloß Bogdan, »die sind gesund und wollen leben.«

Er hielt vor dem schmucken Haus, das ich erst einmal und da in noch nicht ganz fertigem Zustand gesehen hatte.

»Ich nicht gehen mit«, erklärte Bogdan, »ein fremder Mann hat da nichts zu suchen.«

Stefana lag im Wohnzimmer auf einem erhöhten Bett. Sie lag wie aufgebahrt, bewegungslos auf dem Rücken. Ich trat zu ihr und beugte mich über sie. Das Auge in der gelähmten Gesichtshälfte war bis auf einen Spalt geschlossen, und dadurch wirkte das andere, mit dem sie mich eindringlich ansah, unnatürlich aufgerissen. Ich küßte sie, und da jedes Wort trivial geklungen hätte, schwieg ich. Als ich mich wieder aufrichtete, sah ich neben ihrem Kopfkissen eins dieser mir verhaßten Geräte, die ich für den Inbegriff einer geltungsgierigen, schwatzsüchtigen und nur noch durch Drähte verbundenen Gesellschaft hielt: ein Handy. Im selben Moment fiel jede Beklemmung von mir ab, und ich sah in Stefana nicht nur die gequälte Kreatur, sondern die mir vertraute starke Frau, die nie aufgegeben hatte, die auch jetzt nicht aufgeben würde.

»Na, Gott sei Dank, hast du auch eins von diesen Dingern?« spöttelte ich.

»Ja«, sagte sie, »ich gehöre jetzt zur Klasse wichtiger Menschen. Aber dafür mußte ich erst einen Schlaganfall bekommen. Ein ziemlich hoher Preis für ein Handy.«

Obgleich es ihr Mühe machte, gewisse Worte zu artikulieren, konnte ich sie gut verstehen.

»Ich merke schon«, sagte ich, »du bist die alte geblieben.«

»Red keinen Unsinn, und setz dich so, daß ich dich sehen kann ... Ivan, rück ihr den hohen Stuhl an den Tisch.«

Ivan, ein schmaler Mann, dessen Gesicht mich in seiner Helle und Güte an das meines Großvaters erinnerte, packte sofort zu, zerrte den Stuhl an die gewünschte Stelle, glättete den Teppich darunter und legte noch ein Kissen auf den Sitz.

»Ist es so richtig, Stefana?« fragte er mit einem erwartungsvollen Blick in ihre Richtung.

Er war ein schlichter Mann – ein Kommunist, wie mir Lilli verschämt anvertraut hatte –, der Stefana, gebildete Tochter und einziges Kind eines erfolgreichen Rechtsanwalts, abgöttisch liebte. Für beide war es die zweite Ehe gewesen, die sich gegen politische Widerstände und gesellschaftliche Vorurteile hatte durchsetzen müssen. Es war eine gute Ehe geworden.

»Ich habe keine Eltern mehr und nie Geschwister und Kinder gehabt«, hatte Stefana mir einmal gesagt. »Ivan ist alles auf einmal.«

Wie recht sie mit dieser Behauptung gehabt hatte, bestätigte sich jetzt. Nicht nur, daß er sie rund um die Uhr versorgte und pflegte, er machte die Einkäufe und las ihr vor, er kochte und backte, er wusch und putzte. Keine Hausfrau hätte die Wohnung sauberer halten, das Bett ordentlicher und den Kuchen, den er uns später servierte, schmackhafter machen können. Auch für festtägliche Stimmung war gesorgt: Ein kleiner, sorgfältig geschmückter Christbaum stand auf einem erhöhten, für Stefana sichtbaren Platz und aus dem Radio säuselten Weihnachtslieder. Das Handy klingelte oft, was Ivan mit frohem Lächeln, ich mit einer ärgerlichen Grimasse und Stefana mit einem Seufzer begrüßte.

»Heute ist doch ein Feiertag«, erklärte Lilli, »und da wollen ihr alle frohe Weihnachten wünschen.«

»Und Dummheiten plappern«, ergänzte Stefana.

»Das ist der Vorteil eines Handys«, sagte ich.

Der Wasserkessel pfiff und Ivan lief in die Küche und bereitete Kaffee für Lilli und Tee für mich zu.

»Wie wirst du jetzt eigentlich weiter behandelt?« fragte ich Stefana. »Hast du einen Arzt? Bist du in einer Krankenversicherung?«

»Krankenversicherung gibt es nicht. Früher war die medizinische Versorgung kostenlos, heute mußt du alles aus eigener Tasche bezahlen. Hast du kein Geld, stirbst du gleich. Hast du Erspartes, ist es ein Wettlauf zwischen Geld und Zeit. Entweder das Geld reicht, bis du wieder gesund bist, oder es reicht nicht, und dann gehst du halt später drauf. Zu mir kommt täglich eine Physiotherapeutin und zweimal die Woche eine Krankenschwester, die mir irgendwas spritzt. Jeder Besuch kostet fünfhundert Leva. Ich kann mir also genau ausrechnen, wann wir pleite sind. Nicht ausrechnen kann ich mir, wann, wenn überhaupt, ich wieder funktioniere.«

»So darfst du nicht denken«, sagte Lilli und versuchte, Stimme und Worte mit einem festen Ton zu untermauern.

»Ich denke nicht, sondern ich rechne. Mit dem Denken ist es sowieso bei mir vorbei. Manchmal will ich Ivan etwas sagen und mir fallen die Wörter nicht ein, ganz banale Wörter, nicht etwa komplizierte.«

Ivan brachte uns Tee und Kaffee und wir machten Konversation über den Schnee und den Kurs des Dollar und meinen Aufenthalt und den Rottweiler, den Ivan auch noch verpflegen mußte, da dessen Besitzer wie so oft verreist waren. Aus dem Radio schallte *Oh du fröhliche ...*, Lilli lobte den Kuchen, Ivan kehrte die zu Boden gefallenen Tannennadeln zusammen, und ich schaute zum Krankenbett hinüber, unter dem der Stiel einer rosa Bettpfanne hervorlugte, an dessen Fußende ein Rollstuhl stand.

»Meine Stefana kann schon etwas den Daumen bewegen«, verkündete Ivan. »Wollt ihr mal sehen?«

Er schlug die Decke über dem gelähmten Arm zurück, und wir traten ans Bett. Stefana bewegte mit angespanntem Gesicht kaum merklich den Daumen. Ivan strahlte und Lilli rief: »Bravo.«

Ich ging ans andere Ende des Zimmers, zündete mir eine Zigarette an und starrte durchs Fenster auf eine weiße Schneefläche:

Ich sehe Stefana. Sie sitzt in der Visa-Ausgabe im Flughafengebäude, hinter einer Glasscheibe, unter der ich ihr meinen Paß zugeschoben habe. Es ist das Jahr 1968, und ich bin auf ein dringendes Telegramm meiner Schwester überstürzt von Israel nach Bulgarien geflogen. Die Beamtin, die mir das Visum in den Paß stempeln soll, braucht verdächtig lange. Sie hält den Kopf gesenkt und ich sehe nur ihr schwarzes, lockiges Haar. Irgend etwas stimmt nicht, denke ich mit einem flauen Gefühl im Magen, ich habe geahnt, daß etwas schiefgehen wird! Da hebt die Frau den Kopf und schaut mich fassungslos an. Ein Gesicht mit breiten, schwarzen Brauen und tiefliegenden Augen. Es kommt mir bekannt vor, aber es läßt sich nicht einordnen.

»Angelika«, sagt sie, »bist du es wirklich? Ich bin Stefana.« Und nach einem weiteren intensiven Blick: »Ja, meine Liebe, zwanzig Jahre ist es jetzt her und der Lack unserer Jugend ist ab.«

So hatten wir uns wiedergefunden.

»Komm, Angelika«, rief Lilli, »Ivan meint, Stefana braucht jetzt Ruhe.«

»Ruhe«, sagte Stefana, »wenn ich etwas für den Rest meines Lebens haben werde, dann ist es Ruhe.« Und als ich mich zu ihr hinabbeugte, um mich zu verabschieden, flüsterte sie: »Angelika, ich weiß, und du weißt es auch, aus mir wird nichts mehr.«

Das Handy klingelte, und plötzlich war ich diesem Störenfried dafür dankbar. Es war der Draht, der Stefana mit dem Leben verband. Es war für mich der Beweis, daß sie nicht aufgegeben hatte. Ich griff nach dem Apparat und legte ihn ihr in die Hand.

Besuch in einem Krankenhaus

Das Marie-Luise-Krankenhaus, in den dreißiger Jahren entstanden und nach einer ehemaligen bulgarischen Prinzessin benannt, zählte zu den fünf größten Krankenhäusern Sofias. Es war tatsächlich ein gewaltiger Komplex, bei dessen Anblick man den Himmel beschwor, dort nicht eingeliefert zu werden. Die blatternarbige Fassade mit ihrem leberkranken Anstrich und ihren verschlierten Fensteraugen schien in den letzten Zügen zu liegen.

»Ist es ein gutes Krankenhaus?« fragte ich töricht.

»Ja«, sagte Bogdan, »wenn der Kranke mitbringt Medikamente, Spritzen, Verband, Bettwäsche, Essen und Familie, die ihn pflegt: sehr gut. Und wenn er hat Dollar, um die Arzt in Tasche zu stecken, noch besser.«

»Warum geht ein Kranker dann überhaupt noch ins Krankenhaus?«

»Hat er zu Hause keine Nachttopf, bekommt er da vielleicht eine.«

»Bogdan, du übertreibst!«

»Kannst du gleich fragen meine Freund!«

Der Freund, den Bogdan besuchen wollte, hatte zwei Wochen lang über hohes Fieber, Husten und Schmerzen in Brust und Rücken geklagt, sich wiederholt zur Poliklinik geschleppt und um Hilfe gebeten. Doch dort hatte man ihn wieder nach Hause geschickt. Erst als er schon fast im Koma lag, hatte ihn eine Ambulanz ins Krankenhaus gebracht – vermutlich zum Sterben, was in einer solchen Umgebung ja weniger Umstände macht als zu Hause. Allein seiner starken bulgarischen Konstitution war es zu verdanken, daß er immer noch lebte und angeblich sogar auf dem Wege der Besserung war.

Bogdan hatte die Tüte mit Mandarinen aus dem Auto geholt, und ich griff nach seinem Arm und klammerte mich fest. Es hatte aufgehört zu schneien und war sehr kalt geworden. Wenn ich jetzt auf dem vereisten Schnee ausrutschte, hinfiel und mir etwas brach, würde ich hinter dieser zerschundenen gelb-braunen Fassade verschwinden und vermutlich nie wieder auftauchen.

Das Eingangstor stand weit offen, und hinter einem Empfangsschalter saß ein Zigaretten rauchender Mann. Er war insofern von Bedeutung, als wir danach lange Zeit keinem Menschen mehr begegneten. Wir liefen durch Räumlichkeiten von gewaltigen Ausmaßen, die kalt, kahl, düster und gespenstisch waren, fuhren in einem Lift in den zweiten Stock und begannen dort in leeren Gängen und Krankenzimmern die Suche nach Bogdans Freund.

»Wir müssen hier falsch sein«, sagte ich, nachdem wir die siebente Tür geöffnet hatten und in ein Zimmer spähten, in dem sich wieder nichts anderes befand als ein paar durchwühlte Betten. »Erinnerst du dich denn nicht mehr, in welcher Abteilung er liegt?«

»Hier hat er gelegen.«

»Aber Bogdan, hier liegt doch kein Mensch, und die Zimmer sehen aus wie ein Tummelplatz für Bakterien.«

»Vielleicht alle Patienten tot«, sagte er, und ich wußte nicht, ob er sich einen makaberen Scherz erlaubte, oder ob er es ernst meinte.

»Wir sollten jemanden fragen«, schlug ich vor.

»Wo ist jemand?« fragte er.

Plötzlich kam ein Paar den Gang hinunter, steuerte zielstrebig auf eine der Türen zu, klopfte, bekam keine Antwort und öffnete sie. Bogdan und ich warteten gespannt auf ihre Reaktion, die enttäuschend ausfiel. Zuerst waren sie etwas verwirrt, dann sagte der Mann: »Wird wahrscheinlich schon entlassen sein«, und die Frau: »Dazu sind wir den ganzen Weg hierhergekommen.« Mit diesen Worten machten sie kehrt und marschierten den Gang zurück.

»Hier man sich wundert über nichts«, sagte Bogdan und öffnete die letzte Tür am Ende des Korridors. In diesem Zimmer standen keine Betten, sondern ein paar kleine Tische, Stühle und ein enormer Kübel, in dem sich eine orangefarbene Flüssigkeit befand.

»Eßzimmer«, stellte Bogdan fest, nahm eine Schöpfkelle, die neben dem Topf lag, füllte sie mit der Flüssigkeit und hob sie an die Nase.

»Bukluk« – Dreck, sagte er angewidert und ließ die Kelle in den Blechtopf zurückfallen. »Wasser mit Paprika, gibt Kraft für Kranke.«

Im selben Moment öffnete sich eine zweite Tür, und eine massive Krankenschwester erschien. »Was wollt ihr hier?« herrschte sie uns an.

»Bestimmt keine Suppe«, sagte Bogdan, »sondern nur eine Auskunft: Wo ist mein Freund, Victor Angelov?«

»Entlassen«, antwortete die Schwester prompt und barsch.

»Aber er war doch krank.«

»*Alle* Patienten sind über die Feiertage entlassen worden.«

»Du lieber Gott«, rief ich. »Auch die Kranken?«

»Ich bin nicht der Direktor und auch nicht der Gesundheitsminister. Die Verordnungen machen die.«

»Das kann doch alles nicht wahr sein«, sagte ich, als wir das Krankenhaus verließen.

»Selbe Geschichte wie mit Waisenhaus«, sagte Bogdan. »Trifft immer zuerst die Schwachen und Hilflosen. Sind sie uninteressant in ganze Welt. Muß man Hunderttausende umbringen mit viel Gewalt und Blut, werden sie dann vielleicht interessanter ... Also du kommst heute abend zu uns. Wird auch kommen meine Trauzeuge, arbeitet er in große Job in Berlin. Ist kluge Mann. Kann er dir erklären, was ist los mit Bulgarien.«

Wegen der Kommunisten

»Die Bulgaren«, begann der Trauzeuge, der Georgi hieß, »waren fünfhundert Jahre unter türkischer Herrschaft ...«

»Ich weiß«, nickte ich und dachte: Und somit ist ihr Verhalten für alle vergangenen und künftigen Jahrhunderte erklärt.

»Sechzig Jahre nur waren sie frei ...«, fuhr er fort.

»Und haben sich während dieser kurzen Zeitspanne flugs mit Nazideutschland verbündet«, fügte ich in liebenswürdigem Ton hinzu.

»Es blieb König Boris damals gar nichts anderes übrig. Die Deutschen hätten Bulgarien sowieso besetzt, und da war es besser, sie als Freunde im Land zu haben und nicht als Feinde. Der König ist trotzdem ein hochanständiger Mensch geblieben, besonders unseren Juden gegenüber.«

Georgi war ein fetter Mann, der nur knapp in den großen Sessel hineinpaßte. Er hatte einen mächtigen Kopf, ein angenehmes Gesicht und einen wohlklingenden Baß. Ich überlegte, warum Leibesfülle meistens mit Klugheit, wenn nicht gar Weisheit in Zusammenhang gebracht wird. Ein dünnes Menschlein hatte es da viel schwerer. Es mußte seinen Worten das Gewicht verleihen, das seinem Körper fehlte. Bei Georgi war es genau umgekehrt.

»Also«, sagte ich in dem Versuch, die Darstellung der historischen Abläufe zu beschleunigen, »sechzig Jahre waren sie frei, dann kam der Kommunismus über sie.«

»Der von Rußland diktierte Kommunismus«, verbesserte Georgi, »und der hat die Bulgaren nicht nur ihrer Eigenständigkeit, sondern jeglicher Eigeninitiative und Gedankenfreiheit beraubt.«

»Moment«, sagte ich, »die Mehrheit der Bulgaren waren Bauern, und die hatten auch in den sechzig freien Jahren weder das Bedürfnis noch die Möglichkeit, Eigeninitiative und selbständiges Denken zu entwickeln. Sie waren nämlich viel zu arm und unwissend.«

»Wenn man es von diesem Blickwinkel sieht ...«

»Nicht nur, aber auch. Oder halten Sie es für völlig unwesentlich, daß die größte Bevölkerungsschicht Bulgariens durch den Kommunismus zum ersten Mal eine Chance bekam, ihre miserablen Lebensumstände zu verbessern und ...«

»Und das Land zu ruinieren ...«, fiel er mir ins Wort. »Sie haben während dieser Zeit nicht hier gelebt, meine Dame, und hätten Sie hier gelebt, hätten Sie die Genossen Bauern und das, was aus ihnen wurde, genauso gehaßt wie wir.«

»Schon möglich, aber um uns geht es hier im Moment nicht, sondern um die, für die der Kommunismus eben keine Beraubung war, da es nichts zu rauben gab, sondern ein Gewinn.«

Plötzlich war es still geworden an dem lang ausgezogenen, mit den verschiedenen Gängen eines ausgiebigen Mahles bedeckten Tisch. Acht Personen sahen mich mit Blicken des Vorwurfs, der Entrüstung oder mitleidigen Ironie an. Selbst Mirtsche, Bogdans achtzehn Monate alter Enkel, der instinktiv meine mißliche Lage erfaßte, hatte seine runden Augen auf mich geheftet.

»In diesem Punkt«, brach Bogdan, bulgarisch sprechend, das Schweigen, »reden viele, die aus dem Westen kommen, und wir aneinander vorbei. Die aus dem Westen kommen, sprechen von der Idee des Kommunismus, wir von der Perversion dieser Idee.«

»Eine Idee, die so pervers werden kann wie der Kommunismus, trägt den Keim des Bösen schon in sich«, rief Bogdans Frau Raina, die sich von einem sanftäugigen Reh in eine aggressive Wildkatze verwandelt hatte.

»Raina«, sagte ich, »der Keim des Bösen liegt nicht in einer Idee, sondern in den Menschen. Die sind es, die alles pervertieren.«

»Das ist richtig«, unterstützte mich Wanja, »seht euch doch an, was die Menschen aus der Freiheit gemacht haben: Pornographie, Kriminalität, Drogen.«

Wanja, Rainas Schwester, war eine hochgewachsene, schöne Frau mit athletischem Körper, großflächigem Gesicht und tiefblauen Augen. Das einzige, in dem sich die Schwestern glichen, war der dunkle Teint und das kurzgeschnittene Haar, das in Dichte und Farbe an die Mähne eines Schimmels erinnerte.

»Immer noch besser eine perverse Freiheit«, erklärte Georgi, »als eine perverse Gefangenschaft, in der man an allen Ecken und Enden belauert und bespitzelt wird und in ewiger Angst lebt: Angst vor den eigenen Worten, die ein Genosse falsch verstehen konnte oder wollte, Angst bei etwas ertappt zu werden, was nicht hundertprozentig den Richtlinien der Partei entspricht. Angst vor dem eigenen Schatten. Wissen Sie«, wandte er sich an mich, »wie das einen Menschen für den Rest seines Lebens kaputtmachen kann?«

»Ja«, sagte ich, »ich weiß es, ich habe es während der Hitlerzeit erlebt.«

»Es tut mir leid, das wußte ich nicht.«

»Mir tut es auch leid, was hier mit den Menschen passiert ist und immer weiter passiert. Ich verstehe nicht, warum ihr mehr und mehr in den Dreck hineinrutscht, anstatt schrittchenweise herauszukommen.«

»Wegen der Kommunisten«, zischte Raina und häufte große Mengen Creme Caramel auf meinen Teller.

»Wegen der Kommunisten«, echote ein vielstimmiger Chor.

»Raina hör auf!« bat ich. »So viel kann ich unmöglich essen.«

»Ich hab sie extra für dich gemacht.«

»Natürlich wegen der Kommunisten«, wetterte Georgi, der unter einer Diät litt und an diesem Abend nur ein paar Scheibchen Salami gegessen hatte. »Sie sind ja nach wie vor an der Macht und schlimmer denn je. Auf der einen Seite predigen sie dem Volk Sozialismus, auf der anderen plündern sie es aus, stehlen den schäbigen Rest, der noch drinsteckt, und stopfen alles in die eigene Tasche. Graulen ausländische Investoren aus dem Land, weil sie ihnen nicht die geringste Sicherheit geben wollen. Lassen keine internationale Kommission ins Land hinein, weil die ja prüfen würde, wo das Geld hinfließt. Und all das unter dem Motto: Wir lassen nicht zu, daß Bulgarien vom Westen aufgekauft wird. Tatsache ist, daß sie es selber verscherbeln wollen ... Nun gut, Wanja, wenn du darauf bestehst: ein kleines Stückchen Torte kann wohl nichts schaden.«

»Lieber, du hast schon ein großes Stück bei Tante Radka gegessen«, protestierte Georgis Frau, die an Kleidung, Manieren und Sprache die gute Kinderstube erkennen ließ.

»Sind clevere Burschen«, sagte Georgi, den Einwand seiner Frau überhörend, »damals hatten sie die Macht und das Geld, heute haben sie noch mehr davon. Kommunismus, Mafia, alles im selben Topf und gut geschüttelt.«

»Nastravje«, sagte Bogdan und hob sein Glas.

»Nastravje«, sagten wir und hoben unsere Gläser.

»Hast du es jetzt verstanden?« fragte Raina, die mir gegenübersaß, den kleinen Mirtsche auf den Knien, eine Zigarette in der einen Hand und eine Gabel mit Kartoffelpüree in der anderen.

»Nein«, sagte ich.

Alle lachten, vermutlich aus Verzweiflung, denn mit welcher Reaktion hätte man meine Beschränktheit oder Bockigkeit sonst quittieren können.

»Ich verstehe nicht«, beharrte ich, »warum dann eure demokratische Regierung, die gleich nach der Wende neun Monate an der Macht war, abdanken mußte und die kommunistische mit einer erheblichen Mehrheit wieder gewählt wurde.«

Das Lachen erstarb. Der kleine Mirtsche überbrückte die heikle Situation, indem er ein Glas Rotwein umstieß und darüber vor Vergnügen laut krähte.

»Mirtsche!« schrie das junge, bis dahin stumme Elternpaar. »Das hast du mit Absicht gemacht! Du bist ein böser Junge und kommst in die Küche!«

Der Vater zog den schreienden Jungen von Rainas Knien, die Mutter machte sich am Tisch zu schaffen, und eine Weile herrschte Konfusion, denn jeder wollte auf eine andere Art das Kind vor einer Bestrafung und das Tischtuch vor einem bleibenden Fleck retten. Schließlich landete Mirtsche in den ausgestreckten Armen seines Großvaters, und der Rotweinfleck verschwand unter einer Serviette.

Ich wiederholte meine unliebsame Frage.

»Das ist leicht zu erklären«, entschloß sich Georgi zu einer Antwort. »Man kann keine vollständige, fähige und erfahrene demokratische Regierung nach vierzig Jahren Diktatur plötzlich aus dem Boden stampfen, und als sie gebildet wurde, fehlte es an demokratisch geschulten Führungskräften. Also hat Philipp Dimitrov, unser damaliger Ministerpräsident, viele Kommunisten in ihren Positionen gelassen. Es waren angeblich bekehrte Kommunisten, die die neue Politik begrüßten.«

»Ein Kommunist bleibt ein Kommunist«, rief Wanja und zündete eine Wunderkerze an, »so wie ein Zigeuner ein Zigeuner bleibt ... Schau mal, Mirtsche, mein Kückchen, ist das nicht schön?«

Das Kückchen erstarrte in andächtiger Betrachtung, und Raina schrie: »Er hätte sie in Bausch und Bogen rausschmeißen und ins Gefängnis stecken müssen!«

»Dann wäre alles zusammengebrochen«, lachte Bogdan. »Die Gefängnisse wegen Überfüllung, und die Regierung wegen Mangels an Kabinettsmitgliedern.«

»Dimitrov hatte wirklich keine andere Wahl«, beteuerte Georgi, »und daß die Sache dann schiefging, ist nicht allein darauf zurückzuführen. Die Wende hat die Bulgaren vor Aufgaben gestellt, die sie schlicht und einfach nicht fähig waren, zu erfüllen. Bulgarien war das linientreueste Land unter den Ostblockstaaten und das letzte, das den Absprung wagte. Sie waren vollkommen unvorbereitet, vier Jahrzehnte vom Westen abgeschnitten, Meilen hinter dem technologischen Fortschritt zurück, wirtschaftlich kaputt. Sie standen wie der Ochs vorm Berg, unselbständig, ratlos, verängstigt. Die Arbeitslosigkeit stieg, die Kriminalität stieg, die Inflation stieg. Es war ein Leichtes, das Volk zurückzupfeifen und es von vorn bis hinten zu belügen. Viele haben bis heute nicht erkannt, was für ein dreckiges Spiel mit ihnen gespielt wird, und daß sie alles von dieser Mafiaregierung erwarten können, alles, nur kein menschenwürdiges Dasein.«

»Und wie soll das weitergehen?« fragte ich.

»Es wird ihnen immer noch dreckiger gehen«, prophezeite Georgi. »Sie werden noch mehr hungern, noch mehr frieren, noch mehr sterben, und erst dann ist Hoffnung, daß es anders wird. Volk ist dumm, und bis es aufwacht, ist es meistens schon fünf nach zwölf.«

»Ich glaube«, sagte Bogdans Sohn Vladimir mit einem geistesabwesenden Lächeln, »daß es vorher einen Bürgerkrieg gibt. Die beiden Seiten haben sich derart verhärtet ...«

»Wir müssen endlich aktiv werden und diese Bande stürzen«,

unterbrach ihn seine Mutter, »nur eine demokratische Regierung kann uns retten.«

»Auch nicht von heute auf morgen«, bemerkte Wanja. »Ohne westliche Hilfe kommen wir da nicht mehr raus.«

»Der Westen hilft keinem Land, in dem es nichts zu holen gibt«, sagte Bogdan. »Der Westen hilft nur sich selber. Nastravje.« Er hob sein Glas.

»Nastravje«, sagten wir und hoben unsere Gläser.

»In Deutschland«, berichtete Georgi, und nahm sich ein zweites Stück Torte, »fragt man mich immer wieder, was die Bulgaren eigentlich für ein komisches Volk seien. Warum sie bei den unhaltbaren Zuständen nicht protestierend auf die Straße gingen. Ich sage ihnen, daß die Bulgaren kein Volk sind, das protestierend auf die Straße geht.«

»Was sind sie dann für ein Volk?« fragte ich.

»Ein passives, fügsames und friedliebendes Volk. Und außerdem haben sie immer stillhalten müssen, sich wehren will gelernt sein.«

»Das stimmt«, sagte ich und zog meinen Teller zurück, auf den mir Raina ein Stück Torte legen wollte.

»Du mußt die Feiertage ausnutzen«, warnte sie. »Danach sind die Vorräte aufgebraucht und die Tische leer.«

»Nicht alle«, sagte Bogdan, »aber die meisten.«

»Komm, Mirtsche«, rief Rainas Schwester. »Komm zur Tante, wir zünden noch eine Wunderkerze an.«

Der Kleine wurde weitergereicht, liebkost, geküßt und schließlich auf den Schoß seiner schönen, kinderlosen Tante gesetzt.

Die Bulgaren waren ein ebenso kinderliebendes wie kinderloses Volk. Ein Kind war die Regel, zwei die oberste Grenze, viele Paare verzichteten ganz auf Nachwuchs. Es war die Angst vor der Zukunft, die Last der Lebensumstände, die ihnen verbot, dem Wunsch nach einer großen Familie nachzugeben. So wurde ein Kind zum Schatz, den sich Eltern und Großeltern, Onkel und Tanten untereinander teilten, mit Liebe und Fürsorge überschütteten und bis zu ihrem Tod an sich fesselten.

Wanja zündete die Wunderkerze an und wir schauten alle stumm in den glitzernden Funkenregen, der auf die ausgestreckten Hände des kleinen Jungen niederrieselte.

»Vielleicht«, sagte Bogdan, »wird wenigstens unser Mirtsche noch bessere Zeiten erleben.«

Falsches Land, falsche Zeit, falsches Blut

Vladimir, Bogdans sanfter, geistesabwesender Sohn, fuhr mich nach Hause.

»Das Schlimmste an der Geschichte ist«, sagte er, »daß wir so große Hoffnungen hatten. Der Kommunismus war tot und wir neu geboren. Es stand für uns gar nicht in Frage, daß jetzt alles anders und alles gut würde. Wir waren wie Kinder, die zum ersten Mal das Meer sehen und so überwältigt davon sind, daß sie jubelnd hineinrennen und ertrinken.«

»Ich weiß«, sagte ich und dachte an die Palästinenser, an ihre Euphorie, als man Gaza und Jericho für autonom erklärt hatte und sie sich vom Druck der israelischen Besatzung erlöst, für freie Menschen und das Stückchen Land, das ihnen zugebilligt worden war, für den Grundstein eines palästinensischen Staates hielten. Es ist immer wieder dasselbe, dachte ich, und immer wieder genauso traurig.

Vor der Tür zum Hotel blieb ich einen Moment stehen. Es war sehr kalt und der Himmel sternenklar. Ich mußte an die Nacht denken, in der ich mit meinem Vater am Fenster gestanden und zu den Sternen empor geblickt hatte. Das war hier in Sofia gewesen, ein paar Stunden, nachdem er mir mitgeteilt hatte, daß er am nächsten Tag nach Deutschland zurückreisen und mich in Bulgarien lassen müsse.

»Schau, meine Tochter«, hatte er gesagt, »wie unendlich groß das Firmament ist und wie verschwindend klein wir Menschen dagegen sind. Was sind wir, was ist unser Leid angesichts dieses Himmels mit seinen Milliarden Sternen? Wenn du sehr traurig bist, mußt du hinaufschauen und dich in seiner Größe verlieren. Das gibt dir Trost.« War es ein Trost gewesen? Ist es ein Trost, wenn man zu den Elenden der Weltgeschichte gehört?

In der Hotelhalle lief nicht einmal mehr der Fernseher. Es herrschte Grabesstille und eine Beleuchtung wie in einer Leichenhalle.

»Guten Abend«, sagte ich zu der trübe dreinblickenden Frau hinter dem Empfang. »Sind wir die einzig Hinterbliebenen?«

»Wie bitte?« fragte sie.

»Ich meine, sind wir die einzigen Menschen hier im Hotel?«

»Nein, es gibt noch einen Gast.«

»Sehr beruhigend.«

Im Flur kam mir die freundliche Zimmerfrau entgegen. Sie war sehr lang und dünn, hatte einen grauen Bubikopf und trug eine gestreifte Kittelschürze, die an Sträflingskleidung erinnerte.

»Guten Abend, die Dame«, sagte sie mit erfreutem Lächeln.

»Was machen Sie denn hier so spät?« fragte ich.

»Ich muß die Tischtücher und Servietten bügeln. Morgen abend findet im großen Restaurant ein Banquett für hundertfünfzig Personen statt.«

»Da werden Sie wohl die ganze Nacht bügeln müssen.«

»Oh nein, ich bin schon bald fertig. Wenn Sie noch etwas zum Waschen und Bügeln haben, mach ich das gerne.«

Wahrscheinlich würde sie für ein paar Dollar drei Nächte durch bügeln, dachte ich und sagte: »Kommen Sie mit, ich habe etwas für Sie, ein kleines Weihnachtsgeschenk.«

Die Bulgaren sind ein stolzes Volk, und es war mir peinlich, ihr Geld in die Hand zu drücken. Darum gab ich ihr die Geschenkpackung, die ich in Bogdans Geschäft gekauft hatte, und eine Tafel Schokolade.

»Das ist aber schön«, sagte sie aufrichtig ergriffen, »ich wünsche Ihnen ein gesundes Leben, liebe Frau. Vielen Dank.«

Es war sehr heiß im Zimmer, und ich öffnete das Fenster einen Spalt. Es führte zu einem Hinterhof hinaus und dort brannte kein einziges Licht. Aber die rote Lampe an einem entfernten, hohen Turm blinkte wie immer, und das empfand ich wie das ermutigende Zuzwinkern eines Freundes. Im Nachttisch war ein Radio eingebaut. Es hatte fünf verschiedene Sender, von denen einer, wenn man Geduld und Fingerspitzengefühl hatte, funktionierte. Ich drückte so lange auf den immer wieder herausspringenden Knopf, bis das Gerät *An der schönen, blauen Donau* von sich gab. Dann ging ich ins Bad, drehte das heiße Wasser an, stellte fest, daß es wie immer lau war, und ließ es laufen. Man hatte mir erklärt, daß es mindestens eine Viertelstunde brauche, um durch ein offenbar kompliziertes Rohrsystem als heißes Wasser in meinen Duschraum zu gelangen. Aber ob morgens, mittags oder abends, ob fünfzehn oder dreißig Minuten, es war seit meiner Ankunft immer lau geblieben. Ich war gerade dabei, die Glühbirnen in den Milchglaskugeln auszuwechseln, denn die über dem Toilettentisch schien mir ein wenig heller als die über dem Bett, als das Telefon klingelte.

Es war meine Nichte, die in der Sorge, ich könnte einsam, deprimiert, krank oder gar von der Mafia überfallen worden sein, jeden Tag aus Burgas anrief.

»Motektsche«, sagte sie mit ihrer tiefen, belegten Raucherstimme. »Gott sei Dank bist du da. Ich habe schon ein paarmal angerufen.«

»Und hast mich bereits in einem eurer erstklassigen Krankenhäuser gesehen. Gott bewahre mich davor! Ich war zum Abendessen bei Bogdan.«

»War es nett?«

»Es gab so viel zu essen und zu trinken, daß einem der Gedanke kommen konnte, in Bulgarien sei der Wohlstand ausgebrochen.«

»Das ist doch nur wegen der Feiertage, und die meisten haben auch da nicht genug zu essen.«

»Ja, ja die meisten …«, sagte ich, »so ist das. Übrigens habe ich mich prompt ins Fettnäpfchen gesetzt und gewagt, den Kommunismus nicht von A bis Z zu verteufeln.«

»Ach, Angeli, in diesem Punkt bist du so naiv wie ein Bulgare, der noch nie im Westen war und glaubt, dort sei das Himmelreich.«

»Man lernt nur aus Erfahrung, heißt es so schön. Aber wehe, es kommt der Moment, in dem man sie positiv anwenden sollte! Dann vergißt, verdrängt oder entstellt man sie schnell.«

»Angeli«, sagte Evi streng, »ich war gleich dagegen, daß du so lange allein in Sofia bleibst. Du kommst da nur auf dumme Gedanken. Wenn dir Burgas zu weit ist, dann nimm den nächsten Zug und fahr zu meinem Bruder nach Plovdiv. Ich komme dann auch gleich dorthin und koche dir Mischmaschtsche und alles, was du sonst noch gerne ißt. Du wirst dich in der Wohnung sehr wohl fühlen. André hat sie wunderschön renoviert und ganz neu eingerichtet. Er hat sogar Kabelfernsehen.«

»Das ist es, was mir fehlt«, lachte ich. »Evi, ich schwöre dir, es geht mir gut. Bogdan paßt von morgens bis abends auf mich auf und alle sind sehr lieb zu mir. Außerdem gehört mir ein ganzes Hotel, und mein Zimmer hat alles außer heißem Wasser. Also, ich bin wie abgemacht am Tag vor Silvester in Plovdiv und dann feiern wir alle zusammen Neujahr.«

»Alle zusammen«, sagte sie gedehnt, und dann: »Weißt du, daß das der erste Neujahrsabend ist, den du und ich zusammen verbringen? Ach, Angeli, manchmal bin ich sehr traurig: meine Mutter und dein Sohn in Deutschland, du in Israel, mein Bruder und ich in Bulgarien. Nicht ein einziges Mal in unserem ganzen Leben waren wir alle zusammen. Und wir sind doch nur noch so wenige und haben nicht mehr viel Zeit. Glaubst du …« Ihre Stimme wurde noch dunkler. »Glaubst du, es liegt an uns selber oder daran, daß wir im falschen Land zur falschen Zeit mit dem falschen Blut geboren wurden? Ich meine, daß wir nicht hierhin gehören und nicht dahin, daß wir … Entschuldige, Angeli ...« Sie brach in Schluchzen aus und hängte ein.

Ich blieb sitzen, den Hörer in der Hand, das Echo ihrer Worte in Kopf und Herz: »Falsches Land, falsche Zeit, falsches Blut ...«

»Nein, Evi«, sagte ich ins Leere, »falsch sind allein die Monster, die Ländern, Zeiten und Menschen wie uns ihren blutigen Stempel aufzudrücken versuchen.«

Eine Rentnerin

Diana war Rentnerin. Ihre Rente betrug siebeneinhalb Dollar monatlich. Nach der Entfernung einer bösartigen Geschwulst im Unterleib litt sie an fortschreitendem Muskelschwund. Seit zehn Jahren war sie an den Rollstuhl gefesselt. Ihre Zweizimmerwohnung befand sich im zweiten Stock, und der Rollstuhl paßte nicht in den Lift. Sie konnte also nur dann das Haus verlassen, wenn sie hinuntergetragen wurde. Das passierte vielleicht zweimal im Jahr. Ihr Mann, mit dem sie eine gute Ehe geführt hatte, war vor längerer Zeit gestorben. Ihre Tochter und Schwester, die beide Familien zu versorgen hatten, wohnten außerhalb Sofias. Sie besuchten Diana von Zeit zu Zeit, mehr konnten auch sie nicht für sie tun. Ihre ehemaligen Klassenkameradinnen, von denen eine zum Glück im Nachbarhaus wohnte, kümmerten sich um sie so gut es ging. Sie brachten ihr die paar Grundnahrungsmittel, die sie sich leisten konnte, und billiges Gemüse wie Tomaten, Gurken, Paprikaschoten und Kartoffeln. Sie kochte sich Suppen, die eine Woche reichen mußten, den Rest weckte sie für den Winter ein. Sie machte alles alleine: putzen, waschen, bügeln, kochen, sich ordentlich und sauber halten. Sie manövrierte sich allein vom Rollstuhl ins Bett und vom Bett in den Rollstuhl. Ihre Lieblingsbeschäftigung war Sticken, aber sie las auch gerne, wenn man ihr eine Zeitung oder ein Buch brachte, hörte viel Radio und sah fern.

Ging etwas in ihrer Wohnung kaputt, so wie vor zwei Jahren der alte Fernseher, fehlte ihr das Geld für eine Reparatur. Sie konnte nur überleben, wenn sie ihr Geld auf den Pfennig einteilte und keine Zwischenfälle eintraten, die ihr Siebeneinhalb-Dollar-Budget überschritten.

Ich habe mit Diana ein Klassenzimmer geteilt, ohne sie jemals wahrgenommen zu haben. Das ist insofern nicht erstaunlich, als sie die äußerlich und charakterlich unauffälligste Schülerin war. Sie hat sich nie etwas zu Schulden kommen lassen und war vom Anfang bis zum Ende ihrer Schulzeit ein stilles, frommes und fleißiges Mädchen.

Meine seltenen Besuche versetzten sie jedesmal in heillose Aufregung, denn ich war für sie ein bunter, exotischer Vogel, der sich verflogen hatte und nun auf ihrem Sofa hockend bestaunt und bejubelt werden mußte. Diana, dieser Schatten einer in Armut und Einsamkeit vegetierenden Frau, jubelte oft und ohne ersichtlichen Anlaß. Manchmal ließ sich der Jubel auch nur schwer von Schluchzen unterscheiden und beim Klang ihrer hohen, exaltierten Stimme kräuselte sich meine Haut.

Diesmal herrschte feierliche Weihnachtsstimmung in ihrem Wohnzimmer. Der Tisch war mit einer bestickten Decke, einem geblümten Kaffeeservice, Jesus, Maria und Joseph aus bemalter Pappe, Tannenzweigen und einer Kerze geschmückt. Eine zweite brannte auf dem Buffet.

»Ich habe aus der Not eine Tugend gemacht«, erklärte Diana, »denn mir ist vor zwei Tagen eine Glühbirne kaputtgegangen.«

»Wenn du eine neue hast, schraube ich sie dir ein.«

»Ja, ich habe eine, aber die Lampe ist zu hoch. Du müßtest auf einen Stuhl steigen und könntest hinunterfallen.«

»Das Risiko, daß wir bei dieser Kerzenbeleuchtung in Flammen aufgehen, ist größer«, sagte ich, holte einen Stuhl und kletterte hinauf: »Jetzt gib mir *bitte* die Birne, Diana.«

Lilli und Diana begleiteten meine Aktion mit Ausrufen, die eines Trapezakts würdig gewesen wären, und als die Lampe brannte, schwappte Diana vor Begeisterung über: »Du bist ein Engel«, rief sie ein über das andere Mal, »du hast mich gerettet.«

Schließlich saßen wir am Kaffeetisch, Lilli und ich auf dem steifen Sofa, uns gegenüber in ihrem alten Rollstuhl, dessen Armstützen mit Verbandstoff umwickelt waren, Diana. Sie trug ein schwarzes, großgeblümtes Kleid und hatte ihr dünnes, weißes Haar straff zurückgekämmt und zu einem winzigen Knötchen am Hinterkopf festgesteckt. Gesicht und Körper waren nur noch Haut und Knochen und ich fragte mich, woher sie aus diesem Gerippe die Kraft bezog, sich zu verpflegen. Sie ähnelte erschreckend den bemalten Pappfiguren auf dem Tisch, die im Gegensatz zu ihr dauernd umkippten und von der gefälligen Lilli wieder aufgestellt wurden.

»Hast du eigentlich irgendeine medizinische Betreuung?« fragte ich.

Diana winkte ab: »Einmal war eine Sozialhelferin hier«, berichtete sie, »und die hat mich mit nichts als mit dummen Ratschlägen versorgt. Ich brauchte Vitamin- und Stärkungsspritzen, hat sie gesagt, Bäder, Massagen, Physiotherapie, frische Luft, nahrhaftes Essen und so weiter. Ich habe ihr gesagt: bitteschön, wenn Sie das alles bezahlen, habe ich nichts dagegen, und da ist sie gegangen. Seither ist Ruhe, und mehr will ich auch nicht von denen. Wenn ich sterbe«, rief sie mit sich hoch schraubender Stimme, »ist Jesus bei mir.«

»Das ist die Hauptsache«, sagte ich, und Lilli richtete den kleinen Jesus auf, der gerade wieder umgefallen war.

»Warst du am Heiligen Abend bei deiner Tochter?« wollte sie wissen.

»Nein«, erwiderte Diana, »ich wollte ihnen nicht solche Umstände machen. Ich war alleine zu Hause und habe ein wenig gesungen und ein wenig geweint ... man muß sein Schicksal tragen.«

Ihre devote Opferfreudigkeit ging mir derart auf die Nerven, daß ich darüber ihr Elend vergaß und kurz davor war, etwas Unfreundliches zu sagen. Lilli sah es meinem Gesicht an und kam mir zuvor. Sie erzählte vom Besuch des Königs Simeon, bei dessen Ankunft die Glocken der Kirchen geläutet und das bulgarische Volk gejubelt hätte und sie als Tochter des ehemaligen Schloßverwalters von ihm persönlich zu einem ganz privaten Abendessen eingeladen worden sei. Sie erzählte von einem großen Klassentreffen, zu dem sich die Mitschülerinnen vollzählig eingestellt hätten.

»Sind sie denn alle noch am Leben?« erkundigte ich mich, denn schließlich waren wir inzwischen in einem Alter, das solche Fragen berechtigt erscheinen ließ.

»Nein, acht sind leider schon gestorben, und sieben im Ausland. Aber die, die in Bulgarien leben, sind von überall her gekommen – außer Diana, die uns einen Korb gegeben hat.«

»Doch nur, weil ich euch mit meinem Rollstuhl nicht zur Last fallen wollte«, rief die Opferfreudige mit zittriger Stimme, »aber ich war mit meinen Gedanken bei euch, habe mich mit euch gefreut und auch ein bißchen geweint …«

»Stickst du noch so viel?« wechselte ich entschlossen das Thema und schnippte die Jungfrau Maria, die mir auf den von Diana gebackenen Kuchen gefallen war, vom Teller.

Lilli kicherte und stellte die Jungfrau ans andere Ende des Tisches und Diana erklärte, daß das Garn und die Stickvorlagen leider so teuer geworden seien, daß sie sich diese Beschäftigung nicht mehr leisten könne.

»Aber für dich«, sagte sie, »habe ich noch eine Winzigkeit gestickt.«

Sie rollte zum Buffet, entnahm einer Schublade ein kleines, quadratisches Stück Stoff und betrachtete es nachdenklich. Nach einer Weile hob sie den Kopf, sah mich an und fragte leise: »Dein Vater war doch ein richtiger Deutscher, nicht wahr?«

»Ja«, sagte ich über diese Frage verwundert.

»Und deine Mama war eine …«, sie zögerte, lächelte, wagte offenbar nicht, das Wort auszusprechen.

»Eine Jüdin«, half ich ihr über den Graben.

»Darf ich dich fragen, welche Religion du hast?«

»Die jüdische«, sagte ich und überlegte, warum eine kleine Stickerei so tiefgründige Fragen aufwerfen mußte.

»Oh weh«, rief Diana betroffen, »dann ist mein Geschenk wohl nicht das richtige für dich.«

Was um Himmels willen hat sie da wohl gestickt, fragte ich mich, stand auf und ging zu ihr: »Darf ich es trotzdem mal sehen?«

Sie reichte mir das kleine Quadrat, das mit einem großen, von violetten Rosen umrankten Kreuz bestickt war.

»Sehr hübsch«, sagte ich, »so schöne Farben, aber wirklich nichts für mich. Weißt du, ich bin nicht religiös, christlich nun schon gar nicht, ich bin nicht einmal gläubig.«

»Das hab ich mir fast gedacht«, seufzte Diana und sah mich mitleidig an.

»Was ist es denn?« fragte Lilli, stand nun auch auf und kam zu uns herüber: »Ach so, ein Kreuz. Das gefällt mir aber sehr, das hast du schön gemacht.«

»Dann sollst du es haben, Lilli, und für Angelika, fällt mir gerade ein, hab ich auch das Passende.«

Sie holte ein zweites Stück Stoff aus der Schublade und gab es mir. Es war eine Rokokodame, der ein kniender Kavalier galant die Hand küßte.

»Entzückend«, sagte Lilli und ich, nicht wissend, warum das zu mir passen sollte, nickte eifrig.

»Du hattest doch immer so viele Verehrer«, jubilierte Diana, »und darum trifft diese hübsche Dame und der Herr, der ihr die Hand küßt, genau auf dich zu.«

»Genau«, wiederholte ich und sah mich in meinem abgetragenen Bademantel ein Katzenklo säubern und im Hintergrund Nasser, mein palästinensisches Faktotum, Schimmelflecke von einer Wand abschaben: »Danke, Diana!«

»War sie schon immer so?« fragte ich Lilli, als wir vor dem Haus auf Bogdan warteten.

»Nein, natürlich nicht. Sie war eine stille, tüchtige Frau, die vielen Menschen, denen es schlechtging, geholfen hat. Jetzt ist es umgekehrt und damit wird sie nicht fertig. Krankheit, Not und Einsamkeit verändern den Charakter. Stell dir einmal vor, du wärst in ihrer Lage. Glaubst du, du würdest die Rokokodame bleiben, der ein Kavalier die Hand küßt?«

»Ganz gewiß nicht«, sagte ich, »aber sticken würde ich auch keine.«

Ein aufschlußreicher Tag

»Werden wir heute alles erledigen«, erklärte Bogdan, als ich in die eiskalte Hotelhalle kam, in der er Kaffee trinkend und Zigaretten rauchend auf mich wartete: »Habe ich Altersheim für dich, habe ich Zimmer für dich, habe ich Transport für dich. Gut, nicht wahr?«

»Großartig«, sagte ich lachend, »dann brauch ich mir um meine Zukunft keine Sorgen mehr zu machen. Meinst du, ich soll da gleich einziehen oder erst noch mal nach Jerusalem fahren, um dort ein paar Dinge zu regeln?«

Einen Moment lang sah er mich mit geöffnetem Mund und hochgezogenen Brauen verwirrt an, dann begriff er und begann ebenfalls zu lachen. Ich hatte ihn gebeten, ein Altersheim zu finden, in dem die Alten nicht wie die Waisen und die Kranken über die Feiertage verschickt oder entlassen worden waren, mir eine Fahrkarte nach Plovdiv zu besorgen und sich nach einem Zimmer zu erkundigen, in dem ich nach meiner Rückkehr wohnen und ein wenig den bulgarischen Alltag in einer Familie kennenlernen konnte. Offenbar war alles geglückt.

»Fahren wir also zuerst in Altersheim«, schlug er vor, »und dann zu meine Schwägerin, Wanja, die dir ihre Salon geben will.«

»Und die Bahnkarte hast du schon, ja?«

»Zug kann sein eiskalt und bei die Wetter steckenbleiben. Ich fahre dich mit dem Auto nach Plovdiv.«

»Nur unter der Voraussetzung, daß ich dir Winterreifen kaufe.«

»Sind zu teuer. Brauchen keine.«

»Wenn bei diesem Wetter ein Zug steckenbleiben kann, bleibt ein Auto mit deinen abgefahrenen Reifen bestimmt stecken. Also entweder Winterreifen oder Zug.«

»Werden wir sehen.«

Wir fuhren zum Altersheim. Es befand sich in einem gewöhnlichen, häßlichen Mietshaus am Stadtrand, wo die Häuser in Hütten und die Straßen in Felder übergingen. Ein Pferdefuhrwerk, auf dem ein paar dunkelhäutige Männer saßen, kam uns im Galopp entgegen und Bogdans Gesicht verzog sich zu einer verächtlichen Grimasse: »Zigeuner«, bemerkte er, »gut als gebratene Hühner, die von Hochspannungsleitung fallen.«

»Bogdan, ich bitte dich!«

Er lachte schallend und zeigte dann auf einen Greis, der einen mit altem Papier beladenen Karren durch den Schnee zerrte: »Ja, sieh mal«, sagte er, »so versuchen die Alten hier zu überleben. Für das Zeug er kriegt vielleicht fünfzig Leva, nicht mal genug, sich ein Brot zu kaufen.«

»Schrecklich«, sagte ich und war sofort über das nichtssagende Wort und die Leichtfertigkeit, mit der es mir über die Lippen gekommen war, verärgert.

Eine Meute wilder Hunde jagte über das Feld.

»Kannst du mir erklären«, fragte ich Bogdan, »warum es in Sofia Tausende von verwahrlosten, herrenlosen Hunden gibt und nichts dagegen unternommen wird?«

»Was soll unternommen werden?«

»Man muß sie einschläfern.«

»Geht nicht, Westen hat so was nicht gern.«

»Wie bitte?«

»Westen findet Hundetöten nicht human.«

»Ach so«, sagte ich starr vor Zorn, »aber Menschen an Hunger, Kälte und Krankheit krepieren lassen, findet der Westen human. Jetzt endlich weiß ich, was human ist: Menschen und Tiere sich zu Tode quälen lassen. Bravo!«

»Äh, Angelintsche«, sagte Bogdan und hielt an, »wirst du nicht ändern die Welt.«

»Ich nicht, aber der Westen mit seiner neuen Weltordnung wird's schon schaffen.«

Wir stiegen aus und gingen auf das Haus zu. Eine alte Frau wollte gerade die drei vereisten Stufen, die von der Tür zur Straße führten, hinuntersteigen. Zwei ebenso alte Männer hielten sie zurück: »Warte doch, Baba«, schrien sie, »du wirst fallen und dir das Genick brechen. Hör doch, Baba, bleib drinnen!« Es gelang ihnen schließlich, sie zurückzuziehen.

Als wir den schwach beleuchteten Vorraum betraten, erschallte plötzlich verwegene Akkordeonmusik.

»Donnerwetter«, sagte ich zu dem verdutzt dreinschauenden Bogdan, »das ist hier aber ein ausgelassenes Altersheim.«

»Wird was los sein«, meinte er, »ja, schau mal!«

In dem sich anschließenden großen Raum, dessen hinteres Ende zu einem Podium erhöht war, standen, in Reihen aufgestellt, Stühle, dicht besetzt mit alten Männern und Frauen in Mänteln und Morgenröcken, Kopftüchern und Mützen. Vor ihnen auf dem Podium spielte ein grauhaariges, agiles Männlein einen Tango, neben ihm wartete eine hübsche, üppige Blondine mittleren Alters auf ihren Einsatz. Sie trug ein enges, schwarzes Kleid mit großem Spitzenkragen und lächelte liebevoll in die ihr zugewandten Greisengesichter. Als sie zu singen begann, mit dem starken, metallischen Organ, das für slawische Sängerinnen typisch ist, kam Bewegung in die gekrümmten Rücken und steifen Nacken des Publikums. Köpfe wackelten, Hände klatschten, eine heisere Männerstimme sang ein paar Takte mit, und ein Paar hielt es nicht länger auf ihren Stühlen. Sie kletterten auf das Podium und bewegten sich mit vorsichtiger Leidenschaft im Rhythmus des Tangos. Ein zweites Paar folgte.

Ich schaute ihnen mit einer Mischung von Widerwillen und Sympathie zu: Warum mußten sie auch noch tanzen, die Alten? fragte ich mich und im gleichen Atemzug: Warum sollten sie es nicht? Sie hatten noch immer die Vitalität dazu und Freude daran. Peinlich waren nicht die Tanzenden, peinlich waren der Blick und die Gedanken, mit denen ich sie begleitete. Ich schaute zu Bogdan auf, um seine Reaktion festzustellen, aber er hatte sich, über die Alten hinweg, an der Sängerin festgestarrt: an dem hübschen Gesicht, den blonden Haaren, den Wölbungen ihres Körpers unter dem engen, schwarzen Kleid.

Das Programm ging weiter: ein Wiener Walzer, ein keckes, mit melodischem Lachen gewürztes Operettenlied, ein bulgarischer Schlager aus den vierziger Jahren. Auch der Vorraum, in dem wir standen, hatte sich jetzt mit alten Leuten und zwei Pflegerinnen in schmuddeligen weißen Kitteln gefüllt. Zwei kleine Weiblein mit zerzaustem Haar und Pantoffeln tanzten miteinander. Die Stimmung wurde immer übermütiger und erreichte ihren Höhepunkt, als der Akkordeonspieler und die Sängerin ein bulgarisches Volkslied anstimmten. Das greise Publikum begann zu zucken, Stöcke und Krücken klopften im Takt auf den Boden, ein Chor zerbrechlicher Stimmen erhob sich. Oh, wie hatten sie in fernen Zeiten zu dieser Melodie getanzt und gesungen, frische, junge Mädchen mit roten Wangen, kräftige Männer mit blanken Augen; wie leicht waren ihre Beine gewesen, wie geschmeidig ihre Taillen, wie stark ihre Stimmen. Spürten sie noch einmal, vielleicht zum letzten Mal ein bißchen Wärme in ihren Knochen, ein winziges Flämmchen, das kurz aufflackerte, bevor es endgültig erlosch?

»Gehen wir«, sagte ich zu Bogdan, »oder möchtest du erst noch ein Rendezvous mit der Sängerin ausmachen?«

»Heide dä, Angelika, was redest du für Dummheit! Hab ich die Frau überhaupt nicht gesehen. Also komm.«

Als wir das Haus verließen, endete das Volkslied mit einem langgezogenen, wehmütigen Ton, und der Applaus, die Bravorufe klangen so jung und lebhaft, daß ich mich noch einmal umdrehte und vergewisserte, daß es tatsächlich die alten Leute waren, die da mit gekrümmten Rücken und arthritischen Händen Beifall spendeten. Auf dem vereisten Treppenabsatz nahm Bogdan meinen Arm, und ich dachte: Von hier bis da drinnen sind es für mich nur noch ein paar Schritte.

Wir stiegen die Stufen hinab, und ich sagte: »Ist schrecklich traurig.«

»Was«, fragte Bogdan.

»Das Alter.«

»Ja, die Liebe hat bunte Flügel ...«, jauchzte die Sängerin hinter uns her.

»Hat gute Stimme«, lobte Bogdan.

»Wenn man das hier so sieht, möchte man auf der Stelle tot umfallen«, sagte ich.

»Du vielleicht, aber die Alten nicht. Haben sich sehr gefreut mit Vorstellung. Ist privilegiertes Altersheim.«

»Privilegiert?«

»Ja, natürlich. Glaubst du, in jede bulgarische Altersheim gibt es Vorstellungen zu Feiertagen? Gibt es vielleicht ein Kompottsche zum Nachtisch, aber keine Musik. Muß sein ein sehr gutes Altersheim. Haben wir gehabt Glück. Wärst du sonst wirklich tot umgefallen.«

Als ich ins Auto stieg, hörte ich immer noch die Stimme der Sängerin aus dem privilegierten Altersheim: *Ja, die Liebe hat bunte Flügel ...*

Unsere zweite Station war Wanja, Bogdans Schwägerin, die mit ihrer Mutter am südlichen Ende der Stadt wohnte. Es war ein weiter Weg, und ich äußerte darüber Bedenken. Aber Bogdan behauptete, es sei gar nicht weit und außerdem eine gute Gegend. Viele Botschaften hätten dort ihren Sitz, und der bulgarische Innenminister sei vor kurzem in einer der Straßen erschossen worden. – Ob das ein besonderer Vorzug dieser Gegend sei, wollte ich wissen. – Ja, denn jetzt würde das Viertel streng bewacht. – Wie denn die Mutter von Wanja sei, erkundigte ich mich. – Alt, krank und unerträglich, aber mit ihr hätte ich ja nichts zu tun. Ich hätte meinen Salon und darin könnte ich machen, was ich wollte. – Wo sich Wanja denn aufhalten solle, wenn ich in ihrem Salon säße?

fragte ich. – Wanja arbeite als höhere Beamtin bei der Post und sei den ganzen Tag nicht zu Hause. – Der Gedanke, mit der alten, kranken, unverträglichen Mutter allein in der Wohnung zu sein, war mir unangenehm. Die Mutter konnte ja plötzlich einen Anfall bekommen oder sterben. Ich teilte Bogdan meine Zweifel mit, aber der erklärte, die Hexe mache es ihrer Tochter nicht so leicht, die sterbe nicht. – Wie groß die Wohnung sei? – So groß wie die meisten, während der kommunistischen Zeit gebauten Wohnungen: ein Schlafzimmer und ein Salon. Sie hätten dort einmal ein Jahr lang zu acht gewohnt: er mit Raina und dem kleinen Mirtsche, Wanja, deren Mann, die Schwiegereltern und noch eine Tante. Also, was seien drei Personen gegen acht. – Richtig, dachte ich und überlegte, ob ich nicht eine Zweizimmerwohnung mit acht Personen finden könnte, denn wenn man schon das Leben in einer bulgarischen Familie kennenlernen wollte, dann wenigstens gründlich.

»Ist gute Gegend«, wiederholte Bogdan, »so was wie Gartensiedlung, keine Hochhäuser und im Frühling und Sommer viel Grün.«

»Vielleicht sollte ich nach Ljulien ziehen«, sagte ich immer noch in meinen Gedanken.

»Ja, oder gleich in Zigeunerviertel.«

Wanja empfing uns in einem weiten, türkisfarbenen Pullover, der gut zu ihrem dunklen Teint und weißen Haar paßte. Wie immer war ich entzückt von ihrem großflächigen Gesicht, in dem so viel Klarheit und Ordnung herrschte. Sie führte uns in den Salon, der in Ausmaß und Einrichtung all den anderen Salons glich, die ich gesehen hatte, zeigte mir den Duschraum, das Schlafzimmer, die Regale und Fächer, die sie sich selber gezimmert hatte, und die Küche, in der die Mutter hantierte – eine winzige Frau in einem violetten Morgenrock. Sie hatte das dünnhäutige, glattgezogene Luftballongesicht einer Kortisonpatientin, was mir sowohl ihre Hinfälligkeit als auch ihre angebliche Unverträglichkeit verbarg. Es war schwer vorstellbar, daß ein so kleines Geschöpf eine so große, prächtige Person wie Wanja in die Welt gesetzt und ein

Leben lang, bis in das wuchtige Ehebett hinein, an sich gefesselt hatte. Der Gedanke bedrückte mich, und ich beschloß auf der Stelle, daß mir diese Umgebung nicht zusagte.

»Es ist wirklich zu weit«, erklärte ich Bogdan, als wir wieder im Auto saßen, »und außerdem wäre mir nicht wohl bei dem Gedanken, daß ich Wanja den Salon wegnehme. Sie muß ja dann in ihren wenigen freien Stunden mit der Mutter im Schlafzimmer oder in der Küche sitzen.«

»Wenn sie nicht sitzt mit Mutter in Küche und Schlafzimmer, sitzt Mutter mit ihr in Salon.«

»Ich verstehe das sowieso nicht.«

»Was?«

»Daß diese schöne Frau kein eigenes Leben hat. War sie eigentlich nie verheiratet?«

»Doch, war verheiratet als junge Frau, drei Monate.«

»Drei Monate?«

»Ja. Hat sie nicht ausgehalten Mann, hat Mann nicht ausgehalten Mutter.«

»Und danach hat sie nie wieder geheiratet oder eine feste Beziehung gehabt?«

»War große Leichtathletin während des Kommunismus. Hat sie gewonnen viele Preise.«

»Das erklärt ja nun nicht alles und schon gar nicht, warum sie jetzt, wo sie Postbeamtin ist und immer noch schön, keinen Mann oder Liebhaber hat. Oder hat sie?«

»Glaube ich nicht.«

»Du glaubst, sie hat überhaupt keinen Sex?«

»Angelika«, sagte Bogdan mit einem verlegenen Grinsen, »woher ich soll wissen!« Er zündete sich eine Zigarette an.

»Wie ist das hier eigentlich mit Sex?« beharrte ich. »Wie machen das die Leute? Ihre eigenen vier Wände haben sie nicht, Geld, um in ein Hotel zu gehen, auch nicht. Du hast doch einen Sohn. Was hat der denn gemacht, als er noch bei euch wohnte? Hatte die Frau eine Wohnung?«

»Nein, natürlich nicht. Hat sie gewohnt bei ihre Eltern.«
»Also, wo findet das statt: im Auto, in der freien Natur oder überhaupt nicht?«

»Ja, hast du vielleicht recht mit überhaupt nicht«, erwiderte er nachdenklich. »Haben die Menschen andere Sorgen als Sex. Sind sie müde, kaputt, sind sie ohne Hoffnung. Sind Bulgaren keine Tiere, sind sie romantisch. In Westen Sex wie Würstchen essen – kauft man, ißt man, wischt man sich Mund. Fertig. In Bulgarien hat man keine Lust auf Würstchen in Stehkneipe und zu was Besserem hat man keine Möglichkeit, keine Kraft, keine Hoffnung.«

Ich schwieg und dachte an die zahllosen Frauen, denen es so ging wie Wanja, die ihr Leben damit verbrachten, einen dahinsiechenden Elternteil zu betreuen, die unter den ungünstigsten Verhältnissen und für ein lächerliches Gehalt Tag für Tag zur Arbeit gingen, einkauften, kochten, putzten, vor dem Fernseher saßen, die sich ganz selten, wenn überhaupt, etwas Hübsches, Angenehmes leisten konnten. Ein ähnliches Schicksal traf den Sohn, wenn es keine Tochter in der Familie gab. War er ledig, lebte er bei seiner alten Mutter oder seinem Vater. War er verheiratet, mußte er sie zu sich nehmen. Es gab da überhaupt keine Auflehnung, keine Frage. Solange ein Sohn, eine Tochter da war, schob man die Eltern nicht in eins dieser furchtbaren Altersheime ab, man pflegte sie mit der gleichen Selbstverständlichkeit, mit der sie ihre Kinder gepflegt hatten. Es war nicht nur Pflichtbewußtsein, was sie dazu trieb, es war eine tief verankerte Ehrfurcht vor dem Mann, der sie gezeugt, vor der Frau, die sie geboren hatte.

»Denkst du immer noch an Liebesleben in Bulgarien?« fragte mich Bogdan, der wie die meisten gut erzogenen Bulgaren Themen dieser Art nicht mit Frauen diskutierte, der zweideutige Bemerkungen oder gar schlüpfrige Witze in ihrer Gegenwart mied. Ich, an intimste Eröffnungen gewöhnt (und nicht davon entzückt), empfand diese Zurückhaltung als ausgesprochen wohltuend.

»Ich denke an das Leben in Bulgarien ohne Liebe«, gab ich zur Antwort.

»Haben wir genug Liebe und Sex in westliche Fernsehen. Liebe, Sex, Kriminalität, Mord. Haben wir schon gelernt letzte zwei, werden wir noch lernen erste zwei.«

Er sah mich mit einem ironischen Lächeln an und legte mir die Hand auf die Schulter: »Heide, Angelintsche, gehen wir jetzt essen in eine gute Kneipe. Gibt es in diese Kneipe die besten Kebabtscheta und gute Rakia. Kein Ersatz.«

»Was meinst du mit Ersatz?«

»Meine ich Kebabtscheta aus Hundefleisch und Rakia aus Spiritus. Mußt du wirklich sehr aufpassen, Angelika, nicht gehen in Kneipe, die du nicht kennst. Haben sich schon viele vergiftet, sind viele schon tot. Überall Ersatz. Kaufst du ein Shampoo, steht auf Flasche ausländischer Name und Firma, ist drinnen bulgarische Bukluk. Kaufst du amerikanische Zigaretten oder Whisky, dasselbe. Machen sie Flasche oder Schachtel auf, nehmen sie das Gute raus, machen sie Dreck rein. Selbe mit Regierung. Haben sie nicht genug Demokraten, setzen sie rein Kommunisten.« Er lachte so, daß er ein Schlagloch übersah und dem Auto fast die Achse brach: »Auch Ersatz«, brüllte er und fluchte: »Löcher statt Straße! Aber wenn Auto kaputt, kein Ersatz.«

»Kaufen wir jetzt Winterreifen«, schlug ich vor. »Kebabtscheta können wir danach essen.«

»Nä.«

»Bogdan, ich habe dir gesagt, daß ich so nicht mit dir nach Plovdiv, ja nicht einmal morgen nach Buchowo fahre, und ich meine es ernst. Also bitte!«

»Nä«, wiederholte er und fuhr jetzt schnell und konzentriert durch eine mir unbekannte Gegend, die mit jeder Minute einen vernachlässigteren Eindruck machte.

»Wo fährst du eigentlich hin?«

»Weiß ich auch nicht, hat man geraubt alle Straßenschilder.«

»Was soll das nun wieder heißen?«

»Raubt man alles, was ist aus Metall. Auch Kanaldeckel. Ist neulich in Loch gefallen Mutter mit Baby. War schwer verletzt. Raubt man auch Köpfe und Arme und alles Mögliche von berühmte Leute. Hat man gefangen eine Zigeuner mit Kopf von unsere große Dichter Christo Botev unter Arm. Wollte er bringen zum Einschmelzen.«

»Ah, ich verstehe. Du sprichst von Denkmälern.«

»Natürlich. Ist Christo Botev schon hundert Jahre tot, war sein Kopf auch nicht aus Metall.«

Ich begann zu lachen, lachte immer noch, als Bogdan mit einem kühnen Schwung von der Straße auf einen wüsten, kleinen Platz abschwenkte und dort vor einer Werkstatt hielt. Es standen viele schöne Autos davor, die meisten ohne Vorder- oder Hinterreifen.

»Bravo, Bogdan!« rief ich.

»Du wolltest doch kennenlernen Mafia, hier ist richtige Ort dafür. Fahren nur die mit schöne, neue Autos und können sich kaufen Winterreifen dafür. Da du siehst: große Citroën, BMW, Mercedes, Volvo …, schicke Mafiosos, hübsche Prostituierte.«

»Wo?«

»Wird noch kommen.«

Er stieg aus und verschwand in der Werkstatt.

Ich blieb in dem alten Lada, dem schäbigsten aller hier geparkten Wagen, sitzen und hielt nach schicken Mafiosos und hübschen Prostituierten Ausschau. Aber man mußte wohl ein geübtes Auge haben, um sie zu erkennen, oder sie waren incognito hier. Dafür sah ich einen wunderschönen jungen Husky mit schwarzer Maske und blauen Augen, den ein junger Mann in Jeans an einer Leine auf und ab führte. Der Hund, der vielleicht die Jahresrente eines Arztes gekostet hatte, versuchte mit zwei herrenlosen Kötern Freundschaft zu schließen, aber das ließ sein Besitzer nicht zu. Sein Husky war ein privilegierter Rassehund, der mit den streunenden Bastarden nicht in Berührung kommen durfte. Ich war drauf und dran, aus dem Auto zu steigen, um den armen, in den Blauäugigen verliebten Kötern Trost zu spenden und ihnen zu sagen, daß sie trotz ihrer Räudigkeit vom Westen protegiert würden, als Bogdan zurückkehrte.

»Also«, eröffnete er mir, »sind deutsche Reifen und sehr gut.«
»Freut mich.«
»Außerdem sehr teuer.«
»Macht nichts.«
»Haben viel Arbeit hier. Müssen wir warten.«
Wir warteten.
»Was bedeutet eigentlich SIC?« fragte ich nach einer Weile. »Ich sehe diese Aufkleber an vielen Autos und fast allen Fenstern von Geschäften und Restaurants. Hier auch.«
»Bedeutet, daß du bist versichert bei Mafia. Kannst du ihr geben direkt Schutzgeld oder auf Umweg durch Organisation. Gibst du kein Geld, sie rauben Auto oder brechen ein und dann du rufst dort an, sagst du wirst zahlen und sie bringen zurück Auto oder was sie in Geschäft geraubt haben.«
»Aber so was müßte doch verboten werden!«
»Wer soll verbieten?«
»Der Staat.«
»Habe ich dir schon oft gesagt: Mafia und Staat dasselbe.«
Zum Kebabtscheta-Essen kam es dann nicht mehr, denn bis sich der Lada in Winterreifen präsentieren konnte, dauerte es zwei Stunden.

»Sieht aus wie eine alte bulgarische Rentner mit neue, elegante Schuhe aus Deutschland«, stellte Bogdan fest, »wird man sofort stehlen die Reifen.«
»Oh Gott, nein! Glaubst du das wirklich?«
»Keine Frage von Glauben. Weiß ich.«
Doch als wir dann im Auto saßen und er mich ins Hotel fuhr, strahlte sein Gesicht: »Ja, das ist eine ganz neue Gefühl. Können wir jetzt sicher fahren überall hin.«
»Inschallah«, sagte ich.

Ein Dorf namens Buchowo

Wir fuhren nach Buchowo, jenes Dorf, in das ich mit meiner Mutter 1943 vor den Bombenangriffen aus Sofia geflohen war, das Dorf, in dem wir von einer achtköpfigen Bauernfamilie aufgenommen worden waren und in einem ihrer zwei Zimmer neun Monate gelebt hatten. Buchowo, das war für mich der Inbegriff eines elementaren, ungetrübten Glücks.

Es lag etwa zwanzig Kilometer von Sofia entfernt, und die zweispurige Straße, die dort hinführte, schien immer noch dieselbe zu sein. Der Schnee bedeckte die Flächen weiter, ungenutzter Felder, die Dächer kleiner, baufälliger Behausungen und milderte die Verwüstung der flachen, unharmonischen Landschaft. Kurz vor der Kreuzung, an der man nach Buchowo abbog, befand sich das Stahlwerk »Gremikovzi«, ein riesiger grauer Klumpen zerfallender Gebäude, Fabrikanlagen und Werkschuppen hinter einem hohen Stacheldrahtzaun. Ein Schornstein spie schwarze Rauchballen in den blaßgrauen Himmel und zeigte damit an, daß ein Teil des Werks noch in Betrieb war.

»Reicht nicht mal für Schrott«, brummte Bogdan, »reicht aber gut, Umgebung zu vergiften.«

»Noch schlimmer als Gremikovzi ist das Uranwerk«, sagte ich, »daß man das Zeug ausgerechnet in Buchowo finden mußte! Man wollte doch die Dörfer in dieser Gegend evakuieren.«

»Wollte man, hat man nicht. Hat man Werk geschlossen und läßt man Menschen hier krepieren.«

Es war das zweite Mal, daß ich nach Buchowo fuhr. Während des kommunistischen Regimes war es dank des Uranwerks militärisches Sperrgebiet gewesen, und als man das Verbot nach der Wende aufhob, hatte die Sperre bei mir eingesetzt. Sollte ich das Dorf, das ich geliebt, die Menschen, die mir so viel gegeben, das Glück, das ich dort empfunden hatte, auf eine so harte Probe stellen? Sollte ich es nicht in der Erinnerung einer Sechzehnjährigen behalten, unangetastet und von den Jahren verklärt? Sollte ich diesen Schatz, den ich in mir trug wie die Auster eine Perle, dem harten Licht der Gegenwart ausliefern, mein Buchowo seiner Ursprünglichkeit, meine Brüder Spassov ihrer Jugend und mein Glück, sowohl des einen als des anderen beraubt, ins Schattenreich nostalgischer Illusion verbannen? Ich hatte mich für den Schatz einer unangetasteten Erinnerung entschieden und war nicht hingefahren.

Es war Bogdan gewesen, der meiner Buchowo-Geschichten überdrüssig, eines Sonntags vor zwei Jahren beschlossen hatte: »Heute wir fahren in dein Märchendorf und besuchen die herrlichen Bauern. Mußt du geheilt werden.«

»Ich will aber gar nicht geheilt werden!«

»Spielt nicht Rolle, fahren wir trotzdem.«

Ich hatte Buchowo nicht wiedererkannt. Die wenigen kleinen Lehmhäuschen, die sich um den holprigen Platz mit dem Brunnen, der Schule, Kirche und Kneipe geschart hatten, waren verschwunden und an ihrer Stelle standen in kilometerweitem Umkreis ein- bis zweistöckige, kastenförmige Häuser aus Beton oder Ziegelstein, die zum Teil unverputzt und in Erwartung ihres baldigen Zerfalls nicht einmal ganz fertig gebaut worden waren. Ein holpriger Platz war noch da gewesen, aber an dem befand sich nur noch eine Kneipe, ein Laden – als solcher durch eine Kiste Kohlköpfe erkennbar – und eine kurze Zeile aneinandergepappter, dreistöckiger Häuser, von denen eins wie ein schwangerer Elefant aussah, denn man hatte versucht, es mit einem bauchigen Balkon aus grauem Beton auszustatten.

»Herrlich schöne Dorf«, hatte Bogdan gespottet, »und wo du hast gewohnt?«

Ich hatte mich hilflos umgeschaut und erklärt, daß dieser schauderhafte Ort nicht mehr mein kleines, aus der Natur herausgewachsenes, aus Lehm gebautes Buchowo wäre, daß keins der alten Häuser mehr da sei und man es vollständig zerstört hätte. Wo denn der Brunnen sei, aus dem wir das Wasser geholt hätten? Die Kirche, in der der älteste Sohn, Vassil, mit Mara getraut worden war? Die Schule, hinter der ich mich heimlich mit Boris getroffen hatte, denn es war nicht schicklich gewesen, alleine, außerhalb des Dorfes, mit ihm spazierenzugehen. Ob das der Platz sei, auf dem der abendliche Korso stattgefunden hätte? Ob das die Kneipe sei, in der man uns gegen Typhus geimpft hatte? Ob das überhaupt das Dorf Buchowo sei?

»Ist es«, hatte Bogdan ungerührt erwidert, »und müssen wir jetzt finden die Brüder Spassov. Werde ich mich erkundigen. Wie waren Vornamen?«

»Vassil, Angel, Weltscho, Bogdan, Goscho ... bitte, bitte laß uns nach Sofia zurückfahren, sie werden alle nicht mehr da sein.«

Sie waren alle da gewesen, alte, verbrauchte, aber ungebrochene Männer mit breiten, slawischen Gesichtern, grauem Haar und wenig Zähnen. Jeder hatte sein eigenes Häuschen gehabt. Jeder hatte eine Frau und zwei Kinder gehabt. Jeder war überzeugter Kommunist gewesen, denn früher hatten sie in größter Armut gelebt und jetzt hatten sie alle einen Salon, der nur zum Vorzeigen da war, ein Schlafzimmer mit richtigem Bett und bunter Kunstfaserdecke darauf, einen winzigen Vorgarten mit überdimensionalen, da mit Uran verseuchten Blumen. Ihre Frauen brauchten nicht mehr bei der Feldarbeit zu gebären, ihre Kinder und Enkel genossen eine höhere Schulbildung und manche hatten sogar studiert. Bogdan, zu meiner Zeit ein elfjähriger Junge und der gescheiteste unter den Brüdern, war zum Ingenieur avanciert, trug Anzug und Krawatte, lebte in Sofia und war an diesem Sonntag nur zu Besuch nach Buchowo gekommen. Vassil, der Älteste, war Alkoholiker geworden, ein Laster, das sich günstig auf ihn ausgewirkt hatte, denn sein Kopf war klar gewesen wie nie zuvor und sein Erinnerungsvermögen, an alles was meine Mutter und mich betraf, phänomenal. Seine Frau Mara, deren Brautjungfer ich gewesen war, ein damals strammes neunzehnjähriges Mädchen mit dickem blonden Zopf und einem gewaltigen, in einem Leibchen zusammengeschnürten Busen, war zu einem alten kleinen Weiblein zusammengeschrumpft, in dessen runzeligem Gesicht ich nur noch die Augen wiedererkannt hatte: Augen so unschuldsvoll und geduldig wie die einer wiederkäuenden Kuh. Die weiteren drei Brüder, einer genauso alt wie ich, die zwei anderen jünger, hatten im Stahlwerk Gremikovzi gearbeitet und waren mit ihrem Beruf, der etwas Besseres darstellte als der des Bauern und Schafhirten, sehr zufrieden gewesen. Sie hatten es nicht fassen können, daß ich plötzlich wieder aufgetaucht war: Gientsche-Germantscheto, das junge Mädchen, das neun Monate lang der Mittelpunkt von Buchowo gewesen war und ein von ihnen geliebtes, behütetes Mitglied der Familie.

Es war Weltscho, den wir als ersten gefunden hatten. Damals, im Krieg, war er dreizehn gewesen, ein kompakter, schwerfälliger kleiner Kerl, der selten ein Wort verloren hatte. Daran schien sich nichts geändert zu haben.

»Ich bin Gientsche«, hatte ich gesagt, »das kleine Deutschchen, das während des Krieges neun Monate bei euch gelebt hat.«

Er hatte mich dumpf angestarrt.

»Erinnerst du dich nicht an Gientsche und ihre Mutter, die ihr alle Baba Mutti genannt habt?«

Da war das Dunkel einer allmählich dämmernden Erinnerung gewichen: »Boje meu!« hatte er leise gesagt, mein Gott ... Und dann mit ausgestreckten Armen auf mich zutretend: »Gientscheto, das Gientsche.«

Er hatte sofort seine Brüder benachrichtigt und sie waren in Windeseile gekommen: Goscho, der Jüngste, Bogdan, der Ingenieur, Angel, der Fröhliche, Vassil, mit schweren Beinen und klarem Kopf, und seine Frau Mara, mit den guten Augen und den kläglichen Überresten eines Busens und Zopfes.

Das Wiedersehen damals, mit diesen bulgarischen Bauern, die eine Zeitlang meine Familie, meine Heimat gewesen waren, zählt zu den bewegendsten Ereignissen meines Lebens. Fünfeinhalb Jahrzehnte und ein weltweiter Unterschied zwischen ihnen und mir hatten die Vertrautheit und herzliche Freundschaft nicht auslöschen können. Weltscho hatte viele Flaschen Rakia geöffnet, seine Frau ihr bestes Eingemachtes aus dem Keller geholt. Angel hatte eine Kassette mit bulgarischer Volksmusik eingelegt, Vassil Geschichten von 1943 erzählt. Wir hatten gegessen und getrunken, Lieder gesungen und in der kleinen Küche Choro getanzt. Wir hatten uns umarmt und geküßt und vergessen, wie alt und müde wir geworden waren. Mara hatte mich auf ihre Knie gezogen und wie ein Kind in den Armen gehalten. Ich war nur drei Jahre jünger als sie, doch in diesem Moment wirklich wieder Kind, das in den Schoß der Familie zurückgekehrt, Schutz und Liebe gefunden hatte. Leute aus dem Dorf waren gekommen, um das Wunder zu bestaunen, alte, die mich noch gekannt, junge, die von mir gehört hatten: Gientsche, Germantscheto ist wieder da!

»Ach, was warst du doch für ein schönes, rundes Mädchen«, hatte Vassil ausgerufen, »alle waren in dich verliebt und Tschopsky, unseren Dialekt, hast du gesprochen so wie wir! Und Baba Mutti, was war das für eine kluge, gute Frau! Immer war ich bei ihr willkommen und dann hat sie mir erzählt, aus Berlin und von ihrem Sohn Peter, der Soldat in der französischen freien Armee war und am 7. Januar 1945 gefallen ist.«

Als ich aus dem Zimmer gelaufen war, um meine Tränen zu verbergen, war mir Vassil gefolgt: »Komm«, hatte er gesagt, »ich zeige dir das Haus, in dem wir alle zusammen gelebt haben, wir haben es nicht abreißen lassen, es steht hier gleich hinter Weltschos neuem Haus.«

Es war nicht mehr das alte Häuschen gewesen. Sie hatten ihm ein neues Dach aufgesetzt, die Fenster etwas vergrößert, die Mauern weiß getüncht, doch die Stube, in der ich mit meiner Mutter gewohnt hatte, leer jetzt bis auf ein Feldbett, war dieselbe geblieben. Ich hatte mich auf das Bett gesetzt und sie im Geiste wieder eingerichtet: Da, unter diesem Fenster hatte die Liege meiner Mutter gestanden, hier an der Wand meine. Der Tisch und die drei Stühle waren in der Mitte der Stube gewesen, der Ofen neben der Tür, das Radio auf drei aufeinandergestellten Koffern, drüben in der Ecke.

»Du scheinst mehr über Baba Mutti aus dieser Zeit zu wissen als ich«, hatte ich zu Vassil gesagt, »war sie sehr unglücklich?«

»Nein, gar nicht, sie hat sich in Buchowo wohl gefühlt und das Ende des Krieges war ja nah: ›Bald kommt mein Peter zu mir zurück‹, hat sie immer gesagt, ›und dann habe ich alle meine drei Kinder wieder und das ist für mich das Glück.‹«

Er hatte sich zu mir aufs Bett gesetzt und den schweren Arm um mich gelegt: »Wein nicht so, Gientsche, komm zu uns nach Buchowo, bleib bei uns. Wir werden alle für dich sorgen.«

Zurück nach Buchowo, zurück in die Jugend, die Haut, die Unverbrauchtheit, die Träume eines schönen Mädchens, das am Anfang seines Lebens steht. Das immer schneller, schwächer dahintickende Leben fünfeinhalb Jahrzehnte zurückdrehen!

»Danke, Vassil«, hatte ich damals gesagt und mir geschworen, diesen Besuch, diese einmalige wunderbare Rückkehr in mein Dorf nie mehr zu wiederholen.

Jetzt, weniger aus emotionalen als pragmatischen Gründen, brach ich den Schwur und mir war nicht wohl dabei.

»Ich hätte nicht hierher kommen dürfen«, sagte ich zu Bogdan, »laß uns umkehren.«

»Aber wolltest du doch Information, wie es geht Leuten in Dörfern.«

»Die könnte ich mir auch in einem anderen Dorf holen. Zum Beispiel in dem, wo du immer deinen Schnaps und Wein kaufst.«

Wir hatten die Ortseinfahrt mit dem an einem Nagel baumelnden Schild »Buchowo« erreicht, und Bogdan erklärte: »Jetzt wir sind schon hier und außerdem du doch liebst deine Bauern.«

»Gerade deswegen.«

Er fuhr unbeirrt weiter, vorbei an der langen Reihe vierstöckiger Häuser, die aussahen, als hätten sie die Krätze, auf den Platz mit der Kneipe, dem Laden und dem schwangeren Elefanten, und dann eine steile, ungepflasterte Straße hinauf. Oben angekommen blieb er stehen.

»Weiß ich nicht mehr, wo ist Haus. Weißt du?«

»Nein, aber die Richtung, glaube ich, stimmt. Hinter uns liegt der bewaldete Berg, wo ich mit Boris spazierengegangen bin, und wenn wir am Brunnen Wasser holten, sind wir immer bergab gelaufen.«

»Angelintsche, Gientsche, so ich mich nicht kann orientieren.«

Er fuhr ein Stück weiter und hielt neben einer älteren Frau: »Gospodja«, rief er das Fenster hinunterkurbelnd, »können Sie mir sagen, wo das Haus von Weltscho Spassov ist. Es muß hier ganz in der Nähe sein.«

»Das Haus ist hundert Meter weiter«, sagte die Frau, »aber Weltscho ist nicht mehr. Er hat sich ausgeruht.«

Ich wußte, daß man diesen Euphemismus für sterben, in dem Fall gestorben sein, gebrauchte, und fragte erschrocken: »Wie ... wann?«

»Ein Krebs in seiner Lunge, vor etwa einem Jahr.«

»Wissen Sie dann vielleicht, wo sein Bruder Angel wohnt«, fragte Bogdan.

»Angel dasselbe. Er hat sich ausgeruht.«

Ich starrte die Frau an, und die bekreuzigte sich und sagte: »Der jüngste Bruder, Goscho, hat sich auch ausgeruht.«

»Das kann nicht stimmen«, sagte ich leise, »sie können doch nicht plötzlich alle gestorben sein!«

»Lebt Vassil, der Älteste, noch?« fragte Bogdan.

»Ja, der lebt«, sagte sie und beschrieb uns den Weg zu seinem Haus.

»Ich begreife das nicht«, murmelte ich.

»Ist nicht schwer zu begreifen, Angelintsche, haben sie gearbeitet in Gremikovzi und gelebt neben Uranwerk. Ist kein Sanatorium hier.«

»Vassil hat aber auch ...«

»Vassil«, unterbrach er mich, »hat gesoffen, ist in Spiritus eingelegt.«

Er lachte, aber als er mein Gesicht sah, hörte er sofort wieder auf. »Ist schwere Schlag für dich«, sagte er.

Vor dem Haus stand eine große, plumpe Frau, die auf die Frage, ob hier ein Vassil Spassov wohne, erklärte, sie sei seine Tochter.

»Sag deinem Vater, daß Gientsche gekommen ist«, rief Bogdan.

Die Frau verschwand, und wir stiegen aus und gingen durch den kleinen Vorgarten auf das Haus zu. Gleich darauf erschien Vassil in der Tür. Er sah verlottert und benommen aus und glotzte mich mit hängender Unterlippe und ausdruckslosen Augen an.

In Spiritus eingelegt, dachte ich, und in der Angst, er könne mir die paar Stufen entgegenfallen, lief ich sie schnell hinauf und legte beide Hände auf seine Schultern: »Vassil, ich bin's, Gientsche! Erkennst du mich nicht?«

Sein Gesicht erhellte sich in einem schwerfälligen Lächeln, und als er mich umarmte und sagte: »Ach, Gientsche, wie schön, daß du da bist. Wie wird sich Baba Mara freuen!«, erkannte ich, daß sein Zustand nicht auf eine Flasche Rakia zurückzuführen war. Er war nüchtern, aber verstört.

»Ich habe schon gehört«, sagte ich, seine Verfassung mit dem Tod seiner drei Brüder in Zusammenhang bringend. »Ich kann es gar nicht glauben! Wie ist das bloß alles so schnell passiert?«

»Sie ist hier auf dem Eis ausgerutscht und die Treppe hinuntergefallen.«

»Wie bitte? Ich verstehe nicht. Wer ist die Treppe hinuntergefallen?«

»Baba Mara. Sie hat sich die Hüfte gebrochen, die Ärmste, und liegt jetzt im Bett und hat furchtbare Schmerzen.«

»Auch das noch«, sagte ich auf deutsch zu Bogdan, der in der Hoffnung, von uns vergessen zu werden, immer noch am Fuß der Treppe stand, »bitte laß mich jetzt nicht allein und komm mit.«

»Laß ich dich nie alleine«, sagte er.

Die Stube, in die uns Vassil führte, sah aus wie eine Rumpelkammer, in der ein paar Gegenstände, die eigentlich auf den Müll gehörten, abgestellt worden waren. Außer denen gab es noch einen alten Fernsehapparat, auf dessen Schirm das Pausenzeichen zu sehen war, und einen kleinen eisernen Ofen, der eine höllische Hitze verbreitete.

Mara lag in einem breiten Bett, das sie bei Nacht womöglich mit Vassil teilte, unter einer rauhen, braunen Decke, die sie bis zum Kinn hochgezogen hatte. Ihr graues, zerfurchtes Gesicht hatte den Ausdruck eines verschreckten Kindes, das noch zu klein ist, um die Ursache seines Leidens zu verstehen, und als ich mich zu ihr hinabbeugte und sie küßte, schlang sie die Arme um meinen Hals und hielt mich fest.

»Das Gientsche«, sagte sie ein über das andere Mal, »das Gientsche!«

Ja, das Gientsche, über deren Albernheiten sie so viel gelacht, mit der sie Choro getanzt, der sie das Haar gewaschen, die sie mit ihrer stillen, beständigen Liebe begleitet hatte.

Ich setzte mich auf die Bettkante und, als sich ihr Gesicht bei der leichten Erschütterung verzog, schnell auf einen Stuhl.

»Wann ist denn das passiert?« fragte ich.

»Vor drei Wochen«, sagte Vassil, »aber die Schmerzen werden immer schlimmer.«

»Und was sagt der Arzt dazu?«

»Der Arzt hat teure Medizin verschrieben ...« Er deutete auf zwei kleine Schachteln, die unter anderem Krempel auf einem Tisch lagen, »... und gesagt, das heilt sehr langsam oder überhaupt nicht mehr.«

Ich schaute erschrocken zu Mara hinüber, aber die schien von den schonungslosen Worten unberührt, lächelte mich innig an und sagte: »Gientsche, du wirst immer jünger und schöner.«

Hat vielleicht schon Halluzinationen, überlegte ich, und sieht mich jetzt wieder als junges Mädchen.

»Ich finde Gientsche zu dünn«, sagte Vassil, »damals war sie rund und ... Wartet mal, ich hab noch ein Foto von ihr!«

»Vassil«, rief ich verzweifelt, »ich will jetzt kein Foto von mir sehen.«

»Aber ich«, sagte Bogdan lachend.

Mara versuchte sich ein wenig zur Seite zu drehen und gab es mit schmerzverzerrtem Gesicht wieder auf.

»Das ist doch unmöglich«, entrüstete ich mich, »Mara muß wieder ins Krankenhaus gebracht und geröntgt werden. Vielleicht ist etwas bei der Operation schiefgegangen.«

»Meine Mutter ist nicht operiert worden«, sagte die große, plumpe Tochter, die am Spülbecken stand und bis dahin geschwiegen hatte, »sie war auch nicht im Krankenhaus. Bei Menschen über siebzig, die keine Dollar haben, lohnt sich das alles nicht mehr.«

»Man operiert auch keine jungen Menschen, wenn sie keine Dollar haben«, warf Bogdan ein.

»Das haben wir nun von der Demokratie«, sagte Vassil, »nur Unheil hat sie über uns gebracht. Meine drei Brüder, Gott hab sie selig, haben sich ausgeruht, Baba Mara hat sich die Hüfte gebrochen, und mein Bruder Bogdan ist in Sofia fast kaputtgeschlagen und beraubt worden. 350.000 Leva hat er in der Tasche gehabt, jetzt hat er dafür ein Loch im Schädel.«

»350.000 Leva«, wiederholte Bogdan und wiegte bedächtig den Kopf hin und her.

»Ja, es war das Geld, mit dem er seine Angestellten bezahlen wollte. Er hat sich privatisiert, der Dummkopf, und hat jetzt seine eigene Firma. Ich habe ihm gesagt: Tu's nicht! Du warst ein guter Kommunist und Ingenieur und ein angesehener Mann in einer hohen Stellung. Was mußt du plötzlich Kapitalist spielen – eigene Firma, eigene Angestellte, eigene Verantwortung, eigener Bankrott. Das Land ist doch ein Misthaufen geworden, habe ich ihm gesagt, jeder denkt nur noch an Geld, lügt für Geld, betrügt für Geld, tötet für Geld ... das ist doch nicht mehr so wie früher, das ist doch der Kapitalismus.«

Ich blickte verstohlen zu Bogdan hinüber. Er sah aus, als hätte man ihm die Haut so straff hinter die Ohren gezogen, daß er die Gesichtsmuskeln nicht mehr bewegen konnte. Sein Mund war in einem kleinen, bissigen Lächeln erstarrt, und solange es da klebte, konnte er die Lippen nicht öffnen. Aber wehe, wenn er die Starre durchbrechen und den Mund wieder aufmachen konnte! Ich mußte schnell handeln.

»Vassil, wie geht es deiner Schwester Jonka?« rief ich und hoffte, daß wenigstens ihr das Hiobsschicksal der Familie erspart geblieben war.

»Kaka Jonka« – in Bulgarien spricht man die ältere Schwester mit *Kaka* an – »ist Witwe geworden und wohnt mit ihrem jüngeren, unverheirateten Sohn in Ljulien. Sie kommt manchmal, um uns zu helfen. Ivanka, unsere Tochter, kann ja nicht jeden Tag kommen. Sie wohnt mit ihrer Familie in Sofia, arbeitet aber zum Glück ganz in unserer Nähe, in Gremikovzi.«

Dann wird sie wohl das nächste Opfer sein, dachte ich mit einem Blick auf die Frau. Sie hatte einen Schnurrbart, aber dasselbe gute, ergebene Lächeln wie ihre Mutter.

»Es ist sehr schwer, Mama zu pflegen«, seufzte sie, »die Unglückliche hat doch so starke Schmerzen, und wenn man sie nur berührt, schreit sie. Einen sterbenden Esel läßt man nicht so liegen, wie man hier die armen Kranken liegenläßt.«

»Ach, Gientsche«, sagte Mara mit schwacher Stimme und glänzenden Fieberaugen, »zur Hochzeit hast du mir den Zopf geflochten und das Gesicht mit dem Puder von der guten Baba Mutti gepudert. Sie hat mir auch den schönen Stoff für das Hochzeitskleid geschenkt, erinnerst du dich noch?«

»Ja, Mara, ich erinnere mich.«

Mara in dem hausgeschneiderten, resedagrünen Kleidchen, dem kurzen, geborgten Schleier, den braunen Schnürschuhen und dem Sträußchen welkender Feldblumen in der Hand. Mara, nur drei Jahre älter als ich, geheimnisumwitterte Braut, mit der an diesem Abend etwas Ungeheures geschehen würde, etwas, das sie über uns Mädchen hinausheben und ihr mit dem Ring am Finger, dem nach hinten geschlungenen Tuch um den Kopf den stolzen Rang einer verheirateten Frau verleihen würde.

»Mara«, sagte ich beschwörend, »wir haben schöne Erinnerungen, nicht wahr? Wir hatten glückliche Stunden. Alles kann man uns nehmen, weißt du, aber das nicht.«

Sie nickte, die Augen jetzt geschlossen.

Mara, ein hilfloses Häufchen Elend, unter einer rauhen, braunen Decke, in einer verdreckten Stube, in einem Dorf, in dem die Menschen krepierten und die Blumen so groß und schön gediehen wie im Garten Eden. In einem Dorf namens Buchowo.

Irina, die Frau vom Bodyguard

Ich hatte eine schlechte Nacht hinter mir, war immer wieder aufgewacht, aufgestanden und auf der Suche nach einer Betätigung im Zimmer herumgelaufen. Aber meine Koffer und die Reisetasche hatte ich schon gepackt, und etwas anderes gab es nicht zu tun. Um ein Uhr war ich in den Duschraum gegangen, um mir einen Schluck Wasser zum Herunterspülen eines Valiums zu holen. Aus Gewohnheit hatte ich den Heißwasserhahn aufgedreht, die Hand unter den Strahl gehalten und schnell wieder zurückgezogen. Das Wasser war kochend heiß gewesen und ich dazu verpflichtet, diese einmalige Chance zu nutzen. Ich mußte duschen.

Die Frage, warum das Wasser am siebenten Tag meines Aufenthaltes im Grandhotel Bulgaria ausgerechnet um ein Uhr nachts heiß geworden war, hatte mich noch lange beschäftigt, doch schließlich hatte das Valium gewirkt und ich war eingeschlafen.

Ich hatte geträumt, daß ich in Jericho sei, und Jericho war Buchowo. Überall hatten die üppigsten Blumen geblüht und überall tote Menschen herumgelegen. Ich war in das Gartenrestaurant gegangen, in das ich seit dreißig Jahren gehe, und da war mir Vassil entgegengekommen und hatte gesagt: »Siehst du, Gientsche, nun bist du doch zu uns in den Garten Eden zurückgekehrt. Komm ins Haus, sie warten schon alle auf dich.« Das

Haus war das zerfallene *Winter Palace Hotel* in Jericho gewesen, und als wir darauf zugegangen waren, war ich aufgewacht.

Ich hatte überlegt, wer wohl alles auf mich gewartet hatte, und begonnen, die Toten in meinem Leben zu zählen. Es waren sehr viele gewesen, und sie hatten sich in Schafe verwandelt, die ich zählte und zählte, bis ich wieder einschlief.

Am nächsten Morgen war das Wasser wieder kalt und ich nicht sicher, ob ich die heiße Dusche auch geträumt hatte. Ich zog mich an und ging zum Frühstücken in den Roten Salon. Die zwei älteren Kellner waren da und ich teilte ihnen mit, daß ich heute nach Plovdiv fahren würde.

»Eine schöne Stadt, Plovdiv«, sagte der stämmige, bäuerliche Typ, und der andere, der aussah wie ein Akademiker, fügte hinzu: »Und eine sehr demokratische.«

»Ääähhh«, machte sein Kollege und warf unwillig den Kopf in den Nacken, »nur weil Peter Strojanov aus Plovdiv kommt, ist plötzlich die ganze Stadt demokratisch.«

»Wer ist Peter Strojanov?« fragte ich.

»Er wird unser neuer demokratischer Präsident«, klärte mich der Akademiker auf. »Er ist jung und ein kluger Kopf. Er wird Ordnung machen.«

»Ein ganzes Heer Peter Strojanovs kann hier keine Ordnung mehr machen«, sagte der Robuste grimmig und zog mir den Teller weg: »Du ißt dein Frühstück wieder nicht, Gospodja, also werd ich dir's für die Reise einpacken.«

»Auf keinen Fall«, protestierte ich und stand schnell auf, »auf Reisen ist mir immer übel.«

Wieder im Zimmer und gerade dabei, die Koffer zu schließen, rief mich Lilli an und teilte mir mit, daß Irina Razeva auf dem Weg zu mir sei.

»Wer, um Himmels willen, ist Irina Razeva?« wollte ich wissen.

»Sie ist die Bekannte einer Bekannten von mir, und sie vermietet ihren Salon. Du wolltest doch, wenn du aus Plovdiv zurückkommst, bei einer Familie wohnen. Also, Irina und ihr Mann sollen sehr nette junge Leute sein. Sie arbeitet bei der staatlichen Elektrizitätsgesellschaft, und er ist Bodyguard.«

»Ich brauch keinen, ich hab schon Bogdan.«

»Der andere ist besser«, sagte Lilli und kicherte. »Er ist ein richtiger, ausgebildeter Bodyguard. Bodyguards sind sehr gefragt in Bulgarien.«

»Kann ich mir vorstellen.«

»Also, hab eine gute Fahrt und ruf mich gleich an, wenn du zurück bist.«

Ich verabschiedete mich von meiner langen, dünnen Zimmerfrau und sie überreichte mir einen Umschlag, den ein rotes Bändchen zierte: »Das ist ein kleines Geschenk für Sie, liebe Frau, ich hoffe, es wird Ihnen gefallen.« Es waren zwei kleine gehäkelte Deckchen.

So was sollte mir mal im Westen passieren, dachte ich und sagte gerührt: »Vielen, vielen Dank, die sind wunderhübsch.«

Bogdan saß bereits in der Hallengruft, trank Kaffee und rauchte Zigaretten.

»Hab ich eine sehr gute Nachricht für dich«, begrüßte er mich, »sind Winterreifen immer noch dran, und eine sehr schlechte: Preis für Benzin um Doppelte gestiegen. Elektrizität, Gas, Heizöl auch gestiegen, aber sagt man uns noch nicht wie viel. Hat ein Journalist in Zeitung geschrieben, wird man uns erst sagen nach Neujahr, will man uns nicht verderben Feiertage.«

»Muß ein Witzbold gewesen sein der Journalist.«

»Nein, hat er gemeint ganz ernst. Bulgaren rücksichtsvolle Menschen.«

Er brach in sein herzhaftes Lachen aus, und ich bewunderte seinen Humor, der jede schlechte Nachricht überlebte.

»Hat mich heute angerufen mein Trauzeuge, Georgi, und gesagt, ich soll mit ihm kommen nach Berlin, wird er da eine Arbeit für mich haben.«

»Und? Fährst du?«

»Nein. Wäre gut für Geld, aber schlecht für Seele. Sind komische Leute, die Deutschen. Habe ich gelebt eineinhalb Jahre in Hamburg, und bin ich eingeladen worden ein einziges Mal von eine Deutsche. War er der Bauleiter und hat gewohnt in schöne Haus, aber hat er mich eingeladen in Restaurant und nur aus Pflicht. Habe ich beaufsichtigt bulgarische Bauarbeiter und gewohnt mit eine zusammen in eine kleine Wohnung. Haben wir gekocht bulgarische Essen, haben wir gehabt Rakia und Musik, haben wir immer eingeladen deutsche Bauarbeiter. Sind sie gerne gekommen, waren sie ganz begeistert, haben gesagt, bei uns so gemütlich. Manchmal hab ich auch eingeladen eine deutsche Bauarbeiter zu eine Bier. Hat er danach überall erzählt: hat mich Bogdan eingeladen zu eine Bier und mir angeboten von seine Zigaretten. Was ist ein Bier, eine Zigarette? Ich verstehe das nicht. Haben sie doch so schöne Leben, haben sie doch alles. Aber haben sie vielleicht kleine Herzen.«

»Das mag wohl sein.«

»Ja, komm. Zahle ich jetzt Kaffee und wir fahren.«

»Du brauchst dich nicht zu beeilen, ich muß noch auf die Frau vom Bodyguard warten.«

»Auf was für Frau?« fragte Bogdan mit argwöhnischem Gesicht.

»Eine Frau, die mir ihren Salon vermieten will. Sie ist günstigerweise mit einem Bodyguard verheiratet ... ah, ich glaube, da kommt sie schon.«

Eine junge Frau in hellgrünem Mantel und braunen Stiefeln betrat die Halle, sah uns, die einzigen, die dort saßen, und kam mit eiligen kleinen Schritten auf uns zu. Sie sah sehr hübsch und von den kastanienbraunen Locken bis zu den blankgeputzten Stiefeln gepflegt aus. Noch bevor wir das erste Wort gewechselt hatten, war ich entschlossen, ihren Salon zu mieten.

Ich stand auf und achtete auf ihre Hand, die sie mir, dann Bogdan entgegenstreckte. Auch die war sehr hübsch, schmal und blaß.

»Irina Razeva«, stellte sie sich artig vor. »Es tut mir sehr leid, Sie so kurz vor Ihrer Abreise zu stören.«

»Bitte, setzen Sie sich doch. Trinken Sie einen Kaffee?«

»Nein, vielen Dank«, sagte sie und setzte sich. »Ich möchte Sie wirklich nicht aufhalten.«

Ihre Haut war so weiß wie der Rollkragenpullover, den sie unter dem Mantel trug, und ihre Augen waren so blank wie ihre Stiefel.

»Sie wollen mir also Ihren Salon vermieten«, sagte ich. »Gut, abgemacht. Wo wohnen Sie?«

»Oh«, sagte sie von meinen schnellen Entschlüssen verwirrt, und auch Bogdan, dessen Brauen in die Höhe schnellten, sah mich erstaunt an.

»Wir haben wirklich sehr wenig Zeit«, erklärte ich, »und ich habe volles Vertrauen in Ihren Salon.«

»Er ist recht hübsch«, sagte sie, »mit Parkettboden und einem aufklappbaren Sofachen und einem Fernseher ...«

Sie war ein behutsames Wesen, das langsam und bedächtig sprach, und daher lange brauchte, um mir Proportionen und Einrichtung der Wohnung zu beschreiben. »Es wäre mir auch eine Freude«, schloß sie, »wenn Sie am Abend mit uns äßen. Ich würde dann immer etwas Gutes kochen.«

»Nein, vielen Dank, ich werde sehr wenig Zeit haben. Meine Nichte kommt nämlich mit mir nach Sofia, und mit ihr werde ich tagsüber und abends zusammensein.«

»Ihre Nichte ist auch herzlichst eingeladen.«

Die Bulgaren schrecken mit ihrer Gastfreundschaft vor nichts zurück, dachte ich, und Bogdan, dem Irinas Übereifer nicht gefiel, sagte: »Vor allem müssen wir jetzt erst einmal Ihre Adresse wissen.«

»Ach ja, natürlich: Uliza Propotniza 12 bis 25, Block 56b.«

»Das ist ein Wohnkomplex«, stellte ich fest.

»Ein ganz kleiner, in der Nähe des Bahnhofs. Sehr leicht mit der Straßenbahn zu erreichen.«

»Habe ich nie gehört von diese Straße«, sagte Bogdan zu mir auf deutsch, »aber wenn du willst da unbedingt wohnen, mußt du.«

»Ich finde die Frau reizend.«

»Hoffentlich Wohnung auch reizend.«

Ich vereinbarte mit Irina Tag und Stunde meines Einzugs und gab ihr meine Telefonnummer in Plovdiv.

»Eine sehr hübsche Frau«, sagte ich, als sie gegangen war, »findest du nicht?«

»Habe schon gesehen hübschere«, murrte Bogdan und stand auf. »Müssen wir jetzt schnell fahren. Hat man gesagt, kommt wieder große Schnee. Gestern ist steckengeblieben ein Auto mit Mann, Frau und Kind. War Nacht und schrecklich kalt. Sind sie alle drei verrostet.«

»Ist ja merkwürdig ... ach so, du meinst erfroren!«

»Heißt erfroren?«

»Ja, aber verrostet geht auch. Die meisten Menschen setzen Rost an, besonders im Hirn. Das macht diese Welt so gefährlich.«

Es war kein gutes Reisewetter. Der Himmel lag grau auf den Dächern der Stadt und winzige Flöckchen fusselten aus ihm herab.

»Glaubst du, daß wir es bis nach Plovdiv schaffen?«

»Heide dä, Angelintsche, habe ich geschafft fünf Mal Sofia–Hamburg und wieder zurück. Soll ich nicht schaffen Sofia–Plovdiv? Hast du um halb zwei Rendezvous mit deine Evi, bin ich um halb zwei dort.«

Plovdiv

Evelina

Meine Nichte, Evelina, lernte ich kennen, als sie fünfzehn Jahre alt war. Sie kam mit ihrer Mutter, meiner Schwester Bettina, zu mir nach München. Es war für sie die erste Reise ins Ausland, für Bettina der erste Besuch in Deutschland, seit sie es hatte verlassen müssen. Man hatte ihr bis dahin, also zwanzig Jahre lang, die Ausreisegenehmigung in den Westen verweigert, denn sie galt als politisch unzuverlässig.

Der erste Aufenthalt im Goldenen Westen, in einem Land, in dem das Wirtschaftswunder blühte wie in keinem anderen und eine neue, mit der »späten Geburt« begnadete Generation herangewachsen war, sollte für Mutter und Tochter das glücklichste und gleichzeitig folgenschwerste Ereignis ihres Lebens werden.

Evelina war damals ein schön gewachsenes Mädchen mit einem entzückenden, schwarzäugigen Babygesicht und dem unnachahmlichen Charme, der Wärme und Impulsivität eines Naturkindes. Sie kam, nein, sie sprang mit der Vehemenz eines jungen Hundes vom Trittbrett des noch fahrenden Zuges in mein Leben, warf sich mir in die Arme und jubelte: »Tant Angeli, endlich bin ich bei dir!« Im selben Moment hatte ich sie lieb, ein Gefühl, das sich nur selten spontan bei mir einstellte, und mich bereicherte und wärmte. Mir war eine Nichte geschenkt worden, ein wildes, kleines Geschöpf in einem schäbigen Kleidchen, mit schlecht geschnittenen, schwarzen Locken, das sich mir hemmungslos zugewandt und mich damit erobert hatte.

Sie waren drei Monate geblieben und unter Tränen wieder abgefahren. Bei Evi war es ein leicht und heftig fließender Tränenstrom gewesen, der bei der ersten Ablenkung versiegen würde. Bei meiner Schwester jedoch waren es die brennenden, unterdrückten Tränen eines ganzen Lebens, eines Lebens, das ihr so wenig gegeben und so viel genommen hatte.

Zwei Jahre später hatten meine Schwester und ihre Tochter abermals die Ausreisegenehmigung erhalten. Evi war jetzt siebzehn Jahre und fast schon eine junge Frau. Sie hatte den Babyspeck verloren, war schlanker und sowohl zum Stolz als zur Besorgnis ihrer Mutter auffallend reizvoll geworden. Die Männer hatten sich nach ihr umgedreht, und sie hatte sie zutraulich angelächelt. In ihrem Wesen war sie unverändert: offenherzig, liebevoll und impulsiv, Eigenschaften, die Bettinas Besorgnis zum Teil rechtfertigten. Im Nu hatte sie eine Schar verliebter junger Männer um sich versammelt und sich eine Schicht Make-up ins Gesicht geschmiert. Meine Schwester war aus Angst und Ärger nicht mehr herausgekommen und weder Evis aufgebrachte Schwüre, daß alles ganz harmlos sei, noch meine Versicherungen, daß die Kleine trotz Lippenstift, Minirock und Übertreten festgelegter Heimkehrstunden ein verantwortungsvolles Mädchen sei, hatten sie beruhigen können. Von diesen sporadischen Verdrießlichkeiten abgesehen, verlief der Aufenthalt von Mutter und Tochter in derselben Glückseligkeit wie beim ersten Mal, der Abschied hatte jedoch eine neue, bedrohliche Note. Evi weinte, aber das smaragdgrüne, dekolletierte Kleid, das ich ihr zur Abiturfeier geschenkt hatte und in dem sie die Schönste des Abends sein würde, milderte ihren Schmerz. Bettina dafür lief aus dem Zimmer, schloß sich ins Bad ein und schluchzte herzzerbrechend. Als sie mit gedunsenem, aber gefaßtem Gesicht wieder auftauchte, sagte sie leise zu mir: »Angeli, ich halte es in Bulgarien nicht mehr aus. Du mußt mir helfen.«

Ein halbes Jahr nach ihrer Abreise erreichte mich in Jerusalem, wo ich mich gerade aufhielt, ein Telegramm meiner Schwester: »Bitte komm.« Ich flog nach Bulgarien. Eine Woche lang beratschlagten Bettina, Evi, André, den ich das letzte Mal als Zweijährigen gesehen hatte, und ich, wie man es anstellen könne, sie gemeinsam aus Bulgarien heraus und nach Deutschland zu bringen. Im Grunde unseres Herzens wußten wir alle vier, daß es keinen Weg gab und ein mit Geld gefüllter Safe leichter aus einem kommunistischen Land herauszuholen war als eine Mutter mit ihren Kindern. Ich flog unverrichteter Dinge, bedrückt nach München. Ein weiteres halbes Jahr später, im Frühjahr 1969, erhielt Bettina das dritte Mal die Ausreisegenehmigung. Ich wartete auf dem Bahnsteig. Der Zug fuhr ein. Der Zug hielt. Bettina stieg alleine aus, eine totenblasse, verzweifelte Frau von sechsundvierzig Jahren, die aus der Gefangenschaft eines verhaßten Landes und einer unglücklichen Ehe ausgebrochen war, um noch einmal in Freiheit leben zu können. Den Preis, den sie dafür zahlen mußte, die Trennung von ihren über alles geliebten Kindern, hat sie bis zum heutigen Tag nicht verwunden.

Sie hat sie vierzehn Jahre nicht wiedersehen dürfen und während dieser Zeit nichts unversucht gelassen, um sie Bulgarien auf legalem oder illegalem Weg zu entreißen. Diese Versuche sind den dortigen Behörden selbstverständlich nicht entgangen. Zusammen mit der Flucht der Mutter bewirkten sie, daß die Kinder nun auch noch auf die schwarze Liste kamen und von da an nicht einmal in einen Ostblockstaat reisen durften. Evelina und André, zur Zeit der Trennung achtzehn und zweiundzwanzig, haben ihr nie einen Vorwurf aus ihrer Flucht gemacht.

»Unsere Mutter hat sich achtzehn Jahre lang für uns abgequält«, sagten sie, »es war ihr gutes Recht, sich zu retten. Kein Mensch, der Bulgarien und das Leben, das sie dort ertragen mußte, kennt, würde wagen, sie zu verurteilen.« Ihre Liebe zur Mutter blieb ungebrochen, wuchs sogar mit den Jahren der Trennung. Der Riß, vielleicht eine Folge der Entfremdung, ein aus dem Kopf verdrängtes, aber im Herzen steckengebliebenes Ressentiment, das falsche Verhalten der Mutter, für die die zwei erwachsenen Menschen unmündige Kinder geblieben waren, wurde erst sichtbar, als sie sich wieder regelmäßig sehen konnten.

Evelina lebte mit ihrem Vater, einem Professor der Anatomie, und ihrem Bruder, der Medizin studierte, in einer Zweizimmerwohnung in Plovdiv, der Stadt, in der sie geboren und aufgewachsen war. Sie schlief in der Küche und begann, der Familientradition folgend, ebenfalls mit dem Medizinstudium. Darüber hinaus kochte sie die Mahlzeiten und putzte die Wohnung. Sie hatte viele Freunde und Verehrer, hin und wieder auch eine Liebesaffäre, die jedoch immer von kurzer Dauer waren. Sowohl sie wie ihr Bruder gaben die Hoffnung nicht auf, daß ihre Mutter doch noch eines Tages das Unmögliche erreichen und sie aus Bulgarien herausholen würde. Sie lebten ein Leben auf Abbruch, ein böser Zustand, der Evi in zunehmendem Maße verunsicherte und André sogar daran hinderte zu heiraten.

Er war das Gegenteil von seiner Schwester, ein zurückhaltender, beherrschter Mann, der sich mehr und mehr zum Misanthropen entwickelte, seinen Arztberuf eines Tages an den Nagel hängte und anfing zu malen. Die Beziehung der Geschwister zueinander war ungewöhnlich stark und von einer gemeinsamen Sehnsucht nach Mutter und Freiheit getragen. Evelina beendete ihr Studium und wurde, wie in den Ostblockstaaten üblich, auf zwei Pflichtjahre in einen kleinen Ort geschickt, wo sie die zweitausend Angestellten einer Papierfabrik ärztlich betreute. Es war am Ende dieser Zeit, daß sie Kyril kennenlernte, einen jungen, gutaussehenden Ingenieur, der mit seinen Eltern in Sofia lebte. Er stammte aus einer großbürgerlichen, ehemals wohlhabenden Familie, die etwas außerhalb Sofias ein Gut und viel Land besessen hatte. Land und Gut waren enteignet worden, aber einer der Ställe war ihnen geblieben und daraus hatten sie sich eine chaotische, aber gemütliche Behausung zusammengezimmert. Kyrils Vater war ein sanfter Mann, seine Mutter eine charmante, weltgewandte Dame und dominante, erbitterte Frau, die sich mit ihrem Schicksal nicht abfinden wollte und ihren Sohn in der Überzeugung erzog, daß das Leben in Bulgarien nicht lebenswert sei. Kyril verkümmerte emotional zu einer Art apathischem Froschkönig, in dem zwar ein wunderbarer Prinz steckte, der aber am Ausschlüpfen Jahr für Jahr gehindert wurde. Evelina, die weniger einen Mann als eine Mutter suchte, heiratete ihn und fand in ihrer »Schwiegi«, wie sie sie nannte, das, was sie gesucht hatte. Die Ehe allerdings zerbrach am kalten, trägen Blut des Froschkönigs, mit dem sich die temperamentvolle Evi ebensowenig abfinden konnte wie Schwiegi mit ihrem Schicksal als enteignete Gutsbesitzerin.

Da Bettina in der berechtigten Angst vor Strafmaßnahmen nicht wagte, nach Bulgarien zu reisen, besuchte ich hin und wieder ihre Kinder. Evi war nach Plovdiv zurückgekehrt, arbeitete als Ärztin bei der Ambulanz, rauchte Kette und hoffte immer noch auf ein Wunder. Ich hatte mich bemüht, sie davon abzubringen und mit dem Gedanken einer Zukunft in Bulgarien vertraut zu machen. Ich hatte versucht, ihr die rosa Brille, durch die sie den Westen im allgemeinen und Deutschland im besonderen sah, herunterzureißen, indem ich all das aufzählte, was faul daran war. Es war eine lange Liste, zu der sie Rubrik für Rubrik zustimmend mit dem Kopf nickte, um am Schluß zu sagen: »Angeli, das ist nichts im Vergleich zu dem, was man hier ertragen muß. Aber du lebst eben nicht hier. Kommst nur manchmal, bleibst ein paar Tage und kannst dann wieder wegfahren. Weißt du überhaupt, was das bedeutet: wegfahren können?« Was war dem entgegenzuhalten? Nichts! Also schwieg ich hilflos, beschämt und von ihr getröstet: »Sei nicht traurig. Wir leiden keine Not. Mama schickt uns ja so viel, du solltest mal meinen Schrank sehen! Und irgendwann ...« Nein, sie ließ sich den Traum nicht entreißen. Er war wie ein Rettungsring, an den sie sich klammerte, hoffend, daß ihm und ihr nicht die Luft ausging, bevor eine gute Strömung sie auf die Insel der Glückseligkeit gespült hatte. Sie war tapfer, sie klagte nicht, und in den Stunden, die wir zusammen verbrachten, war sie die alte Evi: ein liebevolles, impulsives Naturkind von unnachahmlichem Charme.

Als vierzehn Jahre vergangen waren, Bettina längst im Besitz eines deutschen Passes und außerdem in dem Alter, in dem sie für den bulgarischen Staat über Gut und Böse hinaus war, überzeugte ich sie davon, daß einer Reise nach Bulgarien nun nichts mehr im Wege stünde.

Sie fuhr hin, eine vom vergeblichen Kampf um ihre Kinder seelisch zerrüttete Frau, die zwischen Bangigkeit und Glück schwankte und es nicht fassen konnte, daß sie Sohn und Tochter in wenigen Stunden in den Armen halten, sie sehen, hören, fühlen, küssen durfte. Von da an fuhr sie jedes Jahr in das verhaßte Land, bastelte jedoch weiter an dem undurchführbaren Plan, André und Evelina zu befreien. So saßen die beiden weiterhin auf gepackten Koffern und warteten.

Es war Mitko, der dem ein Ende machte, die Pläne Bettinas durchkreuzte, die Träume Evelinas in den Hintergrund verbannte. Im Vordergrund stand er, und er nahm immer und überall die ganze Bildfläche ein. Mitko hatte den schönen Kopf eines Römers und den gewaltigen Umfang eines Walrosses, das mit federnden Schritten gehen und mit Grazie tanzen konnte. Seine Hände und Füße waren niedlich klein und seine Stimme, wenn er sie hob, wenn er lachte oder sang, ein Orkan.

Er war in Burgas am Schwarzen Meer geboren, hatte sein ganzes Leben dort verbracht und nicht das geringste Bedürfnis, es auch nur für einen Tag zu verlassen. Es war seine Stadt, in der er jeden kannte und jeder ihn kannte, mochte und schätzte. Mitko war ein in sich ruhender Mann mit einem großen Herzen und einer tiefen Lebensklugheit. Aggressionen und Ambitionen waren ihm fremd. Er verwaltete einen primitiven, aber schön gelegenen Campingplatz am Schwarzen Meer, den Feriengäste aus den Ostblockstaaten besuchten. Dort wohnte er während der Sommermonate in einer notdürftig eingerichteten Baracke mit kleiner Küche und Dusche. Er liebte diesen Platz, der ihm all das bot, was er sich vom Leben erwünschte: Natur, Freunde und Bekannte, die dort ein paar Tage oder Stunden verbrachten, einen großen Tisch vor der Baracke, an dem er sie und sich mit unheimlichen Mengen an Essen und Trinken bewirten konnte, Fische direkt aus dem Meer, die er, ein ausgezeichneter Koch, auf einem Grill briet,

Nächte unter dem Sternenhimmel, in denen der Rakia floß, die Zigaretten qualmten und man bis in die frühen Morgenstunden sprach, lachte, sang und sich des Lebens freute. Geld und Erfolg bedeuteten Mitko nichts, die schlichten Genüsse des Lebens alles.

Als Evelina ihm begegnete, war sie Mitte Dreißig, ein zerrissenes Menschenkind, das sich der Realität nicht mehr anpassen konnte und mit sich, ihrem Beruf, ihrem Dasein zutiefst unzufrieden war. Sie sehnte sich nach einem Halt, nach Schutz und Geborgenheit, nach einem Mann, der sie lieben, einem Freund, der sie verstehen, einem Menschen, dem sie vertrauen konnte. In Mitko fand sie all das in einer Person, und sie erkannte, daß dieses wunderbare Walroß mit dem schönen Römerkopf, dem großen Herzen und der Lebensweisheit ihre Wirklichkeit war und ihr Leben sein würde. Sie zog zu ihm nach Burgas, und innerhalb eines Jahres waren sie verheiratet. Es wurde eine gute, da vernünftig geführte Ehe, in der beide die Fehler und den Lebensstil des anderen akzeptierten. Am Ende des zweiten Ehejahres erfüllte sich Evis sehnlichster Wunsch. Sie wurde schwanger und brachte – ein weiterer sehnlicher Wunsch – einen Sohn zur Welt. Sie nannte ihn André nach ihrem Bruder.

Der kleine Andy, einziges spätgeborenes Kind seiner Mutter, einziger Neffe seines Onkels, einziger Enkel seiner Großmutter und einziger Sohn seines Vaters, der aus erster Ehe nur zwei Töchter hatte, wurde der Mittelpunkt und Lichtblick der Familie. Er entwickelte sich zu einem hübschen, intelligenten, lebhaften Haustyrannen, der mit der Inkonsequenz eines verliebten Elternpaares erzogen wurde.

»Was soll bloß aus dem begabten, klugen Jungen in diesem furchtbaren Land werden«, seufzte die nicht minder verliebte Großmutter, und spann neue Befreiungspläne.

Der Zusammenbruch des Kommunismus kam ihr zuvor. Bis er Bulgarien, das bockigste der Ostblockstaaten, erreicht hatte, dauerte es fast noch ein Jahr, aber dann war er da und mit ihm die Euphorie. Die Kinder, der Enkel waren frei, sie konnten Bulgarien jederzeit verlassen, sie konnten zur Mutter nach Deutschland kommen und dann – himmlischer Gedanke – vielleicht sogar dort bleiben. Oh, die Hoffnungen, die die »Wende« in Bewegung setzte, und die bittere Enttäuschung, mit denen sie versickerten.

Für André und Evelina, die, Jahrzehnte nur auf diesen Moment fixiert, nicht darüber hinaus gedacht hatten oder wenn doch, dann nur in der Verblendung, daß im Goldenen Westen alles leicht, gerecht und machbar sei, zerbrach jener Traum, den sie in der Gefangenschaft des Kommunismus unbeschadet hatten träumen können. Deutschland, inzwischen reich an Land, Ossis und Problemen, zeigte sich den einbrechenden »Horden aus dem Osten und der Dritten Welt« nicht gerade gastfreundlich. Milch und Honig flossen gewiß nicht für alle, und Arbeit und Unterkunft gab es nicht einmal genug für deutsche Bürger. André und Evelina waren beide dem Gesetz nach bulgarische Staatsangehörige, und darum war an eine Aufenthaltsgenehmigung und Arbeitsbewilligung gar nicht zu denken. Sie hatten kein Geld und als nicht spezialisierte Ärztin und autodidaktischer Maler keine hervorragenden, dem deutschen Staate nützlichen Fähigkeiten vorzuweisen. Beide über vierzig, gehörten sie zu der verlorenen, im Triebwerk der Politik zermalmten Generation.

Bei André, dem Misanthropen, der mit berechtigter Skepsis und einem an Hochmut grenzenden Stolz gewappnet war, kam die Ernüchterung schnell und radikal. Er lehnte von da an alles ab: den dekadenten Westen, das kalte Deutschland, seine geldgierigen, gefühlsarmen Bewohner, kurzfristig sogar seine Mutter, die ihren schmucken Einzimmer-Käfig auf Hochglanz polierte und ihr Vaterland mit Zähnen und Krallen gegen seine Angriffe verteidigte. Er kehrte, von seinem Traum geheilt, nach Plovdiv zurück und fand zum ersten Mal nach beinahe fünfzig Jahren Ruhe.

Für Evi war es ein langer und schmerzhafter Prozeß, denn sie war dank glücklicher Erinnerungen und dem Einfluß der Mutter tiefer mit diesem Land verbunden. Von neuem geriet sie in einen Zustand der Zerrissenheit, der sich mit ihren jährlichen Besuchen in München von Mal zu Mal verschärfte. Deutschland wurde für sie zur Tantalusqual. Der Weg dorthin hatte sich ihr geöffnet, das Land verschlossen.

Sie fühlte sich von dem Schmerz ihrer Mutter bedrängt, für die jeder neue Abschied von Tochter und Enkel ein psychischer Tod war, sie fühlte sich von dem Schweigen ihres Mannes bedrängt, der ihr klugerweise die Entscheidung nicht abnahm, sie fühlte sich von ihrem eigenen Gewissen bedrängt, das ihr sagte, sie dürfe Mitko nicht in ewiger Ungewißheit lassen und ihrer Mutter immer neue Hoffnung machen. Denn Bettina, die vierzehn Jahre um Sohn und Tochter gekämpft hatte, war bereit, den Kampf wieder aufzunehmen, und überzeugt, einen Weg zu finden, der Tochter und Enkel einen dauerhaften Aufenthalt in Deutschland ermöglichen würde. Für sie lag es in erster Linie an Evi, die sich eindeutig entschließen und ihr aktiv zur Seite stehen müßte. Aber Evi verharrte in passiver Unentschlossenheit, unfähig, Mitko zu verlassen und damit das Kind vom Vater zu trennen, unfähig, auf Deutschland zu verzichten und damit dem Kind die Möglichkeit einer besseren Zukunft zu nehmen. Der kleine Junge fuhr so gerne nach München zu seiner Omi, die ihn Andreas nannte, ausschließlich Deutsch mit ihm sprach und ihn auf preußische Art zu erziehen versuchte. Und sie, Evi, die bei einem freundlichen Orthopäden eine Schwarzarbeit als Praxishilfe gefunden hatte, die sie, wann immer sie kam, in Anspruch nehmen konnte, genoß ihr blitzblankes München, die Leckerbissen, von denen sie in Bulgarien träumte, die gepflegten Menschen, die schönen Läden und Cafés, die gelegentlichen Ausflüge in die bayrische Postkartenlandschaft.

Das einzige, was ihre Aufenthalte beschwerlich machte, waren die Wohnverhältnisse, denn zu dritt in einer Einzimmerwohnung zu leben führte unweigerlich zu heftigen Spannungen, und eine andere kostenlose Unterkunft für sie zu finden war jedesmal ein Problem. Aber Bettina, mit der ihr eigenen Beharrlichkeit, verstand auch das zu lösen. So fuhr Evelina rastlos und von ihrer eigenen Unentschlossenheit zerrüttet hin und her, gefährdete ihre Ehe, gefährdete den Geisteszustand ihrer Mutter.

Es war Andy, ihr Sohn, der die Entscheidung herbeiführte, denn er hatte das Alter erreicht, in dem er erstens eingeschult werden mußte und zweitens seinen Wünschen konkreten Ausdruck geben konnte. Er liebte seinen Vater und er brauchte ihn und dessen starke männliche Präsenz zweifellos mehr als die aufopfernde Fürsorge seiner zermürbten Großmutter. Die Entscheidung war gefallen. Evelina hatte, so wie ihr Bruder, Bulgarien gewählt und ihr Schicksal akzeptiert. Sie begann wieder als Ärztin in einem Sportzentrum zu arbeiten und in Burgas am Schwarzen Meer ihr Leben auf Dauer einzurichten. Ihre Besuche in München setzte sie fort, aber jetzt waren es nur noch Ferienreisen, bei denen ihr Sohn sein Deutsch auffrischte und sie bei dem freundlichen Orthopäden ihre Kasse.

Zuhause, das war jetzt ihr neunjähriger Sohn, ein guter Schüler und prächtiger, fröhlicher Junge, ihr Mann Mitko, der sie hielt, liebte und beschützte, ihr Bruder und ihre Freunde, die unbequeme Wohnung mit dem winzigen Duschraum und die Baracke am Schwarzen Meer; das war das kaputte Land, in dem sie geboren, aufgewachsen und über vierzig Jahre gefangengehalten worden war, und vielleicht war es auch der Geruch eines Gewürzes, das es nur in Bulgarien gab, der Anblick einer schönen Landschaft in den Rhodopen, der Klang eines Wortes oder Liedes, das ein stärkeres Heimatgefühl in ihr weckte als ein Einkaufsbummel durch die adrette Fußgängerzone in München.

»Wiedersehen im Trimontium«

Mein Neffe André hatte mir im Hotel Trimontium ein Zimmer reserviert. Es war das schönste Hotel in Plovdiv, ein breitbrüstiger, wuchtiger Bau von der unvermeidlichen Schmuddelfarbe, die zwischen lehmgelb und rostbraun schwankte. Eine Art Freitreppe führte zum Eingang empor, an dem ein Mann mit goldbetreßter Schirmmütze stand, einem die Tür öffnete und familiär lächelnd »Guten Tag« wünschte.

Die Halle, vermutlich für die Volksmassen entworfen, war immens und eine kuriose Mischung aus Jahrhundertwende-Eleganz und billiger, kommunistischer Pracht. Wulstige Sitzgelegenheiten standen hier und da herum und sorgten dafür, daß man sich nicht zu nahe kam. Auf der einen Seite führten mächtige Türen in Speise- und Festsäle, die gerade zum Neujahrsabend geschmückt wurden, auf der anderen sah man ein riesiges, grün beleuchtetes Aquarium, das sich bei näherer Betrachtung als Cocktail-Bar entpuppte.

Bogdans Voraussage, daß wir um halb zwei in Plovdiv sein würden, stimmte auf die Minute, aber Evelina, voller Erwartungsfreude, war schon da. Sie sprang aus einem der Sessel und lief mit der Behendigkeit eines junges Mädchens auf mich zu.

»Angeli, da bist du wirklich! Bogdan, auf dich kann man sich sogar in den Zeiten des Fallits verlassen!«

Sie küßte mich, sie küßte ihn, dann wieder mich. Sie lachte mit dem ganzen Gesicht, das mit den großen, glänzenden Augen, der kurzen, stumpfen Nase und dem vollippigen Mund immer noch kleinkindhafte Züge hatte und manchmal beim Lachen denselben Ausdruck wie beim Weinen. Bei Evi gab es zwischen Lachen und Weinen kaum eine Grenze, beides konnte nahtlos ineinander übergehen und mitunter war man sich im Zweifel, ob sie nun Tränen der Heiterkeit, der Freude oder des Schmerzes vergoß. Aber in diesem Fall war ihre Freude ebenso offensichtlich wie gleich darauf ihre mütterliche Besorgnis.

»Angeli, war es sehr anstrengend für dich? Bist du müde? Willst du dich gleich hinlegen?«

»Was soll denn so anstrengend für mich gewesen sein, Evi? Bogdan ist gefahren und meine einzige Beihilfe war, ihm die Zigaretten anzuzünden. Es waren mindestens dreißig.«

»Ääähhh, Angelintsche, übertreibst du. Hab ich noch zwei Zigaretten in Schachtel.«

»Bogdan ist noch schlimmer als ich«, sagte Evelina. »Er verzichtet sogar darauf, eine Frau zu küssen, nur weil er dann die Zigarette aus dem Mund nehmen muß.«

Bogdan lachte entzückt. Er liebte Evelina wie jeder, egal ob Mann, Frau oder Kind, Evelina liebte. Sie war ein Mensch, der Licht und Wärme ausstrahlte.

»Komm«, nahm sie jetzt die Organisation in die Hand, »zuerst gehen wir zum Empfang – da kenne ich alle – und sagen, daß du hier bist, und dann gehen wir schnell auf dein Zimmer, und ich schaue nach, ob alles in Ordnung ist. Bogdan, setz dich da in den Sessel und lies eine demokratische Zeitung. Wir sind gleich zurück.«

Sie zog eine Zeitung aus der Manteltasche und gab sie ihm, nahm meinen Arm und ging mit mir zur Rezeption.

»Grüß dich, Vera«, sagte sie zu einer älteren, dicklichen Frau, »Ah, Hanni, ...« zu einer zweiten, die hinter einem Computer saß, »du bist auch hier, grüß dich! Das ist meine Tante aus Jerusalem.«

Die beiden musterten mich, die exotische Tante aus Jerusalem, mit wohlwollendem Interesse.

»*Enchantée*«, sagte die eine, »sehr erfreut« die andere.

Dann begrüßten sie Evi mit einem Schwall an Fragen und Plovdiver Neuigkeiten.

»Wir kennen uns seit vierzig Jahren«, erklärte mir Evi, »sind zusammen zur Schule gegangen, hatten nur Quatsch im Kopf. Jetzt sind wir Matronen, und wenn wir überhaupt noch etwas im Kopf haben, dann sind es die Preise von Lebensmitteln und der Dollarkurs.«

Die beiden Frauen lachten, und Evi flüsterte mir zu: »War mal ein bildhübsches Mädchen, die Vera, läßt sich gehen wie alle bulgarischen Frauen, wenn sie nicht mehr jung sind ... ich ja auch.«

»Den Eindruck habe ich nicht«, sagte ich mit einem Blick auf ihre sehr adrette deutsche Ausstattung, die aus dunkelblauem, schmalgeschnittenen Mantel, blau-rot karierter Ballonmütze, weißem Schal und hellbraunen Stiefeln bestand.

»Für dich mach ich mich ja auch immer schön«, ließ sie mich wissen.

Wir fuhren in einem geräumigen, sauberen Fahrstuhl in die zweite Etage und gingen auf einem roten Läufer einen breiten, endlos langen Korridor hinunter.

»Sehr feudales Hotel«, bemerkte ich.

»Ja«, sagte sie, »das Trimontium war immer Andrés und meine Zuflucht. Hier hab ich mich ein bißchen wie in München gefühlt, und bin oft hingegangen, um nur so in der Halle zu sitzen. Meine Abiturfeier, zu der du mir das schöne grüne Kleid geschenkt hast, hat auch hier stattgefunden, und zur Plovdiver Messe war das Hotel voll mit Ausländern, hauptsächlich aus den Ostblockstaaten, aber auch ein paar aus dem Westen. Da hab ich mich die ganze Zeit hier rumgedreht, weil ich hoffte, irgendeine Verbindung zu finden, die uns helfen könnte ... na ja, du weißt schon, und so bin ich ja auch an Friedrich geraten ... warte mal, jetzt sind wir an deinem Zimmer vorbeigerannt.«

Sie machte kehrt und ging mir voran ein paar Türen zurück. Sie hatte einen geraden Rücken und einen aufrechten Gang, und der Mantel hatte hinten einen kleinen Gürtel mit einem goldenen Knopf.

»Wer war denn Friedrich?« rief ich hinter ihr her.

»Ein Fußballspieler aus Leipzig.«

»Ein Fußballspieler aus Leipzig?«

Sie war vor einer der Türen stehengeblieben und steckte den Schlüssel ins Schloß. Ich hörte sie lachen: »Hat der vielleicht einen Schreck bekommen!«

»Vor was?«

»Komm erst mal ins Zimmer«, sagte sie die Tür öffnend, »ich erzähl dir das gleich.«

Es war ein großes Zimmer von derselben Pseudo-Eleganz wie

die Halle. Rot war auch hier die vorherrschende Farbe: rote Polster, schwere rote Vorhänge, viel Rot in dem unechten Perser auf dem Parkett. Ich fragte mich, ob die Vorliebe für Rot den Bulgaren angeboren oder vom Kommunismus diktiert worden war.

»Schönes Zimmer«, sagte ich, »gibt's gar nichts dran auzusetzen.«

»Werden wir gleich sehen«, warnte Evi und begann mit der Inspektion.

»Also, wie war das mit dem Leipziger Fußballspieler?« fragte ich. »Warum hat er so einen Schreck bekommen?«

»Weil ich ihn heiraten wollte, um aus Bulgarien rauszukommen ... nein, ich war auch ein bißchen verliebt, er sah ja gut aus und war sehr nett, aber vor allem hab ich geglaubt, von Leipzig kommt man leichter nach München als von Burgas ...«

Sie zeigte mit strengem Gesicht auf die Heizung: »Die ist kaum warm, mal sehen, ob das Wasser heiß ist.«

Sie lief ins Bad und ich folgte ihr. Mit dem Badezimmer hatte man sich keine Mühe gegeben, es täuschte weder Eleganz noch Hygiene vor. Der gesprenkelte Steinfußboden hatte Risse und Löcher und die Wanne mehr schwarze Flecken als weiße Emaille. Das Wasser war natürlich kalt.

»Macht nichts, Evi«, beruhigte ich sie, »vielleicht wird's um ein Uhr nachts heiß.«

»Du kannst ja bei André duschen«, sagte sie, »komm, ich brauch jetzt dringend eine Zigarette.«

Wir setzten uns in die roten Sessel an den kleinen, runden Tisch und zündeten Zigaretten an.

»Und wie ist die Geschichte mit dem Fußballspieler ausgegangen?« wollte ich wissen.

»Du, als dem klar wurde, was ich vorhatte, da ist er mir praktisch aus dem Bett gesprungen und ...«, sie krümmte sich vor Lachen, »... weggerannt. Ich hab nie wieder was von ihm gehört.«

»Ein Glück, daß er weggerannt ist, ihr hättet beide in Teufels Küche geraten können.«

»Ja, ich weiß«, sagte sie von Gelächter auf intensiven Ernst umschwenkend, »ich war schrecklich naiv damals und eben besessen von dem Gedanken, nach Deutschland zu kommen.«

»Und jetzt?« fragte ich und fürchtete mich ein wenig vor ihrer Antwort. »Bist du jetzt ganz darüber hinweg?«

»Schau, Angeli, ganz darüber hinweg werde ich nie sein, dafür habe ich zu lange davon geträumt und darauf gehofft. Medizinisch gesprochen: Wenn du mal eine schwere Gelbsucht hattest, regeneriert sich die Leber auch nie mehr ganz. Natürlich denke ich manchmal daran und male mir aus, was alles aus mir hätte werden, was ich hätte erleben können, wenn ich jung genug nach drüben gekommen wäre. Und natürlich habe ich in Zeiten, in denen es hier besonders schlimm ist und ich darüber deprimiert bin, Sehnsucht nach dem Leben in Deutschland. Aber ich bin wirklich vernünftig geworden und geb mich keinen Illusionen mehr hin. Ich weiß, daß es vorbei ist, endgültig vorbei. Der Zug ist abgefahren, und ich war nicht drauf.«

Sie erhob sich, ging zum Spiegel, rückte sich ihre Mütze zurecht, strich eine Locke zurück, zupfte am Schal.

»Brauchst mich nicht so ängstlich anzusehen, Motektsche«, sagte sie meinen Blick im Spiegel auffangend. »Es geht mir besser als seit vielen, vielen Jahren. Irgendwie bin ich stolz, daß ich es doch noch geschafft habe, einen geraden Weg zu finden, und nicht mehr auf Schliche und Tricks, auf Bitten und Betteln angewiesen bin, auf diesen ganzen elenden Zirkus, den man erfolglos aufführt, um aus einem Land rauszukommen und im anderen bleiben zu dürfen. Verstehst du, was ich meine?«

»Und ob!« sagte ich. »Habe ja oft genug mitgespielt in diesem elenden Zirkus.«

Sie wandte sich mir zu, ein strahlendes Lächeln im Gesicht: »Angeli«, rief sie, »ich bin so glücklich, daß du hier bist und wir zehn ganze Tage vor uns haben!«

Tischgespräche

»Das bulgarische Volk stinkt vor Dummheit«, sagte André und hämmerte mit seinen langen, schmalen Fingern einen schnellen Trommelwirbel auf die Tischkante.

André war ein mit Ungeduld und Groll geladener Mann, Eigenschaften, die in plötzlichen Bewegungen oder Schimpfworten zum Ausdruck kamen. Zwar behauptete er von sich, gelassen, wenn nicht gar abgeklärt zu sein, aber mich konnte er nicht täuschen.

»Du hast die schönen Hände deines Vaters«, sagte ich. »Zeig mal her.«

Er lachte und strich mir über das Haar.

»Und wenn du lachst, hast du das Gesicht deiner Mutter. Dieselben kleinen, zierlichen Züge, die beim Lachen ganz dicht zusammenrutschen.«

»Und was habe ich von dir?«

»Die Magerkeit, die Ungeduld und den absolut berechtigten Groll auf die Menschheit. Aber um eins klarzustellen: jedes Volk stinkt vor Dummheit.«

»Das bulgarische Volk ist an Gestank nicht zu übertreffen«, beharrte er.

»Das würde ich nicht behaupten. Seit dem Mord an Rabin steht das israelische Volk an der Spitze.«

»Motek«, protestierte Evi und versuchte, ihrem Sohn den arabischen Dolch, den ich ihm mitgebracht hatte, zu entwinden. »Wie kannst du so was sagen! Die Juden sind doch die klügsten Menschen auf der Welt.«

»Ah ja? Na gut. Aber ich spreche hier gar nicht von den Juden in aller Welt, sondern von den Israelis in ihrem Staat und da wiederum von deren Politik.«

»Laß mir doch den Dolch, Mama«, schrie der Junge mit dem Gesicht eines erbosten kleinen Raubtiers, »ich bin kein Kind mehr.«

»Laß ihm doch den Dolch, Evi«, schaltete ich mich ein, »du siehst doch, daß er kein Kind mehr ist.«

Evi kicherte und ließ ihm den Dolch.

»Er ist wirklich nicht mehr wiederzuerkennen«, sagte ich leise zu ihr, »ein Kind, das bei *eurer* Erziehung so gut geraten ist, muß einen hohen Intelligenzquotienten haben.« Und laut: »Obgleich er Bulgare ist.«

»Er ist kein reinrassiger Bulgare«, erklärte Evi. »Er ist ein Viertel Deutscher und ein Viertel Jude.«

»Die Fahne hoch ...«, grinste André, und Evi rief ärgerlich: »Hör doch auf mit diesem Quatsch!«

»War ja nur eine naheliegende Assoziation, Evitschka, reg dich nicht auf. Also, wo waren wir stehengeblieben, bevor das mit dem Dolch anfing?«

»Bei der stinkenden Dummheit«, sagte Mitko mit seinem schönen Baß und der ihm eigenen wahrhaftigen Gelassenheit.

»Genau! Und die hat uns Idioten hundert Jahre zurückgeworfen.«

Wieder trommelte er ein kurzes Staccato auf die Tischkante.

»Das ist richtig«, bestätigte Mitko, »und das ist das Schlimme. Hier wie da, in Israel, hätten sie die Möglichkeit gehabt, vorwärts zu gehen und unter Umständen etwas Neues, Besseres zu erreichen. Und was passiert? Sie gehen zurück und fangen wieder an demselben aussichtslosen Punkt an. Es sind kranke Völker.«

Er nahm eine Hühnerkeule von einem Teller und biß hinein. Was immer er tat, tat er mit Bedacht und Vergnügen, egal, ob es das Essen einer Hühnerkeule war oder das Anspitzen eines Bleistifts.

Ich sah ihm gerne zu, denn etwas von seiner Ruhe und inneren Zufriedenheit ging dabei auch auf mich über.

»Sprechen wir nicht mehr von der Politik«, sagte ich, »die dreht mir den Magen um. Erzählt mir ein paar bulgarische Geschichten.«

»Die drehen einem auch den Magen um«, sagte André.

»Was für Geschichten meinst du denn?« fragte Evi.

»Na ja, solche die jetzt hier passieren. Die mit den privaten Banken, die alle pleite gemacht haben, würde mich zum Beispiel interessieren.«

»Also, das war so«, begann Evi zu erklären, »plötzlich sind die Privatbanken wie Pilze aus dem Boden geschossen und haben den Leuten verrückt hohe Zinsen angeboten, 60 Prozent und noch mehr ...«

»Woher hatten die Banken denn ihr Anfangskapital?«

»Von der kommunistischen Mafia natürlich«, sagte André.

»Und dann sind die Leute in Massen hingerannt«, fuhr Evi fort, »und haben ihr bißchen Erspartes dort abgeliefert. Das war das letzte, was sie davon gesehen haben, denn bevor sie die ersten Zinsen einkassieren konnten, ist die Bank geplatzt.«

»Schreckliche Geschichte«, sagte ich.

»Ja, schrecklich«, stimmte André mir zu, »aber sie beweist mal wieder, was ich eben gesagt habe: Das bulgarische Volk stinkt vor Dummheit. Wie kann man dieser Verbrecherbande trauen? Um 14 Milliarden Dollar haben sie das Volk schon beklaut. 14 Milliarden Dollar wurden von den Schweinehunden auf diese oder jene Weise aus dem Land befördert. Jeder weiß das, und da werfen diese Schwachsinnigen ihnen auch noch ihre letzten Ersparnisse ins Maul!«

Er pfiff ein paar Takte durch die Zähne, stand auf und leerte den übervollen Aschenbecher in den Mülleimer.

»Ich hab aber auch eine komische Geschichte für dich«, triumphierte Evi, »hör mal: Ein anständiges Begräbnis kostet in Bulgarien zwischen 60 und 80.000 Leva und das können natürlich nur die wenigsten zahlen. Also hat ein Begräbnisinstitut in einer Zeitungsannonce mitgeteilt, daß ein Kunde, der eigenhändig seinen Sarg zimmert und sein Grab aushebt, eine große Ermäßigung bekommt. Nun stell dir vor: Da fürchtet so ein armer Kerl bald abzukratzen, und dann fängt er oder irgendeiner aus der Familie an, Holz zu sägen, Maß zu nehmen, einen Sarg zu bauen und ein

Grab ...« Sie konnte vor Lachen nicht weitersprechen, und wir stimmten in das Gelächter ein.

»Ich weiß auch eine komische Geschichte«, sagte Mitko, nachdem wir uns wieder beruhigt hatten, »Andy, gib mir doch bitte mal einen Zahnstocher ...«

»Omi sagt, sich in den Zähnen zu stochern ist nicht fein.«

»André!« donnerte sein Vater, und das genügte. Der Junge brachte ihm eilig den Zahnstocher, und Mitko fuhr fort: »Also, neulich hat man drei Zigeuner geschnappt. Die hatten eine uralte, 220 Kilo schwere Kanone, mit der die Bulgaren die Türken beschossen haben, geklaut. Ich weiß nicht mehr, wo sie stand, aber auf jeden Fall in Sofia. Sie haben sie durch die Straßen gezerrt und geschoben und die Leute haben ihnen nachgestarrt und geglaubt, die Zigeuner, die ja die am schwersten Betroffenen in diesem Winter sind und massenweise an Hunger und Kälte sterben, machen einen Aufstand. Ein paar Lorbeerkränze hatten sie übrigens auch noch in einem Sack dabei und jetzt hat man alle Büsten aus dem Borisowa Gradina entfernt, damit die nicht auch noch verschwinden.«

»Apropos Aufstand«, sagte André, »habt ihr das auch in der Zeitung gelesen. In dem größten Irrenhaus in Sofia ist eine Revolution ausgebrochen, weil man keine Beruhigungsmittel mehr kaufen konnte, um die Verrückten ruhigzustellen. Die haben die Anstalt angezündet, und das ganze Haus ist vollständig ausgebrannt.«

»Und die Verrückten sind auch verbrannt?« wollte Andy aufgeregt wissen.

»Nein«, sagte Evi, »die hat man gerettet.«

»Und die Kanone? Wo hat man die hingebracht?«

»Im Irrenhaus gab es keine Kanone!«

»Ich meine doch die Kanone, die von den Zigeunern geklaut worden ist.«

»Ach die, mein Seelchen«, sagte Mitko, »die hat man vielleicht in das Mausoleum unseres kommunistischen Volkshelden, Dimiter Dimitrov, gestellt. Seit der Wende ist der ja auch verschwunden und seither steht das hübsche weiße Häuschen auf dem großen Platz in Sofia leer.«

»Haben die Zigeuner den auch geklaut?«

Mutter, Vater und Onkel schüttelten sich vor Lachen, und der Junge schrie zornig: »Sagt doch!«

»Nein, den haben sie bestimmt nicht geklaut«, brachte André schließlich hervor und zog seinen Neffen auf die Knie: »Für den hätten die keinen Lev bekommen, er war nämlich nicht aus Bronze oder Eisen, sondern nur aus Haut und Knochen. Nicht mal ein Hund hätte den angerührt ...«

»Doch, Hunde fressen Knochen«, unterbrach ihn der Kleine, »ich hab's gesehen, unten an der Mülltonne.«

»An der habe ich neulich auch was gesehen«, sagte André, »und zwar eine meiner früheren Lehrerinnen, eine alte Dame, die im Abfall wühlte. Es war elf Uhr nachts, und ich bin gerannt, damit sie mich nicht sieht und sich zu Tode schämt.« Er griff nach seinem Glas und trank einen großen Schluck: »So was geht einem an die Nieren«, murmelte er, »ich konnte nicht einschlafen.«

»Mein Freund, Slavko«, berichtete Andy, »hat gesagt, daß um die Mülltonnen ein Krieg zwischen Menschen und Hunden ausgebrochen ist. Und jetzt gibt es nur zwei Möglichkeiten: Entweder wir fressen die Hunde oder die Hunde fressen uns.«

»Du mußt jetzt ins Bett, Andy«, befahl Evi mit rauher Stimme. Ihre schwarzen Augen waren kurz vor dem Überlaufen.

»Nein, ich will noch nicht ...«

»Komm, Andy«, sagte ich, »wir schauen mal, was es im Fernsehen gibt. Aber du mußt mir den Apparat anmachen, ich bin zu dumm dazu.«

»Au ja«, rief der Junge und lief mir ins Nebenzimmer voran.

Es war Andrés Zimmer, ein hübscher Raum mit vielen selbstgemalten Bildern an den Wänden, Bücherregalen, einer dezent gemusterten Bettcouch und einem hellgrauen Spannteppich auf dem Boden. Die ganze Wohnung war in denselben dezenten Farbtönen gehalten und blitzblank. André, der fünfzigjährige Junggeselle, hatte nicht nur die zierlichen Gesichtszüge und die Disziplin seiner Mutter geerbt, sondern auch deren Ordnungs- und Sauberkeitstick.

Auf dem Regal über der Bettcouch stand eine große Fotografie von Mizo, Andrés und Evelinas Vater. Er hatte seit Bettinas Flucht erst mit beiden Kindern, dann nur mit seinem Sohn zusammengelebt und war neunzig Jahre alt geworden. Die Beziehung zwischen Kindern und Vater, einem starrköpfigen, egozentrischen Mann, der seiner Frau nie verziehen hatte, war problematisch gewesen, und für André in den letzten Jahren eine Qual. Dennoch war es ihnen nie in den Sinn gekommen, den Vater in ein Altersheim abzuschieben oder ihn, in den Tagen, in denen sich sein Sterben ankündigte, in ein Krankenhaus zu bringen. Sohn und Tochter hatten ihn gepflegt und waren bis zum letzten Atemzug nicht von seinem Bett gewichen. Er war ein Jahr zuvor gestorben.

Ich betrachtete das Foto eines etwa fünfunddreißigjährigen, sonnengebräunten Mannes, in offenem weißen Hemd, eine Zigarette zwischen den schönen Fingern. Ja, so hatte er ausgesehen, als ich noch ein Kind und heftig in ihn verliebt gewesen war: ein auffallend gutaussehender Mann mit einem schön gewölbten Hinterkopf und den klassischen Gesichtszügen eines Griechen der Antike. Seine Eltern waren aus Mazedonien gekommen und Mizo noch dort, in einer kleinen Stadt namens Kukusch, geboren worden.

»Das ist Dedo – Großvater Mizo«, belehrte mich Andy mit einem Blick über die Schulter. »Er war ein Professor.«

»Ich weiß«, sagte ich. »Ich habe ihn schon gekannt, als ich so alt war wie du.«

»Wirklich«, fragte der Junge wieder auf den Fernsehschirm starrend, »war er damals noch mit Omi verheiratet?«

»Nein, damals war er noch nicht mit Omi verheiratet.«

»Das muß aber lange her sein! Bist du dann noch älter als die Omi?«

»Nein, ich bin ein paar Jahre jünger.«

»Ach so«, sagte er desinteressiert, denn alt war alt, und seine Vergangenheit zählte erst neun Jahre.

Ich setzte mich neben ihn. Auf dem Fernsehschirm herrschte abwechselnd fröhliche, dann wieder besinnliche Silvesterstimmung. Herausgeputzte hübsche Kinder sangen und tanzten, auch eine Frau in gerüschtem, grünen Gewand und ein Mann im Smoking, beide über die Blüte ihrer Jugend, nicht aber die Frische ihrer Herzen hinaus, gaben ein paar der üblichen alten Schlager und Operettenlieder zum besten. Dazwischen wurden bekannte Politiker nach ihren Neujahrswünschen für das bulgarische Volk befragt: Friede, sagten sie, Hoffnung, sagten sie, Sicherheit, sagten sie, Mut, sagten sie, Einigkeit, sagten sie, eine gute Zukunft für unsere Kinder, sagten sie.

»Scheiße«, sagte ich.

»Warum sagst du Scheiße?« fragte Andy.

»Weil ich das schon hunderttausendmal von ähnlichen Kackern in der ganzen Welt gehört habe«, sagte ich, »hinterlassen den Kindern einen Misthaufen und wünschen ihnen eine gute Zukunft.«

»Das sind die Scheißkommunisten«, sagte Andy.

»Es gibt auch Scheißdemokraten«, sagte ich.

»Wirklich?« fragte Andy.

»Kannst dich drauf verlassen«, sagte ich.

»Glaube ich nicht«, sagte Andy.

»Wer's nicht glaubt, wird selig«, sagte ich.

Jetzt trat der Archimandrit ins Bild, ein edel aussehender Mann in eindrucksvoller Kostümierung. Huldvoll sprach er ein paar passende Wort: Die Bulgaren müßten sich auf ihr wertvolles nationales und religiöses Erbe besinnen. Jede bulgarische Familie und ihr Heim müsse eine kleine Kirche werden, in der Frieden, Freude und Demut herrschten.

»Ist der auch ein Kacker?« fragte Andy.

»Kann man wohl flüstern«, sagte ich, »müßten alle zusammen eine Rente von fünfeinhalb Dollar kriegen und nachts in den Mülltonnen wühlen.«

»Au ja, und dann würden die Hunde sie fressen«, rief Andy, sprang auf und hüpfte im Zimmer herum. »Ich finde das Programm langweilig, du auch?«

»Ja«, sagte ich.

»Wie alt bist du denn, wenn du jünger bist als die Omi?« fragte Andy.

»Ich bin siebenmal so alt wie du«, sagte ich.

»Oiiii«, sagte er.

»Oiii ist das richtige Wort«, sagte ich, »aber jetzt tu deiner Mama den Gefallen und geh ins Bett.«

»Scheißbett«, sagte er, »soll ich dir mal ein Lied vorsingen?«

»Gute Idee«, sagte ich.

Er stellte sich in Positur und sang: »*Vor der Kaserne, vor dem großen Tor/stand eine Laterne, und steht sie noch davor* ... Kennst du das Lied?«

»Ja, als ich so alt war wie du, habe ich es jeden Abend im Radio gehört.«

»Als du siebenmal so jung warst wie jetzt?« fragte er.

Ich nickte.

»Und du kannst dich immer noch daran erinnern?« fragte er.

Ich nickte wieder.

»Oiii!« sagte er und sang: »*Und ahaalle Leute solln es sehn, wenn wir bei der Laterne stehn wie einst, Lili Marleeeen, wie einst, Lili Marleen* ...«

»Trinkt und vergeßt«

Plovdiv, das einstmals Philippopolis hieß, ist eine Stadt, die in der Geschichte eine Rolle spielt. Sie wurde 342/1 v. Chr. von König Philipp von Makedonien erobert und war Hauptstadt der römischen Provinz Thrakien. Sie hat schöne, alte Kirchen zu bieten, Ausgrabungen aus der römischen Zeit und eine Altstadt, die an

Charme und Romantik anderen Altstädten Europas nicht nachsteht. Viele der jahrhundertealten Häuser sind vor dem Zerfall bewahrt worden, die meisten sind bewohnt, und einige hat man in Restaurants umgewandelt. In einem solchen feierten wir die Silvesternacht.

Es war ein Restaurant, dem man den *Fallit*, in dem der Staat, und das Elend, in dem die Bevölkerung steckte, beileibe nicht ansah. Im Westen wäre es nichts Ungewöhnliches gewesen, in Bulgarien erschütterte es einen. Es war von unaufdringlicher, dem rustikalen Charakter des Hauses angepaßter Eleganz und bestand aus drei mittelgroßen, ineinander übergehenden Räumen mit schön gedeckten Tischen und einer sparsamen Volkstümlichkeit, die hier und da in einem bunt bestickten Wandbehang, einer geschnitzten Truhe zum Vorschein kam und an Zeiten erinnerte, in denen der einfachste Gegenstand noch mit Liebe, Geduld und einem Sinn für Schönheit hergestellt worden war.

»Muß ja ein Vermögen kosten«, sagte ich, mich an den langen Tisch zwischen Evi und André setzend, »war das denn nötig?«

»Theodor, unser armenischer Freund, der in Amerika lebt, hat uns alle eingeladen«, erklärte Evi. »Er wollte es unbedingt und wäre verletzt gewesen, wenn wir es abgelehnt hätten. Keiner von uns hätte auch nur ein einziges Neujahrsmenü bezahlen können, aber er hat ein Fotolabor in New York und sehr viel Geld. Das ist er, da am Ende des Tisches.«

Ich schaute zu einem zierlichen, gutgekleideten Mann hinüber, der durch ein feines lebhaftes Gesicht auffiel.

»Er hat sich jetzt in Plovdiv eine Wohnung gekauft«, fuhr Evi fort, »will vorzeitig aufhören zu arbeiten und hierher zurückkommen. Es fehlt ihm an nichts in Amerika, aber er sagt, daß er Sehnsucht nach seinen Freunden und Heimweh nach Bulgarien hat. Ein Verrückter!«

»Wann und wie ist er denn aus Bulgarien herausgekommen?« fragte ich.

»1968, schwarz über die jugoslawische Grenze nach Italien und von dort nach Amerika. Er ist mit seiner Freundin, die jetzt seine Frau ist, und noch zwei Freunden geflohen und wollte, daß André auch mitkommt. Aber der hat Schiß gehabt.«

»Du plapperst mal wieder«, sagte André und drehte ein langstieliges Glas in den Fingern. »Ich hatte keinen Schiß, ich hatte ein Gewissen. Hätte ich dich und Vater hier vielleicht allein lassen und den Kommunisten ausliefern sollen? Erst die Mutter weg, dann auch noch der Sohn. Was meinst du, was die mit euch gemacht hätten!«

»Wärst du gerne mitgegangen?« fragte ich.

»Ich hab damals nicht darüber nachgedacht, aber nachdem ich jetzt einmal in Amerika war, weiß ich, daß ich es dort nicht ausgehalten hätte: Keep smiling ... be happy ... make money. Und jedes zweite Wort: Fuck you. Was ist das für eine Lebenseinstellung! Ich glaube, die sind alle krank.«

Evi prustete vor Lachen und gab ihrem Sohn, der neben ihr saß und nach einem Stück Brot greifen wollte, einen Klaps auf die Hand: »Du wartest, bis die Erwachsenen anfangen zu essen!« sagte sie streng.

»Spiel doch nicht Omi«, protestierte der Junge. »Ich hab Hunger.«

»Evi«, rief Mitko, der als Oberhaupt am Kopfende des Tisches saß. »Du hast doch nicht etwa das Plastiktütchen vergessen?« Er trug über einem weißen Hemd mit Krawatte einen dunkelblauen Blazer und sah trotz seines Walroß-Umfangs auffallend gut und elegant aus. Evi langte unter den Tisch, zog eine Plastiktüte hervor, lief damit zu Mitko und schob sie dort wieder unter den Tisch.

»Was war denn das?« fragte ich, als sie sich wieder neben mich gesetzt hatte.

»Rakia«, gab sie zur Antwort, »Mitko traut dem Schnaps hier nicht und mit Recht. Außerdem gibt es zum Menü nur ein Glas davon, und er trinkt mindestens zehn.«

»Zehn von dieser Größe?« fragte ich und hob das große Wasserglas, das bis zur Hälfte mit Rakia gefüllt war. »Na, dann mal Prost.« Das war der Auftakt. Jeder griff jetzt nach seinem Glas, stieß rechts, links und quer über den Tisch miteinander an und rief: »Nastravje, tschistito nowa godina!« – Glückwünsche zum neuen Jahr.

Die Kellner brachten jedem von uns einen Teller mit Vorspeisen, die aus etwas Auberginenmus, Gemüsesalat, zwei sauren Fischchen, zwei Scheiben hartem Ei und einer halben Tomate mit einem Klacks Weißkäse darauf bestanden.

»Das mag ich nicht«, sagte Andy, »ich möchte Lukankitschka und Schinken.«

»Du ißt, was auf dem Teller ist«, befahl Evi und dann zu mir: »Jetzt erklär ich dir mal, wer hier alles am Tisch sitzt: Also, Christo und Maria, dir gegenüber, kennst du ja schon vom letzten Mal.«

»Ja«, sagte ich, »sie ist die Armenierin, die mit ihrer alten, fetten Mutter und ihrer multiple-sklerose-kranken Schwester zusammenlebt. Und er ist seit Ewigkeiten ihr Freund und der Manager eines Hotels in den Rhodopen.«

»War er«, sagte Evi, »ist er aber nicht mehr. Man hat das Hotel privatisiert und einen neuen Manager eingestellt. Seither ist Christo arbeitslos und muß von der Sozialhilfe leben. Er bekommt ein halbes Jahr lang fünfzig Leva im Monat.«

»Das ist doch wohl ein Witz«, sagte ich, »für fünfzig Leva kann er sich doch nicht mal ein Brot kaufen.«

»Nein, nur ein halbes. Also muß Maria jetzt auch noch für Christo sorgen, und ihre Mutter wird immer älter und fetter, und ihre Schwester kann sich überhaupt nicht mehr bewegen. Sie braucht vier Pampers am Tag und das Paket kostet tausend Leva. Allein schon für Pampers muß sie tausend Leva am Tag verdienen.«

»Und wie macht sie das?«

»André hat ihr das Malen beigebracht, und jetzt malt sie Bilder und verkauft die auch ganz gut. Außerdem baut sie andauernd alte Wohnungen aus und um und vermietet die dann. Wir nennen sie die ›eiserne Lady‹, denn ein normaler Mensch könnte das ja alles gar nicht schaffen.«

Die »eiserne Lady« hatte bis auf die wuchtige Nase ein stilles Madonnengesicht, mit übergroßen dunklen Augen und einem herzförmigen Mündchen. Ihr Freund dagegen, ein schmaler Mann mit den Bewegungen eines flatternden Vogels, hatte alles andere als ein stilles Gesicht und das, erinnerte ich mich, nicht erst, seit er von fünfzig Leva im Monat leben sollte. Er war ein hektischer, angespannter Typ, in dessen Augen es ständig wetterleuchtete, um dessen Mund es ständig zuckte, ohne daß es jemals zu einem Lachen kam.

Evi stocherte auf ihrem Teller herum: »Schmeckt scheußlich«, sagte sie zu mir, »iß das nicht.«

»Aber ich muß es essen«, beschwerte sich Andy.

»Nein, mußt du nicht«, entschied sein Onkel.

»Also weiter«, sagte ich, »wer ist der schöne Mann auf der anderen Seite von Maria?«

»Den findest du schön!« fragte André indigniert. Er zog ein saures Gesicht, das entweder auf das Fischchen, auf das er gerade biß, oder auf meinen Geschmack zurückgeführt werden mußte.

»Er hat sehr hübsche graue Augen«, verteidigte ich mich, »und einen schönen Mund ...«

»Und eine schöne Geschichte«, unterbrach mich Evi, »die wird dir gefallen. Paß auf: Er war fünfeinhalb Jahre in Frankfurt, hatte einen guten Job und war mit einer Deutschen verheiratet. Sie war eigentlich hübsch, aber eben sehr deutsch. Sex fand einmal die Woche am Samstag statt, Besuch bei den Schwiegereltern zum Mittagessen am Sonntag. Einmal in der Woche mußte er mit ihr zusammen Schaufenster ansehen gehen, einmal im Monat sie irgendwohin ausführen. In der Wohnung stand alles auf den Zentimeter genau an einem bestimmten Platz und Wäsche und Kleidungsstücke wurden im Schrank nach Farben sortiert. Wehe, eine seiner blauen Unterhosen lag mal auf einer grünen, oder ein Aschenbecher stand anstatt auf dem Kaffeetisch auf dem Eßtisch!

Viktor, so heißt er, ist immer trübsinniger geworden, und eines Tages war er auch noch impotent. Da hat er einen solchen Schreck bekommen, daß er auf der Stelle seine Koffer gepackt hat und sechs Monate, bevor er seinen deutschen Paß bekommen hätte, nach Bulgarien zurückgefahren ist.«

Sie hielt sich die Serviette vors Gesicht und lachte schluchzend hinein.

»Ist er jetzt wieder potent?« fragte ich besorgt.

»Hat längst eine neue bulgarische Freundin und schmeißt bei der seine Unterhosen rum«, sagte André.

»Und einen neuen Job hat er auch?«

»Verkauft an die Mafiosos Antiquitäten, die er aus Deutschland mitgebracht hat.«

»Hätte er nicht noch sechs Monate durchhalten können?«

»Äch, Angeli, was ist für einen bulgarischen Mann wichtiger: seine Potenz oder ein deutscher Paß?«

Evi tupfte sich die Tränen vom Gesicht, und ich fragte: »Ist die Frau neben ihm die neue Freundin?«

»Nein«, sagte sie, »er ist alleine gekommen. Das muß die Freundin vom Glupaktsche – dem Dummköpfchen – sein, der auf ihrer anderen Seite sitzt. Sie kenne ich nicht, aber sie sieht doof aus und paßt darum gut zu ihm.«

»Aber er ist doch ein ansehnlicher Mann«, wandte ich ein, »etwas ungehobelt, aber hübsch. Und breite Schultern hat er.«

»Ich glaube, dir bekommt das Essen nicht«, sagte André, »gleich wirst du noch behaupten, ich sähe aus wie Gregory Peck in seinen besten Jahren.«

»Männer haben keinen Blick für andere Männer«, bemerkte Evi, »du hast ganz recht, er sieht nett aus und ist auch nett, nur eben ein Glupaktsche. War in den fünfunddreißig Jahren, die wir ihn jetzt kennen, auch nie was anderes.«

»Was ist er denn von Beruf?«

»Schwer zu sagen. Als wir frei wurden, ist er nach Amerika gefahren, aber da hat er's auch nicht weiter gebracht als bis zum

Anstreicher. Nach zwei Jahren ist er mit zweitausend Dollar nach Plovdiv zurückgekommen und davon lebt er jetzt.«

»Wird wohl ein neuer Sozialfall werden«, sagte ich.

»Du, Angeli, in unserem schönen Land ist jeder achte Bulgare arbeitslos und im nächsten Jahr wird's jeder fünfte sein. So, ich glaube, jetzt sind wir durch.«

»Nein, da ist noch diese kleine Rundliche mit dem reizenden Gesicht und dem schwarzen, ärmellosen Kleid.«

»Das ist Svetlana, Theodors Frau. Sie ist sehr intelligent, hat in Amerika Jura studiert und dann in einem großen Anwaltsbüro gearbeitet. Ihr Schmuck gefällt mir, Modeschmuck nennt man das, nicht wahr?«

Ich nickte und ließ meinen Blick noch einmal rund um den Tisch, über die Gesichter der Männer und Frauen wandern, die, bis auf Mitko, alle in Plovdiv geboren und unter dem Kommunismus aufgewachsen waren – Kinder, die miteinander gespielt und gelernt, Jugendliche, die miteinander getanzt und geflirtet, junge Erwachsene, die miteinander den Traum vom Goldenen Westen geträumt hatten. Den Traum von Freiheit, Glück und Wohlstand. Der Traum, den einige von ihnen verwirklicht hatten. Doch die Wirklichkeit hatte sie nach Plovdiv zurückgeschleudert – zurück in ein kaputtes Land, zurück in eine heile Liebe zu ihren Freunden, zu ihrer Heimat. Da saßen sie, jetzt alle zwischen vierzig und fünfzig, sorgfältig gekleidet und gut erzogen: Die eiserne Lady und der arbeitslose Hotelmanager, der wohlhabende Theodor und seine modegeschmückte Frau, der wieder potent gewordene Viktor und das zweitausend Dollar reiche Dummköpfchen, der weise Mitko, die tapfere Evelina, der aufrechte André.

»Papa«, fragte der kleine Andy, »wird im neuen Jahr immer alles besser?«

»Natürlich, Pielenze, mein Küken«, rief sein Vater, der unter dem Tisch Gläser mit Rakia füllte, »wozu hätten wir sonst ein neues Jahr.«

Im selben Moment setzte bulgarische Volksmusik ein, ein

schneller, rhythmischer Tanz von Trommelwirbeln und »Ijuuu«-Rufen begleitet. Eine kleine Truppe, drei Männer und drei Frauen hatten Einzug gehalten. Sie trugen die hübschen, bunt bestickten Trachten, die die Bauern zu meiner Zeit tagtäglich getragen hatten und die nun nur noch zu folkloristischen Darbietungen angezogen wurden. Die Mädchen hatten den schönen festen Wuchs vieler junger Bulgarinnen, die sich durch einen hochangesetzten, kleinen Busen, ein schmales Becken und kräftige Beine auszeichneten, die Männer mit ihren breiten roten Bauchbinden und dicken weißen Wadenwickeln hatten das Temperament und die Unbefangenheit junger Geißböcke. Sie spielten ihre Instrumente, sangen und tanzten gekonnt und mit mitreißender Begeisterung und unter den gesitteten Gästen in ihren weißen Hemden und Krawatten, ihren gepflegten Festtagskleidchen brach sich die slawische Seele Bahn – eine vom Alkohol entfesselte, vom Weltschmerz erlöste, von mächtigen Gefühlen getragene, mit Brüdern und Schwestern vereinte Seele. Einige der Gäste sprangen von ihren Stühlen auf und tanzten mit, andere sprangen nur auf, um sich zu umarmen und miteinander anzustoßen. Wieder andere, um die Tanzenden und sich Umarmenden anzufeuern. Das feine Restaurant mit seiner gedämpften, westlichen Atmosphäre war in lärmenden Aufruhr geraten. Auf den schön gedeckten Tischen türmten sich die Teller eines in schneller Folge servierten und mit schleppender Unlust gegessenen Menüs, von dem ein Gang ungenießbarer war als der nächste, standen Batterien meist leerer Rot- und Weißweinflaschen, lagen zerfetzte Brote, zerknüllte Servietten und durcheinandergeratene schmutzige Bestecke. Die Kellner servierten im Tanzschritt, und der Besitzer des Lokals, der einen orangefarbenen Anzug und eine grüne Krawatte trug, stand dirigierend auf einem Stuhl.

»Wehe, wenn sie losgelassen ...«, sagte André, der sich gerne in Zitaten und Aphorismen erging. »Hier hast du Bulgarien, wie es leibt und lebt.«

André ließ sich nicht mitreißen und schon gar nicht von einer berauschten Volksseele, die zwischen himmelhoch jauchzend und zu Tode betrübt schwankte. Er stand morgens früh auf, machte seine gymnastischen Übungen, duschte, zog sich an, frühstückte, fuhr mit dem Fahrrad zu seinem Atelier, malte bis ein Uhr, fuhr nach Hause, aß zu Mittag, legte sich eine Stunde hin und verbrachte den Nachmittag damit, Türkisch zu lernen und Schopenhauer zu übersetzen, zwei aussichtslose Tätigkeiten, die ihm Vergnügen bereiteten.

»Sei nicht so streng, André, und trink noch ein Glas Wein!« forderte ich ihn auf.

»Der Wein ist genauso scheußlich wie das Essen«, erklärte er und schob ein Stück Schweinebraten mit einer dicken Fettschwarte auf seinem Teller hin und her, »der reinste Bukluk, den man uns hier vorsetzt und das für zigtausende Leva.«

Viktor, der Mann, dem seine Potenz wichtiger gewesen war als der deutsche Paß, und das Glupaktsche, das nie etwas anderes gewesen war als eben ein Dummköpfchen, waren die einzigen, die den Bukluk standhaft in sich hineinstopften und mit vielen Gläsern Wein hinunterspülten. Wahrscheinlich waren sie sich ihrer unsicheren Lage bewußt, die bei dem einen auf zweitausend Dollar, bei dem anderen auf ein paar Antiquitäten basierte – ein Kapital, das nicht lange vorhalten konnte. Viktor, schon reichlich beduselt, nahm immer neue Teller mit Speisen, die die anderen verschmäht hatten, in Empfang und schaute von Zeit zu Zeit mit verschwimmendem Blick und elegischem Lächeln zu mir hinüber. Das Dummköpfchen hingegen, das von robuster Statur und einem unheimlichen Fassungsvermögen war, saß aufrecht und kindlich vergnügt auf seinem Stuhl und ließ sich weder von der Fettschwarte noch von dem Gemisch aus Rot- und Weißwein kleinkriegen.

»Nastravje«, brüllte Mitko, trank das soundsovielte Glas seines mitgebrachten Rakias aus, stand auf und sprengte den Kreis der Choro Tanzenden. Er warf seine kurzen, dicken Beine so schnell und zierlich, daß selbst die jungen Geißböcke neben ihm verblaßten. Sein gewaltiger Oberkörper bebte, über sein strahlendes Gesicht lief der Schweiß. Er war glücklich in seinem Land, das er nie verlassen hatte, das er nie verlassen würde.

»Um Gottes willen«, rief Evi und sprang auf. »Er wird gleich einen Herzinfarkt bekommen.« Sie lief zu ihm, aber anstatt ihn aus dem Kreis zu ziehen, zog er sie zu sich hinein und nun tanzten sie beide Hand in Hand.

Der kleine Andy war seit geraumer Zeit verschwunden, und André stand auf, um ihn zu suchen. Es war zehn Minuten vor zwölf Uhr. Die Musik brach ab, die Gäste kehrten atemlos an ihre Tische zurück.

»Ja, Motektsche«, sagte Evi. »Saufen und tanzen in Zeiten der Pest ... Wo ist eigentlich mein Bruder? Er wird sich doch nicht etwa im entscheidenden Moment verdrückt haben?«

»Er sucht seinen Neffen.«

»Der hat Freunde gefunden und baut unten im Innenhof einen Schneemann.«

»Meine Herrschaften, meine Freunde«, schrie der orangefarbene Restaurantbesitzer, »haltet euch bereit, in drei Minuten ist es soweit.«

Kellner mit Flaschen stürmten herbei, Pfropfen schossen an die Decke, Fontänen spritzten durch den Raum, der bulgarische Sekt war ebensowenig zu bändigen wie die Gäste, die sich bereits abwechselnd in den Armen lagen, küßten und kreischten, lachten und weinten. Stühle fielen um, Knallfrösche explodierten, Gläser klirrten aneinander oder auch zu Boden und in dem allgemeinen Chaos wechselte still und unbemerkt das Jahr. Erst als die Glocken sämtlicher Kirchen zu läuten begannen und aus einer Kassette die schöne, mächtige Stimme des berühmten Sängers Boris Christov erscholl, wurde es ein paar feierliche Takte und Glockenschläge lang ruhig.

»Des Jahres letzte Stunde ertönt mit ernstem Schlag...«, zitierte André, »aber...«, er hob den Zeigefinger, »den Ernst begreifen wir immer erst, wenn es schon fünf Minuten nach zwölf ist.«

Boris Christov wurde abgewürgt, Discomusik setzte ein, Kellner schleuderten große Platten mit Lukanka, Salami und Pastrami auf den Tisch. Das Dummköpfchen saß wieder aufrecht auf seinem Stuhl und griff eifrig zu. Viktor hatte aufgegeben, lallte vor sich hin und lächelte elegisch. Andy beklagte sich über die schlechte Qualität der Lukanka. Evi lachte und machte keine Erziehungsversuche mehr. Das Handy unseres wohlhabenden Gastgebers Theodor bimmelte. »Kirtscho«, schrie er gleich darauf, »Kirtscho aus Amerika.« Die ganze Gesellschaft sprang auf, drängte zu ihm, riß ihm, dann sich gegenseitig das Telefon aus der Hand: Kirtscho, einer ihrer langjährigen Freunde, der Ärmste, allein in Amerika! »Kirtscho«, schrien sie, »Kirtscho tschistito nowa godina, ja wir feiern, wir vermissen dich, Kirtscho, kommst du zurück?«

»Wird schon zurückkommen«, sagte André. »Keep smiling, be happy, make money, fuck you ... wer hält das aus?«

Im mittleren Raum toste die von einem Discjockey bediente Stereoanlage. Viele Paare tanzten, darunter auch ein sehr hübsches junges Mädchen, alleine, in einem weinroten, kunstseidenen Trägerkleidchen, das hin und wieder ihren schwarzen Slip sehen ließ.

»Die hat sich nicht mal ein Kleid angezogen«, rief Evi fassungslos, »die ist im Unterrock!«

Das Mädchen tanzte mit hochgestreckten Armen, rotierendem Becken und geöffneten Lippen, ein zweites in hautengem, schwarzgoldenen Minikleid, das knapp ihren niedlichen Hintern bedeckte, gesellte sich dazu.

»Schau mal, wie die tanzen«, rief Evi mit aufgerissenen Augen, »und im Unterrock.«

»Das ist kein Unterrock, Mama«, belehrte sie der kleine Andy, »das ist die westliche Mode.«

»Gehst du zum Weibe, vergiß die Peitsche nicht ...«, sagte André und trommelte mit den Fingern auf die Tischkante. Die Discomusik ging in Schlager über, *Mona Lisa* erklang, und Evi und

Mitko, in denen das Lied sentimentale Erinnerungen weckte, eilten auf die Tanzfläche. Wieder war der große schwere Mann der geschmeidigste, phantasievollste Tänzer, und André stellte fest: »Tanzt wie ein hübscher Zirkuselefant.« Die zwei jungen, spärlich bekleideten Mädchen tanzten mit einem gedrungenen, kahlköpfigen Typen, der mit der gutturalen Stimme eines Amerikaners das Lied mitsang.

»Kleine Huren«, war man sich am Tisch einig, »haben sich einen miesen, reichen Amerikaner geschnappt.«

Der hektische, arbeitslose Christo tanzte jetzt mit der eisernen Lady, der wohlhabende Armenier mit seiner Frau, das Dummköpfchen mit seiner doofen Freundin. Nach einer Weile kehrten die drei Frauen an den Tisch zurück, die drei Männer standen wie angewurzelt nahe der Tanzfläche und glotzten die kleinen Huren an.

»Haben noch nie ein halbnacktes Flittchen gesehen«, spottete André mit verächtlicher Grimasse.

»Du, Angeli«, staunte Evi, »jetzt hat sie auch noch die Schuhe ausgezogen.«

Die Musik brach ab, und auf der Bildfläche erschien eine Gestalt mit strähnigem, gelbgefärbten Haar, fahlem Gesicht und weiß wallendem Chiffongewand.

»Mama«, rief der kleine Andy, »schau mal, ein Nachtgespenst!«

Die Frau begann zu singen und überraschte mit einer Stimme, die im Gegensatz zu ihrer physischen Beschaffenheit Fleisch und Blut hatte.

»Das sind politische Lieder«, erklärte mir Evi mit leuchtenden Augen, »*blaue* Lieder.«

Blau war die Farbe der demokratischen Partei, und blau im doppelten Sinne des Wortes waren die Gäste. Sie verstummten, zum ersten Mal an diesem Abend, und lauschten mit ekstatischen Gesichtern den Texten der ihnen bekannten Lieder, die ein Feuer in ihnen entfachten und sie in ihrem Zorn auf die Kommunisten, ihrem Glauben an die Demokraten vereinten.

»CeDeCe«, schrie eine Frau. »CeDeCe«, brauste ein vielstimmiger Chor auf. Der CDC, das war der »Bund Demokratischer Kräfte«.

»Nastravje, Freunde«, schrie ein Mann, »es lebe das neue Jahr, es lebe die Demokratie!«

Ein neuer Tumult brach aus. Die Gäste sprangen auf, erhoben ihre Gläser, stießen miteinander an, riefen sich kämpferische demokratische Parolen und innige Neujahrswünsche zu. Das Nachtgespenst war auf einen Stuhl gestiegen, breitete die Arme aus und sang ein Lied vom süßen Leben, das so süß ist, weil in ihm die Lüge, vom bittern Wein, der so bitter ist, weil in ihm die Wahrheit liegt.

»Trinkt, meine Brüder, meine Schwestern«, sang sie den Gästen zu, »trinkt und vergeßt.«

Ein neues Jahr

Ich erwachte früh und dank der Tabletten, die ich wohlweislich vor dem Zubettgehen eingenommen hatte, ohne Kopfschmerzen. Es war noch dunkel und sehr still. Ich stand auf und schob die Vorhänge zurück. Unter mir lag eine breite, kaum beleuchtete Straße, auf der kein Auto und kein Mensch zu sehen waren. Mir gegenüber war der Umriß eines langgestreckten, mehrstöckigen Hauses erkennbar. Hinter zwei nebeneinander liegenden Fenstern brannte schummriges Licht, hinter einem dritten blinkte in regelmäßigen Abständen eine Kette aus kleinen, roten Kugeln auf, die vermutlich an einem Weihnachtsbaum hing. Ich fragte mich, warum man sie um sieben Uhr früh angeknipst hatte, und stellte mir in dem erleuchteten Zimmer eine junge Mutter vor, die ihren Säugling stillte.

Dann machte ich mir mit meinem unentbehrlichen Tauchsieder und den von Evi besorgten Zutaten eine Tasse Tee und setzte mich damit ans Fenster. Eine seltene Ruhe, fast schon ein Glücksgefühl, stieg aus unbekannten Tiefen in mir auf. Ich versuchte, ihm auf den Grund zu gehen. Warum empfand ich es ausgerechnet hier, an einem dunklen Wintermorgen, in einem geschundenen Land, einer tristen Stadt, einem um Eleganz bemühten Hotelzimmer? War dieser Hintergrund der Spiegel meiner Seele? Nein, aber vielleicht die Rückkehr in die ersten Jahre des Exils, Jahre der Dunkelheit und Tristesse, die sich in mich eingebrannt und mich ein Leben lang begleitet hatten, kaum wahrnehmbar in den Zeiten der Jugend und Fülle, doch jetzt, im letzten Abschnitt meines Daseins wieder ganz nah, mir vertraut und ohne Schrecken. Zu dieser Stunde und in diesem Zimmer begrüßte ich die Trauer des Alters und die undurchdringliche Finsternis eines endgültigen Abschieds wie gute Freunde. Zum ersten Mal wich die Angst von mir, und ich wurde von einem Gefühl grenzenloser Freiheit durchflutet.

Ich wünschte, da sitzen bleiben zu können, in mir das Glücksgefühl der Freiheit, um mich die Dunkelheit und Stille eines unangebrochenen Tages. Doch der Vorhang der Nacht hob sich bereits über einer schäbigen Szenerie. Aus den zwei freischwebenden, beleuchteten Quadraten und einer rot aufzuckenden Kugelkette wurde ein langes Haus mit vielen Fenstern, zwei Schornsteinen und einer großen Fernsehschüssel auf dem Dach. Auf der Straße mit ihren nackten Bäumen und ihrer Schlacke aus Schnee und Matsch patschte das erste Auto vorbei, und in der Ferne hörte ich das Rumpeln einer Straßenbahn. Der Tag brach an mit grauem, kraftlosem Licht und mechanischen Geräuschen. Die ersten Menschen tauchten in der Kulisse auf: eine Frau, die in einer verglasten Veranda Wäsche aufhing, ein Mann, der einen weißen Hund ausführte, ein Kind, das Seifenblasen aus einem geöffneten Fenster pustete. Vorbei war es mit den Geheimnissen der Nacht, vorbei mit der Offenbarung innerer Freiheit. Ich sah die Zweige eines struppigen Weihnachtsbaumes, an dem die jetzt erloschene schwarze Kugelkette hing, und die verschmierten Fensterscheiben, hinter denen das schummrige Licht gebrannt und mir das Bild einer stillenden Mutter vorgegaukelt hatte.

Eine Kirchturmuhr schlug acht, ein Polizeiwagen mit kreischender Sirene fuhr vorüber, das Telefon begann zu klingeln. Ich zog mit einem ungehaltenen Ruck die Vorhänge zu und ging an den Apparat.

»Tschistito nowa godina«, sagte eine weiche, weibliche Stimme, »hier ist Irina Razeva. Entschuldigen Sie, daß ich Sie so früh am Neujahrsmorgen störe, aber ich muß Ihnen etwas mitteilen. Es liegt mir wie ein Stein auf dem Herzen.«

»Wollen Sie Ihren Salon vielleicht doch nicht vermieten?«

»Oh doch! Ich hab ihn auch schon geputzt und Herrn Bogdan gebe ich heute die Wohnungsschlüssel. Ich kann nämlich nicht morgen mittag, wenn Sie ankommen, die Arbeit verlassen, und bin erst um sechs Uhr abends zu Hause. Es ist etwas anderes, das ich Ihnen mitteilen muß.«

Sie seufzte und schwieg.

Muß ja eine ausgesprochen schwere Mitteilung sein, dachte ich und sagte: »Nun lassen Sie mal den Stein fallen.«

»Ja, also ... ich bin mit dem Mann, mit dem ich zusammenlebe, nicht verheiratet.«

In der Leitung knackte, zischte und rauschte es.

»Ist das alles«, fragte ich, »oder kommt noch was?«

»Nein, das ist alles, aber ich mußte es Ihnen doch sagen. Ich hätte es Ihnen gleich am Anfang sagen müssen, aber da war es mir zu peinlich, vor Herrn Bogdan und so.«

Ihre Stimme war zusehends schwächer geworden, doch das lag vermutlich am Telefon.

»Irina«, schrie ich über den Lärm hinweg, »von mir aus können Sie mit drei Männern zusammenleben.«

»Oh nein ...«, kam ein fernes Stimmchen.

»Das war kein Vorschlag, sondern nur die Erklärung, daß es mir überhaupt nichts ...«

»Ich schwöre dir, Ivan«, sagte eine männliche Stimme, »er hat mich bedroht!«

Jetzt waren wir zu viert in der Leitung und zwischen Irina und dem bedrohten Mann begann eine Auseinandersetzung, wer von ihnen aus der Leitung zu gehen habe.

»Irina«, rief ich dazwischen, »das wird mir jetzt einfach zuviel. Wir sehen uns ja morgen und bis dahin ...«

»Gospodja, legen Sie bitte den Hörer auf«, sagte der Mann.

Genau das tat ich, hätte aber doch gerne gewußt, von wem und warum er bedroht worden war.

Der Tag mit all seinen Überraschungen war nicht mehr aufzuhalten, und ich ging ins Bad und drehte den Wasserhahn auf. Wieder eine Überraschung! Das Wasser war fast heiß. Ich füllte die Wanne und legte mich hinein. Noch einmal versuchte ich, mich in die dunkle, stille Stunde am Fenster zu versenken und die über Alter und Tod triumphierende Freiheit in mir zurückzurufen. Aber das wollte mir beim Anblick der grün-grauen Wände, des dünnen, verbogenen Stiels und winzigen Plastikkopfs der Dusche, dem Nachhall von Irinas und des bedrohten Mannes Problemen und eines permanent gurgelnden Klos nicht gelingen. Ich hob ein Bein aus dem Wasser und sah es mir mit der gebührenden Skepsis an, ließ es platschend wieder in die Wanne fallen und dachte an die Zeit, in der ich mich noch darauf hatte verlassen können: auf ein Paar gebräunte, feste, glatte Beine, die mir andere und leibhaftigere Triumphe eingetragen hatten als die über Alter und Tod.

Sofia

Eine Eisenbahnfahrt

Ich hatte die letzte Nacht in Plovdiv in Andrés Wohnung verbracht. Mitko und Andy waren nach Burgas zurückgefahren und das hübsche Zimmer mit der dezent gemusterten Couch und Mizos Foto auf dem Regal gehörte mir. Evi hatte mir mein Lieblingsgericht, Mischmaschtsche und Creme Caramel zubereitet und André mit großer Sorgfalt das Bett gemacht.

Ich hatte mich nicht wie eine Tante bei Neffe und Nichte gefühlt, sondern wie ein Kind im liebevollen Schutz seiner Eltern.

Wie schön wäre es, hatte ich kurz vor dem Einschlafen gedacht, wenn wir zusammen in demselben Land, in derselben Stadt leben könnten, anstatt in der Ungewißheit zweier Staaten, die am Rande einer Katastrophe balancieren.

Am nächsten Morgen fuhren Evi und ich mit einem Taxi zum Bahnhof. Dicker Nebel verhüllte die Stadt, und Evi schwatzte ununterbrochen mit dem Fahrer.

»Lenk ihn um Gottes willen nicht ab«, bat ich, »der sieht doch die Hand vor den Augen nicht.«

»Er ist ein Demokrat«, erklärte sie, »und hat sehr kluge Ansichten.«

»Ich weiß nicht, ob die ihn befähigen, durch den Nebel hindurchzugucken«, sagte ich.

Sie lachte und schwatzte weiter.

Die Bahnhofshalle war kalt und schmutzig, der Boden mit einer Moderschicht überzogen. Sitzgelegenheiten gab es keine. Evi deponierte mich und das Gepäck an einer luftzuggeschützten Wand und ging zum Schalter, um die Karten zu besorgen.

»Laß die Koffer nicht aus den Augen«, schärfte sie mir ein.

Während ich da stand und die Menschen betrachtete, fühlte

ich mich in die ersten Nachkriegsjahre in Deutschland zurückversetzt. Es waren dieselben verhärmten Gesichter, dieselben abgetragenen, oft gewendeten und geänderten Kleidungsstücke, dieselben stumpfen Farben, die, ob rot, blau oder grün immer grau aussahen. Selbst die Jüngeren und Jungen, von denen viele die Allerweltssportschuhe, Jeans und Anoraks billigster Ausführung trugen, machten keinen frischeren Eindruck. Offenbar färbte das Grau der abgerissenen Gestalten, die mit Plastiktüten, Stoffbeuteln, brüchigen Kunstledertaschen und Koffern durch die Halle schlurften oder eilten, auf sie ab. Bestimmt sah auch ich schon so aus. Ich schaute an mir hinab und entdeckte einen kleinen Riß in meinem pelzgefütterten Ledermantel. Aha, ich hatte es ja gewußt.

Evi kehrte zurück. Sie war entrüstet: »Angeblich gibt es keinen Platz mehr in der Ersten Klasse. Die Frau, die die Karten verkauft, ist bestimmt Kommunistin.«

»Evi, ich bitte dich. Erstens kannst du das gar nicht wissen, und zweitens kannst du nicht die ganze Welt in böse Kommunisten und gute Demokraten einteilen.«

»Doch kann ich, muß ich sogar. Als ich ärgerlich wurde und auf zwei Billetts Erster Klasse bestand, hat sie gesagt: ›Sie sind sich wohl zu gut für die Zweite.‹ Also, das spricht doch Bände!«

»Ist der Unterschied zwischen Erster und Zweiter Klasse so groß?«

»Na ja, in der Ersten sitzt man zu sechst, in der Zweiten zu acht. Und wenn der Zug überfüllt ist, und das ist er bestimmt, dann steht man drei Stunden im Gang.«

Dieses Mißgeschick hätte uns tatsächlich um ein Haar getroffen. Der Zug war überfüllt, und als wir uns durch einen Menschenblock zu unserem Abteil durchgeboxt hatten, saßen auf unseren numerierten Plätzen bereits zwei Frauen und waren nicht gewillt, sie zu verlassen.

Es gab ein großes Geschrei und Gekeife, doch Evi, mit solchen Situationen vertraut, wußte sich durchzusetzen.

»Großartig, Evi«, sagte ich, als sich die Frauen knurrend verzogen hatten, »so etwas konnte und könnte ich nie.«

»Du lebst ja auch nicht in Bulgarien.«

»Israel ist in dieser Beziehung nicht besser.«

»Das kann nicht stimmen«, sagte sie und ich fügte im Stillen hinzu: »weil es ein demokratisches Land ist.«

Sie verstaute unsere Koffer in einem zum Bersten vollen Gepäcknetz und war jetzt wieder ganz die höfliche Dame der gehobenen Bürgerschicht. »Entschuldigen Sie«, sagte sie nach rechts und links, »es tut mir leid, daß ich Sie stören muß ... oh, vielen Dank, bleiben Sie nur sitzen, es geht schon.«

Auch die anderen Reisenden waren zuvorkommend. Sie zogen alle zwölf Beine ein, damit wir zu unseren Plätzen am Fenster gelangen konnten, wünschten uns einen guten Morgen und ein frohes neues Jahr.

Schließlich saßen wir. Bewegen konnte man sich nicht, aber die Sitze waren gepolstert und das Abteil so heiß wie die Wüste an einem Sommertag bei Ostwind.

»Oh, mein Gott«, rief Evi, »ich habe meinen Pavarotti im Koffer vergessen!«

»Ich weiß nicht recht, wovon du sprichst.«

»Von meinem Walkman mit der Pavarotti-Kassette! Ich brauche ihn!«

Sie machte Anstalten aufzustehen.

»Evi«, hielt ich sie zurück, »du kannst jetzt unmöglich den Koffer wieder runterholen. Das Netz reißt sowieso gleich.«

»Wenn ich meinen Pavarotti höre«, seufzte sie, »bin ich in einer anderen Welt.«

»Das wäre gar nicht nett von dir. Ich in dieser und du in einer anderen Welt.«

»Da hast du recht«, sagte sie und küßte mich auf die Wange, »ist dir auch nicht zu heiß?«

»Mir ist höllisch heiß.«

Der Zug hatte sich in Bewegung gesetzt, und ein Mann in ärmlicher Uniform, der einzige unter sieben Frauen, öffnete die Tür unseres Abteils. Kühle Luft strömte durch das geöffnete Fenster im Gang in unser Coupé, und wir atmeten auf.

»Ist das ein einfacher Soldat oder ein Offizier?« fragte ich.

»Ein Offizier«, erwiderte Evi, »Soldaten gibt's nicht mehr.«

»Was soll das heißen?«

»Daß wir praktisch keine Armee mehr haben. In den Kasernen gibt es für die Soldaten nicht mehr genug zu essen, und darum beurlaubt man sie. Wochen- und monatelang. Wenn es nicht so viele Offiziere gäbe, würde man sie wahrscheinlich auch auf Nimmerwiedersehen beurlauben. Aber auf einen Soldaten kommen zwei Offiziere, und wenn die arbeitslos werden, würden sie womöglich protestieren. Davor hat man Angst, und deshalb haben wir jetzt eine Armee ohne Soldaten.«

»Interessant«, sagte ich, »mal was anderes.«

Der Offizier, wahrscheinlich weniger von seinem Dienst als von den Nachwehen des Neujahrsfestes ermüdet, war prompt eingeschlafen, ein blasses, hübsches Mädchen kaute Kaugummi, zwei Frauen mit gegerbten Bäuerinnengesichtern schwatzten ununterbrochen miteinander, eine Matrone mit orange gefärbtem Haar und einem glitzernden Tuch um die Schultern strickte, eine andere, ein Lehrerinnentyp, las eine Zeitung – eine demokratische, wie mir Evi erfreut mitteilte. Kein Mensch rauchte, und das war noch erstaunlicher als eine Armee ohne Soldaten.

»Ist das hier ein Nichtraucherabteil?« fragte ich Evi.

»Natürlich, wär's das nicht, wären wir schon längst erstickt.«

Ich versuchte, durch die verdreckte Fensterscheibe zu sehen, aber es schien da nichts zu geben, was den Versuch gelohnt hätte.

»Schau mal«, sagte Evi, »da ist der König.«

»Wo? Hier im Zug oder auf einem weißen Pferd durch die Landschaft reitend?«

»Auf der Rückseite der Zeitung, die die Dame liest. Ich liebe ihn!«

»Er hat ein nettes, weiches Gesicht«, stellte ich fest.

»Weich? Nein! Was der hier bei seinem Besuch im letzten Jahr alles geleistet hat! Durchs ganze Land ist er gefahren, ohne Schutz, hat sich überall unter das Volk gemischt und Millionen Hände geschüttelt. War psychisch völlig fertig, der arme König. In jeder Stadt, jedem Ort waren mindestens neunzig Prozent der Einwohner auf den Straßen und haben ihm zugejubelt. Er war so erschüttert über die Liebe seines Volkes, daß er die ganze Zeit Tränen in den Augen hatte. Alle wollen, daß er zurückkommt, fast alle, und er will es auch. Aber solange die verdammten Kommunisten an der Macht sind, kann natürlich nichts daraus werden.«

Ein Fiasko weniger, dachte ich.

»Das bulgarische Volk braucht einen Führer«, fuhr Evi mit Nachdruck fort, »selbstverständlich nicht so einen wie Adolf Hitler – sondern einen edlen Menschen, zu dem es aufblicken und dem es vertrauen kann. Und das wäre Simeon.«

»Was das bulgarische Volk braucht, wäre ein Zauberer, der es von heut auf morgen aus dem Dreck zieht und das Land wieder in Schwung bringt. Aber so was gibt es eben nur im Märchen ... glaubst du, der Zug hat einen Speisewagen? Ich würde gerne eine rauchen.«

»Oh ja, ich auch. Komm, schauen wir mal. Wenn es einen gibt, muß er am Anfang des Zuges sein.«

Es war eine beschwerliche Expedition, sich durch die verstopften Gänge zu fädeln, aber das Ziel, ein hübscher Speisewagen, ein weiß gedecktes Tischchen, eine Tasse Tee und vielleicht sogar eine saubere Fensterscheibe, lockte.

Doch als wir ihn schließlich erreicht hatten, den Traum eines gepflegten westlichen Speisewagens, war die Enttäuschung groß. Der Waggon war so voll, der Qualm so dicht, die Gerüche so unappetitlich und die Menschen offenbar so besoffen, daß ich auf der Stelle kehrtmachte.

»Igitt«, sagte Evi, »war ja eklig! Komm, rauchen wir eine im Gang. Gleich fahren wir an Bellowo vorbei und das muß ich dir zeigen.«

Bellowo, der Ort, an dem sie zwei Jahre gelebt und als gerade promovierte Ärztin in einer Papierfabrik gearbeitet hatte, lag in einer Schlucht. Es war ein durchdringend häßlicher, durch die bewaldeten Steilhänge auch noch verdüsterter Ort, in Evi jedoch rief er hübsche und helle Bilder hervor.

»Weißt du«, vertraute sie mir an, »hier hatte ich, bis ich meinen ersten Mann, Kyril, kennenlernte, eine Affäre mit einem Studenten. Er hieß Philipp, war vier Jahre jünger als ich und sah herrlich aus. Wirklich herrlich, der Körper und alles. Für mich war es hauptsächlich eine Sexgeschichte, aber er war schrecklich verknallt. Kann man sich ja auch vorstellen – ältere Frau mit Vergangenheit, Ärztin, keine Büstenhalter unter den T-Shirts und Jeans, die ja eigentlich als westlich dekadent verboten waren! Ich war die femme fatale von Bellowo und das hat mir Spaß gemacht.« Sie lachte und ich stellte sie mir vor, wie sie damals ausgesehen haben mußte: ein rasantes Doktortsche mit kurzen, schwarzen Locken und einem wohlgeformten Körper unter den engen, dekadenten Jeans und T-Shirts, die ihr Bettina aus München geschickt hatte. »Da schau mal«, sie zeigte auf ein großes, scheußliches Gebäude, »das war die Papierfabrik. Hat mal einem Juden gehört, bis die Kommunisten sie ihm weggenommen haben. In der habe ich, zusammen mit zwei genauso jungen, unerfahrenen Ärztinnen wie ich, gearbeitet: Geburtshilfe, Betriebsunfälle, Schnupfen, Lebensmittelvergiftungen – für alles war ich zuständig. Ich hatte zwei große Zimmer in der Fabrik mit Kühlschrank und Fernseher und allem, was man so braucht, und die Landschaft war sehr schön, Wald, Berge, Fluß. In dem haben Philipp und ich oft gebadet. Ich muß die Leute hier wieder mal besuchen. Sie würden sich riesig freuen, mich wiederzusehen.«

Ja, so war das mit den Erinnerungen an Zeiten, in denen man jung gewesen war, eine geliebte, begehrte *femme fatale* in einem Fummel, in dem man sich besonders hübsch vorkam, in wunderbarer Ahnungslosigkeit oder Gleichgültigkeit all dem gegenüber, was außerhalb von einem geschah, berauscht vom Leben, vom

Dasein in einer Welt, die einem selbst in Bellowo oder Buchowo so viel Neues und Aufregendes zu bieten hatte.

»Das arme Kind«, hatte mir meine Schwester Bettina damals berichtet, »jetzt hat man sie in ein Drecknest verbannt, wo es nur primitive Leute gibt und sie nur Blut und Scheiße sieht und einsam ist und friert und den schauderhaften Kantinenfraß essen muß. Das arme Kind wird das nicht durchstehen.«

Blut und Scheiße, die Wahrheit der Alten, Leben und Liebe, die Wahrheit der Jungen.

Uliza Propotniza

Bogdan, der Gute, Zuverlässige, wartete auf dem Bahnsteig. Als ich seinen olivgrünen Anorak, sein kahles Köpfchen und sein liebevoll ironisches Lächeln, das nur uns Frauen vorbehalten war, wiedersah, sagte ich: »Bogdan, jetzt merke ich, daß ich dich vermißt habe. Tschistito nowa godina.«

»Tschistito nowa godina«, sagte er, sagte Evi, sagten wir alle noch einmal und umarmten uns.

»Ja«, verkündete er danach, »ist alles in Ordnung. Habe ich Schlüssel von Irinas Wohnung, fahren wir gleich hin.«

»Hast du die Wohnung schon gesehen?«

»Nein, Wohnung nicht, nur Haus und Straße. Nicht schöne Gegend.«

Vom bulgarischen Standpunkt war die Gegend nicht schön, von meinem greulich. Es war ein Wohnkomplex von etwa sechsstöckigen, verkommenen Häusern, die merkwürdig aufgeteilt waren. Immer wenn man dachte, hier hört er auf, kam ein neues Karree. Dazwischen lagen freie, verwahrloste Plätze, die auch im Frühling nicht grün sein konnten, denn sie bestanden hauptsächlich aus Erde und Geröll. Zu dieser Jahreszeit zierten sie teichgroße Pfützen und grauverkrusteter Schnee.

»Straßen sind hier Katastrophe«, sagte Bogdan, dem es nicht gelang, der Vielfalt an Schlaglöchern auszuweichen, »und angelegt wie eine Labyrinth. Wirst du nie finden das Haus.«

Damit sollte er recht behalten. Nicht nur ich, sondern auch vier Taxifahrer mußten in den folgenden Tagen an dem Versuch, mich in der richtigen Straße vor dem richtigen Haus abzusetzen, scheitern. Der einzige, der die Uliza Propotniza, die Nummer 12 bis 25, den Block 56b fand, war natürlich Bogdan.

Treppenhaus und Fahrstuhl waren in dem gewöhnlichen, mich nicht mehr schockierenden Zustand, doch als wir ohne Zwischenfall im vierten Stock gelandet waren, ergriff mich ein Unbehagen. Es gab auf dieser Etage drei Türen und an zweien von ihnen klebten die in solchen Fällen üblichen, schwarzumrandeten und mit einem Foto bedruckten Todesanzeigen. Auf dem einen war eine hübsche, noch junge Frau zu sehen, die den Worten nach eine geliebte Gattin, Tochter und Mutter gewesen war, auf dem anderen ein älterer Mann und treusorgender, ebenfalls geliebter Gatte und Vater.

»Gleich zwei auf einer Etage und nicht mal alt«, gab ich zu bedenken, »glaubt ihr, das ist ein schlechtes Omen?«

»Unsinn, Motek«, sagte Evi und versuchte den Zweifel in ihrem Gesicht mit finsterer Entschlossenheit zu überspielen, »Tote bringen Glück.«

»Doktore«, rief Bogdan und lachte schallend, »wo hast du denn das her? Vielleicht aus deiner Praxis?«

»Klar, wenn's einer weniger ist, dann ist das ein Glück.«

»Hast du schreckliche Nichte«, sagte Bogdan von Evi verzaubert und sperrte die Tür auf.

Es war eine kleine, bis auf den Duschraum mit seinem grauen Zementfußboden propere Wohnung mit einer bescheidenen Küche, einem Schlafzimmer mit schwerem Ehebett und Schrank, einem Klo mit vorsintflutlicher Wasserspülung und einem Salon, der mit seinen großen Fenstern einen hellen, freundlichen Eindruck machte. Irina hatte das Parkett auf Hochglanz gebohnert, die Bettcouch bezogen und in einem engen Schrank etwas Platz für meine Kleider gemacht. In einem Regal stand eine Reihe stattlicher, russischer Bücher, in der Vitrine des Buffets etwas altes Kristall und Porzellan, in der Mitte des Zimmers ein hübsch geschmückter, kleiner Weihnachtsbaum und in der Nähe des Fensters eine hohe, exotische Topfpflanze. Der Fernsehapparat war, was Größe, Form und Marke betraf, ein Prachtstück und die Schildkrötensammlung auf einem goldumrandeten Glastisch beachtlich. Sie umfaßte mindestens dreißig Stück in verschiedenen Größen, Farben und Materialien und ließ mich sofort an die Glastierchen des alten jüdischen Ehepaares denken.

»Ist eine hübsche Salon«, gab Bogdan zu, »kauft man nicht Katze in Sack, aber hast du gehabt Glück.«

Auch Evi war zufrieden und so setzten wir uns an den niederen Tisch vor der Bettcouch und rauchten Zigaretten. Es wurde beschlossen, daß ich mich eine Stunde ausruhen und Bogdan Evi zu ihrer Unterkunft bei Freunden und dann nach Hause fahren sollte, um Raina, seine Frau, abzuholen. Um vier Uhr fand eine große Demonstration des CDC statt, die erste seit Jahren apathischer Starre, und dieses ungewöhnliche Ereignis durften wir uns nicht entgehen lassen.

»Das ist der Aufbruch«, sagte Evi in fiebriger Vorfreude, »jetzt werden wir's den Kommunisten zeigen. Unsere Stunde hat geschlagen.«

Der Aufbruch

Die Demonstranten versammelten sich auf dem riesigen Platz vor dem Gewerkschaftshaus. Sie strömten von allen Seiten, aus allen Straßen herbei. Sie trugen blaue Fahnen und Transparente. Es hatte angefangen zu regnen.

»Das ist schlecht«, sagte Evi mit besorgtem Gesicht. »Sehr

schlecht«, ergänzte Raina und schaute zum Himmel empor, »vielleicht hört es wieder auf.«

»Fängt gerade erst an«, sagte Bogdan und steckte sich eine Zigarette zwischen die Lippen.

Die Demonstranten banden sich Tücher um den Kopf, setzten Mützen und Kapuzen auf, öffneten kleine, billige Schirme, die wenig Schutz boten. Wir stellten uns unter die Plastikplane, die neben einer Getränkebude über ein paar Tische und Stühle gespannt war. Es war kurz vor vier, aber das Kommando zum Abmarsch noch nicht gegeben worden.

Evi und Raina schauten die ganze Zeit unruhig um sich und stellten Spekulationen über die Zahl der Versammelten an. »Hier auf dem Platz sind es schon mindestens zehntausend«, kalkulierte Evi, »und es kommen immer noch Massen dazu.«

»Die Witoscha Straße ist schwarz vor Menschen«, sagte Raina, »was meinst du, Bogdan, wie viele wir alles in allem sind?«

»Kann man jetzt noch nicht übersehen, aber es sind ganz schön viele.«

»Zweihunderttausend?«

»Ähhhh, Raina!«

»Ich bin so glücklich«, rief Evi, »endlich sehe ich wieder intelligente Gesichter um mich herum. Angeli, du weißt gar nicht, was einem das für Mut und Kraft gibt!«

Oh doch, ich wußte es, kannte die Sorge, mit der man zum bewölkten Himmel blickt, mit der man die Zahl der teilnehmenden Demonstranten zu überschlagen versucht, kannte das Glück, unter Gleichgesinnten zu sein, unter zivilisierten Gesichtern, die von einer wachen Intelligenz und inbrünstigen Hoffnung geprägt sind. Ich hatte sie auf vielen Demonstrationen in Israel gesehen und geliebt, hatte gebrannt wie Evi jetzt brannte, wie Millionen, mit dem Schrei nach Gerechtigkeit, gebrannt hatten.

»Motek, was hast du? Ist dir nicht gut?« fragte Evi beunruhigt. »Du hast so ein komisches Gesicht.«

»Weil ich so komische Gedanken habe«, sagte ich, »aber sonst fehlt mir nichts.«

Jetzt erschallte der Lautsprecheraufruf, den Platz zu verlassen und sich den Demonstranten auf der Witoscha Straße anzuschließen. Der Zug würde sich die Straße hinunter bewegen, das Gebäude der kommunistischen Partei passieren und auf einem dort nahegelegenen Platz haltmachen. Man bitte um absolute Ordnung und Disziplin.

Die Witoscha Straße, eine der langen, breiten Hauptstraßen Sofias, war so weit das Auge reichte vollgesteckt mit Menschen. Der Regen hatte sich in einen Wolkenbruch verwandelt, aber ihr Hochgefühl war nicht zu dämpfen. Sie schwenkten ihre triefenden Fahnen, hoben die Transparente über die Köpfe, stachen mit zum V gespreizten Fingern in die Luft, sangen und schmetterten Parolen: Wahlen ... Wahlen jetzt! Weg mit dem roten Dreck! Der CeDeCe wird siegen!

Evi und Raina schmetterten mit. Sie tauchten in der Menge unter und wieder auf. Ihre großen schwarzen Augen leuchteten wie die von jagenden Katzen bei Nacht.

»Frauen fanatischer als Männer«, sagte Bogdan, der ein Schirmchen über meinen Kopf hielt, »hängt mit Unterleib zusammen.«

»Mit Unterleib?«

»Ja, neigen sie zu Hysterie ...« Er stimmte in die Parole: »Weg mit dem roten Dreck« ein, und das Schirmchen klappte über meinem Kopf zusammen.

»Auch Dreck«, lachte Bogdan und spannte es wieder auf.

»Bogdan«, schrie Evi. »Es sind mehr als zweihunderttausend, viel mehr!«

»Das einzige, was mir nicht gefällt«, sagte Raina, »ist der Mangel an jungen Leuten. Man sieht eigentlich nur ältere und alte Menschen.«

Evi durchforschte mit strengem Blick die Menge: »Da sind welche«, rief sie den Zeigefinger ausstreckend, »und da auch. Aber es stimmt: Es sind zu wenige.«

»Woran liegt das?« fragte ich Bogdan. »Warum machen die jungen Leute nicht mit?«

»Haben sie die Nase voll und den Glauben an Bulgarien verloren. Sind sie unpolitisch. Haben sie nur ein Ziel: raus aus diese Land und in Westen viel Geld verdienen.«

»Und die Zigtausende, die hier demonstrieren?«

»Sind zu alt, um Land zu verlassen und in Westen neu anzufangen. Wollen sie, daß es wird besser für sie *hier*, und sie leben können, wie sie gelebt haben vor Kommunismus.«

In anderen Worten: Was sich hier in beeindruckender Zahl durch die Straße wälzte, war das bulgarische Bürgertum, das man enteignet und vierzig Jahre unterdrückt und gedemütigt hatte.

Menschen wie Bogdan und Raina, André und Evelina, Menschen wie meine ehemaligen Mitschülerinnen und alle die, mit denen ich Silvester gefeiert hatte. Die untere Bevölkerungsschicht, die nie Besitz gehabt, unter dem Kommunismus nicht gelitten und keine Ansprüche auf Rückerstattungen hatte, sah keinen Grund, sich an der Demonstration zu beteiligen. Ganz zu schweigen von den Ärmsten der Armen, die ihre Not mehr den Demokraten als den Kommunisten zuschrieben. So war es im Grunde eine Revolution der Bourgeoisie, die für ihre persönlichen materiellen und ideellen Ziele auf die Barrikaden ging.

Wir schwenkten jetzt nach links in die schmale Straße ein, in der die kommunistische Partei ihren Sitz hatte. Die Menge staute sich und kam zum Stehen. Ihre zivilisierten Gesichter hatten sich im Zorn verzerrt, ihre Gebärden und Parolen waren aggressiv geworden. Jemand brüllte »Buuhh«, und Tausende fielen in den Ruf ein. Die Straße dröhnte, schien zu beben, und ich bekam Angst vor der aufgebrachten Menschenmasse. Ein paar junge Polizisten, denen es so zu gehen schien wie mir, standen eingeschüchtert herum. Sie trugen weder Helme noch Gesichtsschutz, und ihre einzige Waffe war ein Schlagstock, von dem sie gewiß noch nie Gebrauch gemacht hatten. Man sah ihnen ihre Unerfahrenheit im Umgang mit den aufgeputschten Demonstranten an und hätte im Falle des Falles nicht mit ihnen rechnen können.

»Knapp ein Dutzend verwirrter Männchen«, sagte ich zu Evi, »ist das alles, was ihr an Polizei zu bieten habt?«

»Polizei ist überflüssig«, entgegnete sie, »man weiß, daß wir von der CDC nicht gewalttätig sind.«

»Na ja, scheint hart an der Grenze zu sein. Mir, auf jeden Fall, ist nicht wohl bei der Geschichte, und ich werde mich da bestimmt nicht mit Tausenden durch die enge Straße zwängen.«

»Können wir machen Umweg«, sagte Bogdan, »kommen wir auch auf Platz.«

Auf dem Platz stand eine mit blauen Fahnen geschmückte Tribüne, und aus einer Stereoanlage donnerten die zu solchen Anlässen üblichen Lieder, die eine Mischung aus nostalgischem Lamento und kämpferischem Elan waren.

Die Menschen, von denen sich ein Teil bereits versammelt hatte, sangen mit entrückten Gesichtern mit. Auch Evi und Raina.

»Das Lied, das gerade gespielt wird«, klärten sie mich auf, »heißt: *Der letzte Walzer.*«

»Der letzte Walzer vor was?« fragte ich. »Vor dem endgültigen Zusammenbruch oder dem ganz neuen Anfang?«

»Ach, Angeli«, sagte Evi mit einem vorwurfsvollen Lächeln, »jetzt bist du zynisch.«

Ja, ich konnte sie nicht mehr kontrollieren, diese beißende Ungeduld, die mich beim Anblick der gläubigen Gesichter um mich herum, der fahnengeschmückten Tribüne, auf der diverse Politiker ihre abgedroschenen Phrasen loslassen würden, bei der sentimentalen Melodie des *letzten Walzers* überkam. Es war wie ein *déjà vu* aus jener Zeit in Israel, in der auch ich mit inbrünstigem Gesicht gehofft, mit Rührung gelauscht, mit Einfalt auf einen neuen Aufbruch gewartet hatte. Ein Aufbruch, der auch gekommen war, um bald darauf wie ein Bumerang zurückzuschnellen und eine Verwüstung zu hinterlassen, von deren moralischen Schäden sich das Volk nicht mehr erholen würde. Ich konnte sie nicht mehr ertragen diese Inbrunst, diese Rührung, diese Einfalt, die unter den erforderlichen Umständen jedem Volk, jeder ideologischen Bewegung, jeder nationalen Gruppierung eigen war.

Ich hatte nasse Füße, ich fror, ich war verdrossen.

Menschenmassen ergossen sich jetzt aus der schmalen Straße auf den Platz, formierten sich zu einem breiten Zug und marschierten auf uns zu. Ihnen voran hüpfte ein kleines Männlein mit Kapuze und Kamera.

»Elia«, schrie Evi begeistert, »der Gute ist wirklich gekommen! Ich hab ihn in letzter Minute angerufen, damit er ein paar Fotos von der Demonstration macht. Das war doch richtig, nicht wahr, Angeli?«

»Das war eine ausgezeichnete Idee!«

Sie lief zu ihm hin, begrüßte ihn stürmisch und kehrte wieder zurück.

»Er sagt, er hat schon viele Fotos gemacht. Er ist ein sehr guter Fotograf, du wirst sehen.«

Es wurden Kerzen verteilt, dünne, honigbraune Kirchenkerzen, dazu ein Plastikbecher, um die Flamme vor dem Regen zu schützen. Auch das noch! Ich hatte schon zu viele Kerzen gesehen, viel zu viele. Flämmchen, die flackerten und zitterten, Flämmchen, die erloschen und wieder angezündet wurden, Flämmchen, die so treffend die Geisteshaltung derer reflektierten, die sie in den Händen hielten.

Bogdan hielt mir eine hin, aber ich nahm sie nicht.

»Nein, danke«, sagte ich, »ich hab genug von Kerzen.«

Man sah mich befremdet an, dann glaubte Evi, den Grund meines seltsamen Verhaltens erraten zu haben: »Es wird zu viel für dich«, sagte sie, »der Regen, die Menschen, der Lärm ... Bogdan, vielleicht bringst du sie nach Hause?«

»Nein«, protestierte ich, »Bogdan muß hierbleiben. Ich gehe da drüben in die Bude, die sich Café nennt, und warte auf euch.«

»Willst du das wirklich?«

»Ja.«

Die Bude war voll mit Menschen, die nach einem Becher Kaffee anstanden. Es gab zwei Tische und ein paar Stühle. Ich erbeutete einen und stellte ihn so dicht wie möglich an den Heizkörper, der unter einem Fenster angebracht war. In der Ecke saß ein älterer Herr mit gut geschnittenen Zügen und grauem Haar. Er musterte mich ernst. Ich entschuldigte mich, ihm so nahe gerückt zu sein, und zog eine Zigarette heraus. Er meinte, da sei nichts zu entschuldigen, und gab mir Feuer. Dann schaute er mit unbewegtem Gesicht zum Fenster hinaus. Nach einer Weile sagte er, ohne den Kopf zu wenden: »Na, jetzt habt ihr es endlich geschafft.«

Ich wußte nicht, ob er zu sich selber, zu den Demonstranten auf dem Platz oder zu mir sprach, und wagte daher nicht zu fragen, wer was geschafft hatte. Wieder vergingen zwei, drei Minuten, dann sagte er: »Das verdanken wir allein den Serben. Wir Bulgaren säßen immer noch apathisch da und tränken Kaffee, so wir uns den leisten könnten. Aber die Serben haben uns gezeigt, wie man das macht.« Er sah mich kurz an, dann wieder zum Fenster hinaus.

»Die Serben sind ein starkes Volk«, fuhr er fort, »seit fünfzig Tagen stehen sie zu Hunderttausenden bei Eiseskälte, bei Regen und Sturm auf dem Platz und fordern ihr Recht. Jeden Tag haben wir sie auf dem Fernsehschirm gesehen, die ganze Welt hat sie gesehen und bewundert und wir sind immer kleiner und jämmerlicher geworden. Ist es nicht so?« fragte er mit einem scharfen Blick in mein Gesicht.

»Ja«, sagte ich, »so ist es wohl.«

»Warum haben wir das nicht gekonnt? Warum mußte man es uns wochenlang vormachen, bis uns der Einfall kam, wir könnten's ja auch mal versuchen? Eine Schande! Wir Bulgaren sind immer die Letzten, die sich wehren, wir sind überhaupt die Letzten der Letzten. Und wo kommen Sie her?«

»Aus Israel.«

»Auch eine Schande! Bringen ihren eigenen Ministerpräsidenten um, war noch dazu ein guter Mann. Die Menschen haben so viel erfunden und vollbracht, und trotzdem sind sie dümmer als die Ochsen auf der Weide und böser als ein hungriger Wolf.«

Er schlug mit der flachen Hand auf den Tisch und stand auf: »Ich muß noch ein Brotchen kaufen«, erklärte er. »Auf Wiedersehen, gospodja und tschistito nowa godina.«

Das Salonchen

Ich machte mich mit meiner neuen Behausung und deren Tücken vertraut. Es waren für bulgarische Verhältnisse nicht viele, und sie ließen sich mit etwas Erfindungsgabe überbrücken. Mit Ausnahme des Klos, dessen Wasserspülung nur einmal unter Donnergetöse spülte und dann nie wieder. Ich suchte und fand einen Eimer, doch in dem waren Socken eingeweicht. Ich wollte die Socken mitsamt dem Seifenwasser ins Waschbecken kippen, aber das hatte keinen Stöpsel. Ich hielt nach Waschpulver Ausschau, um nach getaner Arbeit eine neue Seifenlauge herzustellen, doch in der Schachtel war nur noch ein schäbiger Rest. Ich wurde ungeduldig und erwog, den gesamten Inhalt des Eimers ins Klo zu schütten, um damit wenigstens eine handfeste Katastrophe herbeizuführen. Doch nachdem ich mir die in allen Einzelheiten vorgestellt und Irinas hübsches Gesicht in Kummer verzerrt ausgemalt hatte, nahm ich davon Abstand. Schließlich fand ich unter den Kochutensilien, die meine an Kärglichkeit noch übertrafen, einen großen verbeulten Kochtopf und stellte fest, daß man gar keine Wasserspülung brauchte. Ich ließ den mit Wasser gefüllten Kochtopf neben dem Klo stehen und legte mich todmüde ins Bett. Dort allerdings machte sich eine weitere Tücke bemerkbar. Die Matratze war keine gerade Unterlage, sondern ein Hang, an dem man sich entweder festklammern oder hinunterrollen mußte. Doch schließlich fand ich am Fuß des Hanges einen Streifen, auf dem ich liegen konnte. Kaum hatte ich mich dort eingerichtet, klingelte es. Ich ließ es klingeln, aber als es zu klopfen begann, stand ich auf und fragte wütend, wer da sei. – Wer ich sei, fragte eine männliche Stimme zurück. – Eine Freundin von Irina. Und er? – Ein Nachbar. Warum ich die Tür nicht aufmache? – Weil jeder sagen könne, er sei ein Nachbar. – Und jede könne sagen, sie sei eine Freundin. – Na schön, ich sei gar keine Freundin, sondern eine Einbrecherin. Er solle mich jetzt bitte in Ruhe lassen.

Ich legte mich wieder hin. Es war kurz vor sechs und ich beschwor das Schicksal, Irina aufzuhalten, damit sie nicht pünktlich ihre neue Mieterin begrüßen käme. Aber das Schicksal, wie immer in solchen Fällen, war unnachgiebig. Um sechs hörte ich den Schlüssel im Schloß und löschte schnell die kleine Lampe, die ich mit viel Erfindungsgabe am Kopfende der Bettcouch installiert hatte. Irinas Schritte durchquerten den Vorraum und machten vor meiner Tür halt. Wie schon erwähnt, war sie behutsam und bedächtig, und darum dauerte es eine Weile, bis sie, ähnlich meinem Kater Dino, an der Tür kratzte. Sie tat es allerdings mit eingezogenen Krallen. Es war mir ebenso unmöglich, nicht zu antworten, wie es ihr unmöglich gewesen war, nicht zu kratzen, und darum sagte ich: »Kommen Sie herein.«

»Willkommen«, sagte sie, die Deckenbeleuchtung einschaltend. »Tschistito nowa godina ... habe ich Sie etwa geweckt?«

»Nur ein bißchen, aber das macht nichts.«

»Oh, ich möchte Sie nicht stören, ich wollte nur wissen, ob Ihnen das Salonchen gefällt und alles in Ordnung ist.«

»Es gefällt mir sehr und alles ist in bester Ordnung ... bis aufs Klo. Die Wasserspülung funktioniert nicht.«

»Ach so«, sagte sie unbeeindruckt, »das passiert öfter. Avramsky, mein Freund ...«, sie kicherte verlegen, »wird es reparieren.«

»Wunderbar, einen Mann im Haus zu haben, der die Sachen repariert.«

»Avramsky kann alles reparieren, und das ist in Bulgarien sehr wichtig. Die staatlichen Arbeiter kommen erst gar nicht, und die, die sich privatisiert haben, sind so teuer, daß man sich auch gleich was Neues kaufen könnte.«

Sie war ein paar Schritte näher gekommen und stand jetzt zwischen Tür und Bettcouch. Diesmal trug sie einen Rollkragenpullover von heller Mandarinenfarbe und dazu einen engen, knielangen Rock. Sie hatte schöne Beine und kleine Füße, die in gesteppten Pantöffelchen steckten. Da sie reizend aussah, fiel es mir schwer, sie höflich, aber bestimmt zu bitten, mich schlafen zu lassen.

»Ich sehe, Sie sind sehr müde«, sagte sie, aber anstatt diese Feststellung zu berücksichtigen und sich zu entfernen, setzte sie sich auf den Hocker neben meinem Bett: »Kann ich Ihnen etwas zum Essen oder Trinken bringen?«

»Nein danke, eigentlich möchte ich nur schlafen.«

»Gut, ich werde mich auch ein Stündchen hinlegen. Avramsky kommt um sieben, und dann muß ich kochen. Gehen Sie heute abend aus oder können Sie mit uns essen? Es würde uns sehr freuen!«

»Nein, ich gehe heute abend nicht mehr aus, und ich glaube, ich werde auch gar nicht mehr aufstehen.«

»Sie müssen aber etwas zu Abend essen«, sagte sie mit der Mütterlichkeit, die hier bereits kleinen Mädchen im Blut liegt, »und jetzt vielleicht ein Rakiachen oder Wodkachen trinken. Das bringt Sie gleich wieder auf die Beine.«

Bei diesem letzten Satz fielen mir die Nachbarn ein, die nichts mehr wieder auf die Beine bringen konnte, und ich erkundigte mich nach der Ursache ihres vorzeitigen Todes.

»Ach traurig«, sagte Irina, »der Mann ist an Krebs gestorben, und die Frau hat sich hier in der Wohnung erhängt, im Duschraum, an einem Haken. Ich hab mir oft überlegt, wenn da nicht schon der Haken gewesen wäre ... Aber wahrscheinlich hätte sie's trotzdem irgendwie getan. Sie hatte einfach keine Kraft und keinen Mut mehr, geschieden, zwei halbwüchsige Kinder, keine

Arbeit und dann die Angst vor dem kommenden Winter ... Ich bin gläubig und gegen den Selbstmord, aber verstehen kann man es, nicht wahr?«

»Oh ja.«

»Sie war eine hübsche Frau ... gut, ich werde Sie jetzt schlafen lassen.«

Ich erhob keinen Einwand, und sie stand auf und ging zur Tür. Dort blieb sie noch einmal stehen und sagte mit leiser, geheimnisvoller Stimme: »Ich möchte Ihnen noch etwas mitteilen.«

»Ja, Irina?«

»Mein Freund und ich werden noch diesen Sommer heiraten.«

»Das freut mich.«

»Wir leben nämlich schon seit vier Jahren zusammen und wollen jetzt endlich den Duschraum in ein richtiges Badezimmerchen umbauen.«

Ich fragte mich, was das eine mit dem anderen zu tun hatte, aber sie ließ mich nicht lange darüber nachgrübeln.

»Dazu brauchen wir natürlich Geld«, erklärte sie, »und müssen das Salonchen vermieten.«

»Ah, ich verstehe!« sagte ich und lachte. »Sie heiraten für Ihre zukünftigen Mieter.«

»Aber nein«, protestierte sie, »nein, so ist das doch nicht! Ich liebe Avramsky wie ein Baby die Milch seiner Mutter.«

Sie lächelte mir sanft zu und verließ das Zimmer.

»Wie ein Baby die Milch seiner Mutter«, wiederholte ich und war entzückt über diesen ungewöhnlichen Vergleich ihrer Liebe zu einem Bodyguard, »bin gespannt, was das für ein Mann ist.«

Ein Kommunist

Auf den ersten Blick machte Avramsky einen eher schmächtigen und unscheinbaren Eindruck. Er war weder groß noch klein, weder breit noch dünn, weder gutaussehend noch häßlich. Er war ein heller Typ mit fahler Haut, aschblondem, glattem Haar und graublauen Augen, die auch nicht weiter auffielen. Ich hatte mir einen großen, muskulösen Kerl mit kurzem Hals und stechendem Blick vorgestellt und war enttäuscht, einen bedeutungslosen Mann vor mir zu sehen. Aber vielleicht konnte er ja Karate, hatte ungeahnte Kräfte und einen fabelhaften Bizeps unter dem Norwegerpullover.

»Gospodja«, sagte er mit einer angenehm tiefen Stimme, »willkommen bei uns! Fühlen Sie sich wie zu Hause und betrachten Sie uns als Ihre Freunde.« Er reichte mir ein Glas Wodka, hob das seine und stieß mit mir an: »Nastravje, werte Dame, und ein glückliches neues Jahr.«

Nach dieser Empfangszeremonie setzten wir uns an das kleine Tischchen in der Küche, und während Irina das Essen zubereitete, der Regen an die Scheiben pochte und aus dem Radio leise Musik plätscherte, brauchte ich auf das Gefühl, zu Hause und unter Freunden zu sein, nicht lange zu warten.

Merkwürdig, dachte ich, wie schnell und intensiv sich dieses Gefühl hier bei mir einstellt, egal ob im Hotel Trimontium oder der Uliza Propotniza, egal ob bei Bogdan oder bei Avramsky. Liegt es allein an der Großzügigkeit und Wärme dieser Menschen oder habe ich hier doch immer noch ein verborgenes Nest, in das ich hilflos hineingesetzt worden war, um eines Tages wegzufliegen, ein fremder exotischer Vogel vielleicht, und doch ganz stark von Land und Leuten geformt?

»Angelina«, sagte Avramsky, »du bist in einer schlimmen, schlimmen Zeit zu uns gekommen. Bulgarien liegt in Agonie, es ist von Gott und der Welt, es ist von allen guten Geistern verlassen. Keiner sieht mehr das Licht am Ende des Tunnels.«

Er sprach, mir zuliebe, sehr langsam, artikulierte jedes Wort und begleitete es mit eindringlichen Gesten und Blicken. Es war ein gepflegtes Bulgarisch, das ihn, auch in den folgenden Tagen, nie zu einem Schimpfwort oder auch nur den allgemein üblichen Redewendungen hinriß.

»Verstehst du mich, Angelina?«

»Ja, ich verstehe.«

»Gut. Und macht es dir etwas aus, wenn ich dich mit deinem Vornamen und ›du‹ anspreche?«

»Überhaupt nichts.«

»Ich bin nämlich in einer Zeit aufgewachsen, in der man sich mit ›Drugar‹ – Genosse – und ›du‹ angesprochen hat.«

»Das kam wohl ganz auf die Kreise an«, warf Irina ein.

»Dann also in meinen Kreisen.«

Der Mann wurde mir immer rätselhafter und ich entsprechend neugierig. Er war weder bedeutungslos noch unscheinbar, und in seinen Augen, die mir nicht weiter aufgefallen waren, entdeckte ich eine kühle, reflektierende Intelligenz.

»Bist du wirklich Bodyguard von Beruf?« fragte ich.

Irina lachte, doch er, der vielleicht dank meines beschränkten Bulgarisch annahm, daß man mir alles ernst und präzise erklären müsse, sagte: »Ich war einmal Bodyguard, eine Zeitlang sogar der unseres zukünftigen Präsidenten, Peter Stojanov, aber das bin ich schon seit längerem nicht mehr. Jetzt bilde ich nur noch Bodyguards aus und arbeite außerdem in einer privaten Firma, die Alarmsysteme herstellt. Ich installiere sie. Meine Kenntnisse, sowohl im Umgang mit Waffen als auch mit der Elektronik, habe ich aus meinem früheren Beruf. Sie leisten mir heute gute Dienste.«

»Und was war dein früherer Beruf?«

»Ich habe die Militärakademie absolviert und war Berufsoffizier der bulgarischen Armee.«

Na endlich, dachte ich, endlich mal ein Kommunist, der, obgleich umgeschwenkt, den Kommunismus von der Pike auf kannte.

»Nastravje, Avramsky«, sagte ich, »ich bin wirklich froh, dich kennengelernt zu haben.«

»Und ich bin froh, daß du unser Gast bist«, sagte er. »Nastravje, Angelina.«

Irina, die sich eine Schürze umgebunden hatte und eine Zigarette zwischen den Fingern hielt, trat an den Tisch und griff ebenfalls nach ihrem Glas. Sie stieß erst mit mir, dann mit Avramsky an, sagte feierlich: »Auf die Freundschaft, auf die Liebe«, und trank ihr Glas leer.

»Und auf Bulgarien«, sagte ich.

»Bulgarien«, seufzte sie, »Angelina, wir sind kein weißes Volk mehr, wir haben schwarze Seelen, und keiner will uns haben.«

»In der Welt geht es nicht nach weißen Seelen, sondern nach grünen Dollars«, sagte Avramsky. »Wir könnten hier alle weiß wie Engel sein, und trotzdem würde uns keiner wollen.«

»Da hat er leider recht«, sagte ich.

Das Essen wurde und wurde nicht fertig, dafür aber die Flasche.

»Ich bin etwas langsam«, erklärte Irina überflüssigerweise, »und keine so perfekte Köchin. Hoffentlich schmeckt dir das, was ich hier mache, es ist ein typisch bulgarisches Essen: Tomaten, Pfefferschoten, Schafskäse und Eier in kleinen Töpfchen gebacken.«

»Das ist mein Lieblingsgericht.«

»Und dazu habe ich einen herrlichen Rotwein«, verkündete Avramsky, »er ist von meinem Freund aus einem Dorf. Garantiert sauber.«

»Für mich sollst du ihn wirklich nicht öffnen. Ich bin jetzt schon nicht mehr nüchtern.«

»Angelina, was ist das Leben ohne Freunde, mit denen man trinken, essen und sprechen kann! Dein Bett ist nebenan, und Irina und ich sind bei dir. Es kann dir also nichts passieren.«

Wir tranken den herrlichen Wein und aßen das bulgarische Essen, wir rauchten viele Zigaretten und Avramsky erzählte mir seine Geschichte: »Ich bin in einer kleinen Stadt in den Bergen aufgewachsen. Meine ganze Familie war kommunistisch, mein Vater ein absoluter ›hardliner‹. Ich war der einzige Sohn und hatte eine schöne Kindheit. Mein Vater sagte mir, daß ich sie den Kommunisten verdanke, die dafür sorgten, daß ich in Frieden, Sicherheit und Ehrbarkeit leben könne. Er hielt mir lange, überzeugte Vorträge darüber und ich habe jedes Wort geglaubt. Ich wollte Partisan werden, wie es mein Vater gewesen war, während des Krieges. Und da es diesen ›Beruf‹ nun leider nicht mehr gab, entschlossen sich mein Vater und ich zum nächstbesten: der Armee. Ich kam mit achtzehn auf die Militärakademie und wurde Offizier. Die Berufsarmee war selbstverständlich ein rein kommunistisches Unternehmen. Ich wurde sehr gut ausgebildet und gründlich, wenn auch einseitig gebildet. Ich hatte nie Zweifel an dem, was ich tat, und glaubte auch zu wissen, für wen ich es tat. Ich heiratete als junger Offizier und wurde Vater einer Tochter. Alles ging seinen vorgeschriebenen Gang, ich brauchte für nichts zu kämpfen, mir um nichts Sorgen zu machen, nicht einmal selbständig zu denken. Warum ich es dann plötzlich doch tat, weiß ich nicht mehr, aber es war auf jeden Fall der Anfang vom Ende. Die ersten Zweifel stellten sich ein und wurden verdrängt. Irgendwann ließen sie sich nicht mehr verdrängen. Selbständig denken ist eine gefährliche Sucht, man sollte ihr nicht nachgeben.«

Er lachte kurz auf, zündete sich eine neue Zigarette an und holte eine Flasche Rakia vom Küchenbalkon: »Mit Wein soll man den Abend nicht beschließen«, sagte er, »also trinken wir ein kleines Gläschen, Angelina. Es ist der beste Rakia, den du jemals getrunken hast.«

Er goß uns ein und fuhr fort: »Am 1. Januar 1985 ergab ich mich meinen Gedanken und Zweifeln. Es war das Datum, an dem man achthunderttausend in Bulgarien lebende Türken zwingen wollte, bulgarische Namen anzunehmen. Sie waren zwar bulgarische Staatsangehörige, hatten aber nach wie vor die türkische Nationalität, fühlten sich als Türken und weigerten sich selbstverständlich, ihre alten, seit Jahrhunderten in der Familie verankerten Namen abzulegen. Es hat vorher sicher schon andere, vielleicht sogar schwerwiegendere Gründe gegeben, um den Glauben in das kommunistische System zu verlieren, aber damals war ich wohl noch nicht reif. Wie immer, die Zwangsumbenennung einer dreiviertel Million rechtschaffener Menschen war für mich der Tropfen, der das Faß zum Überlaufen brachte. Ich ging zu meinem Vorgesetzten und verlangte meine Entlassung aus der Armee. Als er ablehnte, zerriß ich vor seinen Augen meinen Offiziersausweis. Mein Vorgesetzter, der mich sehr schätzte, reagierte gelassen, und am nächsten Tag hatte ich einen neuen Ausweis. Mit dem ging ich zum Obersten der bulgarischen Armee, wiederholte mein Anliegen, wurde abgewiesen und zerriß zum zweiten Mal den Ausweis. Dieser Mann nun reagierte nicht so gelassen und packte mich am Kragen. Ich sah darin eine Verletzung meiner Würde und meines Rechts und versetzte ihm einen Stoß in den Magen.«

Avramsky schwieg. Er saß da wie ein gescholtener Schüler, die Schultern ein wenig hochgezogen, den Kopf gesenkt, die Stirn gefurcht.

»Avramsky kann sehr jähzornig sein«, belehrte mich Irina, die seit einer Stunde in ihrem Essen herumpickte.

»Aber nur, wenn ich dazu herausgefordert werde«, berichtigte er.

»Und was geschah dann?« wollte ich wissen. »Hat man dich vor ein Militärgericht gestellt?«

»Um ein Haar! Aber dann haben sie wohl Angst vor einem Skandal bekommen und mich in Schande aus der Armee entlassen. Meine Familie war entsetzt. Mein Vater, immer noch Kommunist, hat mir nie ganz verziehen, meine Ehe ging in die Brüche. Ich habe den Schritt nicht bereut, er war unvermeidlich. Ich kann nicht in der Lüge leben.«

»Hast du den Zusammenbruch des Kommunismus als Erlösung empfunden?«

»Ich habe ihn als Notwendigkeit empfunden, aber daß ich ihn so empfinden mußte, hat mich geschmerzt. Ich habe dreißig Jahre an ihn, an das Gute in ihm, geglaubt und war verzweifelt, daß er von seinen eigenen Vertretern so mißbraucht worden war. Daß sich das eines Tages rächen würde, war mir klar, und ich habe es denen, die das Gute im Kommunismus auf dem Gewissen hatten, von Herzen gewünscht und ihnen den Rücken gekehrt. In dem Moment, in dem man das tat, war man Demokrat, also war ich Demokrat.«

»Aber nicht mit Herz und Seele.«

»Ich bin kein Mensch, der schreit: ›Der König ist tot, es lebe der König!‹ Ich sehe das Gute, ich sehe das Schlechte in einer Sache. Es war folgerichtig, daß die demokratische Regierung an die Macht kam, und ich habe mir das auch gewünscht und war dabei. Aber ich habe sehr schnell gesehen, daß das auch nicht richtig läuft. Wie hätte es auch! Um von einem Sattel in den anderen zu springen, muß man ein lang geübter Kunstreiter sein. Wir hatten weder Übung noch die Spur von Geschicklichkeit. Wir sind gefallen und haben uns alle Knochen gebrochen. Nastravje, Angelina, Nastravje, Irina, Nastravje Bulgaria! Ich liebe mein Land. Es ist das schönste Land, das es gibt. Wir haben alles: herrliche Berge, Wälder, Flüsse, fruchtbare Ebenen, das Schwarze Meer. Zeig mir eine so schöne Landschaft, wie wir sie haben! Zeig mir ein so gutes, freundliches Volk! Ich werde es denen, die es kaputtgemacht haben und immer weiter kaputtmachen, nie verzeihen.«

Wir stießen an und leerten die Gläser.

»Ein wunderbarer Rakia«, sagte Avramsky mit seligem Lächeln.

Ein mühsamer Morgen

Der nächste Tag begann nicht gut. Meinen Kopf hatte ich bereits mit Tabletten beruhigt, aber in meinem Magen war die Hölle los. Ich stand auf und zog die weißen Lurexvorhänge zurück. Wieder ein grauer, lichtloser Tag. Auf dem Schotterplatz mit seinen Pfützen und Schneeinseln tummelten sich ein paar herrenlose Hunde. Sie waren bester Stimmung und sahen gut genährt aus. In den deckellosen, überquellenden Mülltonnen mußte also doch noch Eßbares zu finden sein oder die Menschen, die ich aus der Vergangenheit als tierfeindlich kannte, hatten mit der Wende und dem westlichen Einfluß ihr Herz für Hunde entdeckt und fütterten sie mit irgendwelchen Resten. Ich ging in die Küche. Avramsky saß, bis auf die Schuhe angezogen, auf einem Stuhl und aß einen kleinen, grünen Apfel. Sein Haar war feucht, seine Wangen frisch rasiert, und er duftete nach Eau de Cologne. Irina in einem zartgelben Rollkragenpullover und gutsitzender grauer Hose, räumte den Küchenschrank aus. Sie begrüßten mich mit liebevollem Trübsinn.

»Geht's euch nicht gut?« fragte ich hinterhältig.

»Oh, doch«, entgegnete Irina, »wir sind nur etwas müde, und dann ist der *tock* ausgefallen.«

»Der was?«

Sie ging zum Lichtschalter und drehte ihn an. Die Birne glühte nicht auf.

»Ach du lieber Himmel«, sagte ich, »wie lange kann das dauern?«

»Das weiß man nie, aber ich arbeite ja in der Elektrizitätsgesellschaft und werde mich gleich darum kümmern. Ich suche den Spirituskocher, damit ich dir Tee machen kann. Was möchtest du frühstücken?«

»Gar nichts, mir ist übel.«

»Das kann aber nicht vom Wein kommen«, erklärte Avramsky. »Auch nicht vom Wodka oder Rakia. Sie waren absolut sauber.«

»Vielleicht kommt es von der Menge und der Mischung«, gab ich zu bedenken.

»Ich habe etwas für dich«, sagte Irina, »da wird dir sofort besser.«

Sie holte eine kleine Tüte aus dem Schrank, füllte einen Teelöffel mit weißem Pulver und verrührte es mit Wasser.

»Was ist das?« fragte ich argwöhnisch.

»Soda. Meine Großmutter hat uns das immer gegeben, wenn uns nicht gut war. Sie hatte für alles ein Hausmittel, Kräuter und Tees, und wenn's uns sehr schlecht ging, einen Schnaps aus Gewürzen. Der hat wie ein Wunder gewirkt. Komm, trink!«

Ich trank, dann fragte ich: »Kommt deine Familie aus Sofia?«

»Nein, aus einem kleinen Ort in der Nähe von Plovdiv, aber als ich fünf Jahre alt war, sind wir nach Sofia gezogen. Meine Mutter wollte in der Stadt leben, damit sie lernen und sich bilden konnte. Sie war eine sehr kluge, wißbegierige Frau und hat es weit gebracht. Mein Vater dagegen war ein schlichter Mann mit einer sehr zarten Seele. Sie war ihm überlegen, und das verträgt ein bulgarischer Mann nicht. Sie haben sich scheiden lassen.«

»Wart ihr auch Kommunisten?«

»Die meisten waren Kommunisten, Angelina, die einen mehr, die anderen weniger, viele auch aus Opportunismus. Meine Mutter hatte eine hohe Stellung in der staatlichen Elektrizitätsgesellschaft. Glaubst du, die hätte sie bekommen, wenn sie gegen den Kommunismus gewesen wäre? Aber sie war trotzdem eine Freidenkerin, und so hat sie mich auch erzogen. Ich bin eine überzeugte Demokratin geworden.«

»Ohne genau zu wissen, was das ist«, sagte Avramsky. »Die Leute hier glauben, wenn sie bei der CDC sind und ›weg mit dem roten Dreck‹ schreien, sind sie Demokraten. Ich wette, keiner von diesen Schreiern kennt die demokratische Verfassung.«

»Ich kenne sie auch nicht«, sagte ich und setzte mich zu ihm an das Tischchen. »Kennst du sie?«

»In- und auswendig. Man braucht sie ja nur zu lesen.«

»Von Avramsky kann man sehr viel lernen«, gab sich Irina widerstandslos geschlagen. Sie kramte wieder in dem Küchenschrank und grub schließlich den Spirituskocher aus.

»So«, sagte sie befriedigt, »jetzt mache ich dir ein Teechen und ein Omelettchen.«

Proteste halfen nicht und waren mir an diesem Morgen auch

zu mühsam. Man mußte es über sich ergehen lassen: das Wodkachen, das Weinchen, das Rakiachen, das Teechen und das Omelettchen. Sie holte zwei Eier aus dem Kühlschrank, schlug das erste auf und ließ es mitsamt der Schale in die Schüssel fallen: »Ein Hühnchen«, schrie sie und schlug die Hände vor's Gesicht. Ich stand auf, stellte mich auf die Zehenspitzen und spähte aus sicherer Entfernung in die Schüssel. Tatsächlich, da lag ein bereits gefiedertes Küken.

»Iiihhh!« schrie nun auch ich und lief zur Tür.

Avramsky seufzte, erhob sich, kippte wortlos das Küken in den Mülleimer, band den Plastiksack zu, nahm ihn heraus, spülte die Schüssel und trocknete sie ab.

»So«, sagte er, sich die Hände waschend, »jetzt muß ich leider gehen.«

»Irina«, rief ich, von Küken und Omelett befreit und darum entsprechend erleichtert, »du hast einen guten Mann.«

Er schenkte mir eins seiner raren Lächeln und flüsterte Irina etwas zu.

»Weißt du, was er gesagt hat?« rief sie. Ihre Augen, so rund und braun wie Haselnüsse, begannen zu strahlen. »Er hat gesagt, daß er ein guter Mann ist, weil er mich liebt. Ach, Angelina, das ist Honig auf mein Herz!«

Sie war mit ihren blumigen Aussprüchen und pastellfarbenen Rollkragenpullovern wirklich eine Freude, und das schien sich auch in meinem verkaterten Gesicht auszudrücken.

»Es geht dir schon besser«, sagte Irina zufrieden. »Also, wenn dir wieder einmal übel sein sollte, nimm einen Teelöffel Soda auf ein halbes Glas Wasser.«

Ich nahm mir vor, schnellstens Soda zu kaufen, denn daß mir bei diesen Trinkgewohnheiten noch oft übel werden würde, stand fest.

»Darf ich dir etwas mitteilen?« fragte Irina, die Gegenstände, die sie aus dem Küchenschrank genommen hatte, langsam wieder einräumend.

»Du darfst.«

»Also, du weißt«, begann sie, »ich liebe Avramsky, und er ist ein kluger, guter Mann, aber wir sind leider sehr verschieden. Er denkt zu viel an Geld und ich wünsche mir etwas anderes, etwas, das wichtiger ist als Geld.«

»Was ist in Bulgarien zur Zeit wichtiger als Geld?«

»Etwas Schönes sehen, hören, fühlen. Ein Konzert, zum Beispiel, ein Theaterstück, ein Ballett.«

»Dazu braucht man auch Geld.«

»Einmal im Monat! So viel hätten wir schon noch. Aber er macht sich nichts draus.«

»Dann geh doch alleine.«

»Das ist nicht dasselbe. Ich möchte, daß er neben mir sitzt und so sieht, hört und fühlt wie ich. Ich möchte, daß Herzen und Seelen im Einklang sind. Verstehst du das nicht?«

Zum ersten Mal klang Ungeduld aus ihrer Stimme. Ich sah sie an. Sie lehnte an der offenen Schranktür, die Brauen zusammengezogen, in der Hand eins der alten eisernen Bügeleisen, die man zum Bügeln mit Glut füllen muß.

»Mit so einem bösen Ding habe ich mir mal meinen schönsten Faltenrock verbrannt«, sagte ich, »er war aus himmelblauer Seide mit weißen Tupfen.«

Sie warf einen kurzen, irritierten Blick auf das Eisen, stellte es dann in den Schrank und sagte, ohne auf meinen himmelblauen Rock einzugehen: »Meine Mutter hat sehr viel Wert auf Kultur gelegt, es gab keine Oper, keine Theateraufführung, in die sie nicht gegangen wäre. Aber Avramsky kommt eben aus einem ganz anderen Haus.«

»Irina, was ist dir in einem Zusammenleben wichtiger: Verständnis und Eintracht im täglichen Leben oder Einklang von Herz und Seele einmal im Monat im Theater. Liebe oder sogenannte Kultur?«

Ich hatte etwas harsch gesprochen, und sie fragte mit kleiner Stimme: »Bist du mir jetzt böse?«

»Gott bewahre, warum sollte ich dir böse sein? Ich habe dir nur eine Frage gestellt ... Und jetzt habe ich noch eine zweite: Wie viele von diesen hübschen, neuen Pullovern hast du eigentlich?«

»Die sind doch nicht neu«, lachte sie, »die sind schon ein paar Jahre alt. Ich pflege sie nur sehr, weißt du. Ich wasche sie ganz vorsichtig und dann wickle ich sie in ein Handtuch, und wenn sie fast trocken sind, bügle ich sie ganz leicht.«

»Phantastisch!«

Das Wasser kochte und ich stand auf, um meinen Tee aufzubrühen.

»Soll ich dir nicht doch noch ein kleines Omelettchen ...«

»Bitte, hör damit auf! Nie wieder ein Omelettchen!«

»Ich hab dir noch keine Antwort auf die erste Frage gegeben.«

»Ich weiß.«

»Soll ich das jetzt tun?«

»Ich bin gespannt.«

»Also, Angelina«, sagte sie mit dem Eifer eines kleinen Schulmädchens, das seine Lektion gut gelernt hat, »nichts auf dieser Welt, nichts in diesem Leben ist wichtiger als die Liebe.«

Eine Kolonne junger Hunde und eine Schlange alter Frauen

Die Armenküche, in der sich Hungerleidende kostenlos einen Teller Suppe holen konnten, befand sich etwas außerhalb Sofias, in der Satellitenstadt Mladost. Sie war eine Einrichtung des CDC und wurde durch mager fließende Spenden aufrechterhalten. Evelina hatte sie ausfindig gemacht und auch gleich Elia, den Fotografen, benachrichtigt, damit er sich an dem Ausflug zur Armenküche beteiligen konnte. Es war Sonntag und zum ersten Mal, seit ich in Bulgarien war, schönes Wetter.

»Sieht doch alles gleich anders aus«, sagte ich und schaute frohgemut in den blauen Himmel.

»Ja, stimmt«, erwiderte Bogdan, »sieht man Dreck noch mehr. Müssen wir sein in eine Zigeunerviertel, weiß ich nicht, wie wir gekommen sind hier rein und wie ich kommen kann schnell raus.«

»Bogdan, deine Angst vor Zigeunern ist pathologisch, und der Benzingestank in deinem Auto lebensgefährlich.«

»Hat man mir gestern Nacht ganze Benzin geraubt. Hatte ich gerade vollgetankt. Tanke ich jetzt nur noch zehn Liter und habe ich Reservekanister hinten in Auto.« Er griff nach seinen Zigaretten.

»Nein«, schrie Evi, »tu das nicht, Bogdan! Wir fliegen alle in die Luft, wenn du dir jetzt eine Zigarette anzündest.«

»Habe ich schon geraucht ganze Zeit. Passiert gar nichts.«

Zu meiner Überraschung passierte wirklich nichts.

Mladost – übersetzt Jugend – war von derselben verkommenen Häßlichkeit wie Ljulien oder das bescheidene Wohnkomplexchen, in dem ich zur Zeit mein Domizil hatte. Sie unterschieden sich allein in den Ausmaßen. Ich mußte feststellen, daß ich mich geirrt hatte: Bei schönem Wetter sah nicht alles anders aus. Im Gegenteil! Ein düsterer Tag verschmolz mit der düsteren Umgebung, stellte sogar eine gewisse negative Harmonie her. Ein schöner Tag voller Sonne und Licht hob die Trostlosigkeit nicht nur optisch krasser hervor, sie wurde gleichsam fühlbar, legte sich wie ein schwerer atmosphärischer Druck auf Brust und Gemüt, schürte die Sehnsucht, erstickte den letzten Funken Hoffnung, anstatt ihn zu entfachen.

Hunde und Kinder waren auf den Straßen, die Hunde fröhlicher als die Kinder. Die Sonne schien ihnen warm auf den Pelz, der Müll lag leicht erreichbar überall herum, und Sehnsucht kannten sie nicht. Die Kinder dagegen sahen im Fernsehen, wie schön es Kinder haben konnten. Sie bauten sich kleine Traumhäuser aus Gerümpel und Brettern, gaben ihren zerlumpten Puppen einen klangvollen, amerikanischen Namen, fuhren auf dem Gerippe eines Fahrrads durch die Gegend und bildeten sich ein, es wäre die Filmlandschaft, die sie am Abend zuvor gesehen hatten.

Ein Hüne von einem Mann schrubbte mit einer kleinen Bürste sein Auto. Bogdan hielt und fragte ihn, wo hier die Suppenküche des CDC sei. Der Mann unterbrach seine Arbeit, legte das Bürstchen auf die Kühlerhaube und kratzte sich nachdenklich am Kopf: »Moment«, sagte er, »gleich fällt es mir ein.«

Eine Hundemutter, mit fünf schwarzen Jungen im Schlepptau, zog vorüber. Die Hündin mit langen, schlaffen Zitzen schnüffelte am Boden nach etwas Eßbarem, die Kleinen, die die Nöte der Nahrungsbeschaffung noch nicht kannten, trabten mit erhobenen Schwänzchen vergnügt hinterher. Die kleine Kolonne, Symbol des Elends und verzweifelten Existenzkampfs der Kreatur, schnürte mir die Kehle zusammen, trieb mir die Tränen in die Augen. Zum Glück fiel dem Hünen endlich ein, wo sich die Armenküche befand, und er beschrieb Bogdan den Weg. Es waren nur noch einige hundert Meter, und als wir um eine Ecke bogen, sahen wir bereits eine kurze Schlange vorwiegend alter Frauen, die, einen Napf in der Hand, vor dem Eingang mit den blauen Initialen des CDC warteten.

Bogdan parkte das Auto in einiger Entfernung und meine drei Mitfahrer stiegen aus. Ich blieb sitzen.

»Was ist?« fragte Evi. »Willst du nicht aussteigen?«

»Nein, ich finde das alles zu widerwärtig.«

»Was?«

»Diese Unseligen anzustarren und dann auch noch zu fotografieren.«

»Wozu sind wir dann hierher gekommen?« fragte Bogdan.

»Das weiß ich auch nicht.«

Evi sah mich hilflos an, und Bogdan seufzte: »Ja, Angelika, habe ich dir schon einmal gesagt, saugst du Schmerz auf wie Schwamm, bist du nicht gewöhnt solche Situationen …«

»Doch«, schrie ich und fiel unversehens in Bogdans Sprechweise: »bin ich gewöhnt seit hundert Jahren, hier, da und überall.

Gibt es solche und ähnliche und noch viel, viel schlimmere Situationen nicht nur hier und jetzt. Ist dieselbe Misere, dieselbe Ungerechtigkeit, derselbe Dreck auf der ganzen Welt. Laßt mich in Ruhe!«

Die drei sahen mich betroffen an, und jetzt stieg ich aus und entfernte mich mit schnellen Schritten von den auf Suppe wartenden alten Frauen. Eine Familie, Vater, Mutter und Kind, kam mir entgegen. Sie waren ärmlich, aber sorgfältig gekleidet, und der kleine Junge trug einen schlaffen Teddybären im Arm. Dann kam ein junges Paar, sie mit dunkelrot geschminkten Lippen und einem kurzen, hellgrauen Kaninchenfellmantel, er in einem braunen Anzug und einem flott karierten Schal. Vermutlich machten sie einen Sonntagsspaziergang. Vielleicht waren sie auch bei Verwandten oder Freunden zum Mittagessen oder ein paar Gläschen Rakia eingeladen. Trinkt, meine Brüder, meine Schwestern, trinkt und vergeßt!

Auf einem unbebauten Platz stand zwischen Wasserlachen und Geröll ein altes, ausgedientes Tischfußballspiel auf drei Beinen, an dem ein paar halbwüchsige Jungens herumhantierten. Ein Stück weiter hatte man ein kleines Karussell aufgebaut. Es bestand aus einem gelben Auto, einem blauen Elefanten, einem roten Pferd und einem grünen Nashorn. All das von immenser Häßlichkeit und aus Plastik. Da entweder der Strom oder der Motor ausgefallen war, drehte es ein junger Mann mit der Hand, ein beschwerliches Unterfangen, bei dem das armselige Ding nicht recht in Schwung kommen wollte. In dem gelben Auto saß ein kleiner Junge mit lila Pudelmütze und freute sich über die gelungene Karussellfahrt. Jetzt, unter dem Schutz meiner Sonnenbrille und dem hochgeschlagenen Mantelkragen, begann ich zu heulen, drückte den mit Schmerz vollgesogenen Schwamm bis zur letzten Träne aus und ging dann langsam zum Auto zurück.

Evi und Bogdan standen Zigaretten rauchend mitten auf der Straße und schauten mir entgegen: Sie mit gerunzelter Stirn und dem forschenden Blick einer Ärztin, die sich bereits über die Diagnose, nicht aber die Behandlungsform im klaren war. Er mit der ernsten Würde, mit der ein bulgarischer Mann den hysterischen Ausbrüchen der Frauen begegnet. Ich unterdrückte ein Lachen und winkte ihnen zu. Die beiden sahen sich kurz an, zogen an ihren Zigaretten und blickten mit unsicherem Grinsen wieder in meine Richtung.

»Entschuldigt«, sagte ich, als ich vor ihnen stand. »Ich bin ein bißchen durchgedreht. Es tut mir wirklich schrecklich leid.«

Evi umarmte mich erleichtert, Bogdan sagte: »Ja, passiert allen mal.«

»Wo ist Elia?« fragte ich.

»Er hat sich versteckt, damit ihn die Frauen nicht sehen, wenn er sie fotografiert«, erklärte Evi, »sie schämen sich nämlich, und drehen sich immer weg, wenn er die Kamera auf sie richtet.«

»Ich werde ihm sagen, daß er damit aufhören soll.«

»Ich komme mit«, sagte Evi, die meinem Gemütszustand noch nicht ganz traute.

Die Schlange war um das Doppelte gewachsen, und die Frauen standen zusammengedrängt wie eine Herde ergebener Schafe.

»Ich habe in meinem Beruf viel mit solchen Menschen zu tun«, sagte Evi. »Sie kommen zu mir, nicht weil sie krank sind, sondern weil sie in mir einen Menschen sehen, der noch ein richtiges Gesicht hat, einen Status, saubere Kleidung, na ja, eben Menschenwürde. Sie fühlen sich wie Aussätzige, und wenn ich mit ihnen spreche wie ein Mensch mit Menschen, bekommen sie wieder etwas Selbstachtung. Sie haben gar keine Gesichter mehr, und ihre Körper sind wie formlose Klumpen. Natürlich haben sie auch kein Geld, und ich bin verpflichtet, etwas zu verlangen. Aber ich tue es meistens doch nicht. Dann kommen sie wieder und bringen mir ein Glas eingemachte saure Gurken oder ein Sträußchen Kräuter. Ich versuche mir immer vorzustellen, wie sie als junge Frauen gewesen sind. Vielleicht waren sie hübsch, fröhlich, verliebt, wurden geliebt ... man kann es sich aber nicht mehr vorstellen. Man muß sehr hart werden, Angeli, sehr hart, und man darf nicht darüber nachdenken. Nachdenken hilft keinem, und einen selber macht es verrückt. Man muß die Grausamkeit des Lebens akzeptieren.«

»Nicht in jedem Fall, Evi.«

Der kleine Lieferwagen mit dem Essen war eingetroffen. Große Töpfe wurden von zwei Männern herausgeholt und zu den wartenden Frauen getragen. Ein wenig Leben schien in sie zurückzukehren. Sie schauten in die Töpfe, sprachen untereinander, hielten ihr Geschirr hin, verfolgten genau die Bewegungen der Männer, die die Suppe aus dem großen Kübel in ihre kleinen Behälter schöpften. In diesem Moment sprang Elia aus seinem Versteck in einem Hauseingang und fotografierte sie.

»Bitte, Evi, hol ihn da weg«, sagte ich, »bitte!«

»Nicht wieder durchdrehen, Angeli«, warnte sie, lief aber zu ihm hin und kehrte mit ihm zurück.

»Diesmal haben sie es nicht gemerkt«, beteuerte Elia, »waren nur auf die Suppe konzentriert. Ich habe drei Fotos gemacht, aber mein Herz hat geblutet. Wir wissen alle, daß sie existieren, diese Unglücklichen, aber wann und wo sieht man sie schon. Sie sind wie der Tod, immer gegenwärtig, aber nicht sichtbar.«

Bogdan stand neben dem Auto, vor ihm eine kleine ältere Frau, die mit großer Intensität zu ihm aufsprach. Sie war sauber gekleidet, trug vielleicht ihr bestes Kostümchen aus einem dicken, hellgrünen Stoff und eine weiße Bluse, die so sauber und bestimmt mit der gleichen Sorgfalt gewaschen war wie die Pullover Irinas.

Bogdan hatte sein bis zur Ausdruckslosigkeit gestrafftes Gesicht, das er immer dann aufsetzte, wenn er verwirrt und ratlos war.

»Hat die Frau große Überschwemmung in ihre Wohnung«, sagte er zu mir, »glaubt sie, wir können helfen.«

Die Frau starrte mich beschwörend an. Sie hatte ein aschfarbenes, zerdrücktes Gesicht und das Weiß ihrer Augen war gerötet. Ich versuchte ihren Blick abzuschütteln, aber es gelang mir nicht.

»Gospodja«, sagte Evi mit der Härte, mit der man die Grausamkeit des Lebens akzeptieren mußte, »was wollen Sie eigentlich von uns?«

Ihre Worte versetzten der kleinen Frau einen Stoß und weckten den Rest ihres bürgerlichen, in den Fluten des Rohrbruchs fast ersoffenen Stolzes. Sie stellte sich vor, indem sie jedem von uns die Hand schüttelte. Sie erklärte, daß sie Hebamme sei, jetzt aber Rentnerin, daß sie keine Familie habe und alleine in ihrer kleinen Wohnung hier um die Ecke lebe. Die Wohnung stünde seit Wochen unter Wasser, und sie sei schon bei sämtlichen dafür zuständigen Behörden gewesen, aber kein Mensch kümmere sich darum. Einen privaten Installateur könne sie nicht bezahlen, ein staatlicher käme nicht. Sie müsse mit Gummistiefeln in der Wohnung herumlaufen, Wände und Möbel seien bereits durchnäßt, und sie leide unter rheumatischen Schmerzen. Sie hätte zahllosen Frauen bei der Geburt ihrer Kinder geholfen, jetzt helfe ihr kein Mensch.

Das sei ja alles ganz schrecklich, sagte Evi und jetzt war Mitleid in ihrem Gesicht, ihrer Stimme, aber wir könnten ihr da leider auch nicht helfen.

Oh, doch, meinte die verzweifelte Frau, wir seien doch Journalisten, und der Herr mit der Kamera könne vielleicht das Wasser in der Wohnung fotografieren und die Dame mit dem kleinen Heft darüber schreiben. Und wenn es dann in die Zeitung käme ...

Jetzt schaltete sich Bogdan ein: »Gute Frau«, sagte er, »wir sind keine Journalisten und die Dame mit dem Heftchen ist nicht einmal Bulgarin. Wir können nichts für Sie tun, bitte glauben Sie uns.«

»Vielleicht könnten wir doch ...«

»Was könnten wir doch, Angeli?« unterbrach mich Evi. »Soll Bogdan das Rohr reparieren, Elia Unterwasseraufnahmen machen, du einen so glänzenden Artikel schreiben, daß der Ministerpräsident persönlich gerannt kommt, und ich die Frau gegen Rheuma behandeln? Es gibt hier ein paar Millionen solcher Fälle, also komm jetzt!«

Sie verabschiedete sich von der Frau, wünschte ihr, wie es die Höflichkeit in Bulgarien verlangte, »Alles Gute!«, nahm mich am Arm und beförderte mich ins Auto. Bogdan und Elia folgten.

Die alten Frauen vor der Suppenküche waren verschwunden, auch die lila Pudelmütze in dem gelben Plastikauto war nicht mehr zu sehen. Ich schaute trostsuchend zum blauen Himmel empor, doch plötzlich schob sich zwischen ihn und mich das aschfarbene Gesicht der Hebamme. Tränen schwappten in ihren geröteten Augen und ließen mich an die dünne Suppe in den Näpfen der Armen denken.

Sie nickte mir zu und sagte. »Nur noch Gott kann uns hier helfen.«

»Gott«, fauchte Bogdan und ließ den Motor an, »Gott hat Bulgarien längst auf den Bukluk geschmissen.«

Es gibt alles in Bulgarien

»Du wirst sehen«, sagte Evi, »es gibt alles in Bulgarien: Modellkleider aus Frankreich, Schuhe aus Italien, feinste Unterwäsche mit Spitzen und so, Pelze, Brillanten, Gänseleber, BMWs, die neuesten Elektrogeräte, die teuersten Parfums ... alles!«

Ja, aber es gab keine dezent gemusterte Wachstuchdecke – beige und zart kariert – wie sie Andrés Geschmack entsprach. Evi hatte sich vorgenommen, ihm eine für seinen Küchentisch mitzubringen, denn in Plovdiv oder gar Burgas war so was nicht aufzutreiben. In Sofia, der Hauptstadt, in der es alles gab, mußte eine solche Decke zu finden sein.

Wir waren im ZUM – dem »Zentralen Universalen Magazin« – Sofias größtem Kaufhaus, und ich hatte mir das Sortiment an

Wachstuch reichhaltiger vorgestellt. Aber es war genauso bieder, beschränkt und von drittklassiger Qualität wie das Angebot aller übrigen Waren, egal welcher Art.

»Nimm doch das mit den Früchten«, sagte ich, »das ist schön bunt und würde etwas Leben in Andrés Küche bringen.«

»Du lieber Himmel, nein! Ich will ihm doch keinen Schrecken einjagen.«

»Ein Schreck täte ihm mal sehr gut. Wie wär's mit dem rustikalen blau karierten?«

»Angeli, mein Bruder hat sehr genaue Vorstellungen, und die sind nicht rustikal.«

Wir gingen schon zwanzig Minuten um die Wachstuchrollen herum, deren einfallslose Muster mich auf die Dauer trübe stimmten.

»Wenn wir so weitermachen«, sagte ich, »sehe ich nichts mehr von den BMWs und der Spitzenunterwäsche.«

»Ja, gehen wir, das ist hier alles nicht das richtige. Ich werde es in der Witoscha Straße finden. Da gibt es die eleganten Geschäfte.«

Das Zentrale Universale Magazin hatte zwar kein großes Angebot, dafür aber große Verkaufshallen, in denen alles ordentlich, übersichtlich und phantasielos aufgebaut war. Ein paar altmodische Kleiderpuppen standen in steifen Posen herum, und ein paar Besucher durchstreiften mit scheuen Blicken die Räume. Hin und wieder wagte einer, einen Stoff zu betasten oder ein Preisschild zu lesen, und dann kam unweigerlich ein verstörter Ausdruck in sein Gesicht.

»Kein normaler Mensch kann sich das hier kaufen«, erklärte Evi, »die Leute gehen hin wie in ein Museum. Nur um es sich anzuschauen.«

»Ich würde dir gern etwas schenken«, sagte ich, »einen hübschen Rock vielleicht oder eine Bluse. Schau dir die Sachen doch mal an.«

»Ich bin doch nicht verrückt geworden! Für denselben Preis

kriege ich im Ausverkauf in München zwei Röcke oder Blusen. Aber du wolltest dir doch ein Heft kaufen.«

»Ja, ein Heft.«

Die Papierwaren befanden sich im Erdgeschoß, aber das Angebot war so dürftig, daß man glauben konnte, die Wende sei noch nicht bis hierher vorgedrungen. Um so beachtlicher war die Auswahl an Kosmetika und Parfums.

»Merkwürdig«, sagte ich, »kaum Papier, dafür aber alle großen internationalen Kosmetikfirmen.«

»Ist doch ganz logisch«, entgegnete Evi, »schminken können sich die Weiber der Mafiosos, schreiben können sie nicht.«

»Komm, spielen wir jetzt mal Mafioso-Weiber und kaufen uns Parfum.«

»Nein, nicht hier. In der Witoscha Straße gibt es die schönsten Parfümerien.«

Da die Witoscha Straße, ob es sich nun um dezent gemusterte Wachstuchdecken oder französisches Parfum handelte, unschlagbar sein mußte, eilten wir dorthin. Es war gewiß keine Rue Saint Honoré oder 5th Avenue, die Modegeschäfte boten keine »Haute Couture«, die Textilien, Lederwaren und Pelze waren nicht erster Qualität und die Gänseleber und Brillanten mußten mir entgangen sein. Dennoch war die Witoscha Straße für einen bankrotten Staat, in dem das monatliche Durchschnittsgehalt bei vierzig Dollar lag, eine Sensation. Man sah die Schilder vieler weltweit bekannter Firmen, die hier ihre Vertretungen hatten, eine stattliche Bank mit geradezu pompösem Portal, ein riesiges, blank geputztes Schaufenster, durch das eine Anzahl stumm ergriffener Passanten ein auberginefarbenes Nobelauto anstarrten.

»Eine glatte Unverschämtheit«, sagte ich.

»Was?« fragte Evi, die sich in den Anblick einer Polstergarnitur aus weißem Leder vertieft hatte.

»Ein hundsgemeines potemkinsches Dorf.«

»Wo?«

»Eine Aufforderung zum Mord oder Selbstmord.«

»Wie bitte?«

Endlich riß sie den Blick von der weißen Sitzgarnitur los und sah mich an.

»So eine Straße müßte verboten werden.«

»Angeli, vierzig Jahre war so eine Straße verboten. Das genügt. Das Hundsgemeine ist nur, daß die Kommunisten, die sie uns verboten haben, jetzt diejenigen sind, die davon profitieren. Früher mußten sie in den Westen fahren, um sich mit unserem Geld das alles zu kaufen, jetzt brauchen sie nur in die Witoscha Straße zu gehen. Verfluchte Mafiabande!«

»Ich blicke da nicht durch«, seufzte ich.

»Aber ich.«

Wir gingen weiter. Alle paar Meter stand ein Bettler, alte apathische Menschen, aufdringlich jammernde Zigeunerfrauen und -kinder.

»Ich muß Geld wechseln«, sagte ich, als wir an einem *Change* vorbeikamen.

Es war eine piekfeine Wechselstube. An der Tür und am Schalter stand jeweils ein strammer bewaffneter Mann, der jeden Schritt und jeden Handgriff der Eintretenden verfolgte. Ein gut angezogener Herr vor mir schob eine Menge Scheine durch die Gitterstäbe. »Hoffentlich werden wir jetzt nicht in einen Überfall verwickelt«, flüsterte Evi.

»Die Bodyguards sind bestimmt von Avramsky ausgebildet worden«, flüsterte ich zurück, »es kann uns gar nichts passieren.« Trotzdem war ich froh, als wir wieder draußen waren.

Wir kauften Parfum. Eine Wachstuchdecke war in dieser potemkinschen Luxusstraße natürlich nicht zu finden.

»Jetzt hab ich von all dem genug«, sagte ich und stolperte fast über ein kleines Kind, das bewegungslos auf dem Bürgersteig hockte, den Deckel eines kleinen Kartons in der ausgestreckten Hand, den Blick vor sich auf das Pflaster geheftet. Vielleicht sah es dort etwas Interessantes, eine Ameise oder einen ausgespuckten Kaugummi, vielleicht träumte es auch nur vor sich hin. Es war ein bildschönes Zigeunerkind mit einem Schopf verfilzter schwarzer Haare. Ich legte den Fünfzig-Levaschein, der in meiner Manteltasche steckte, in den Kartondeckel. Das Kind schaute auf und mich an. Es hatte die größten Augen und den traurigsten Blick, den ich jemals in einem Kindergesicht gesehen hatte. Es war nicht der professionelle Bettelblick, der Ärger statt Mitleid erregt, es war eine wahrhaftige, furchtbare Traurigkeit.

»Tante«, sagte das Kind, »ich möchte ein Gewrektsche.«

Ganz in der Nähe stand eine Frau, die Gewreks – mit Sesam bestreute Brotkringel – anbot. Ich ging zu ihr und kaufte einen. Er kostete achtzig Leva, also dreißig Leva mehr, als ich dem Kind gedankenlos in den Kartondeckel gelegt hatte. Das Kleine nahm den Kringel hastig und ohne Dank, und während es heißhungrig hineinbiß, sah es mich wieder mit dieser großen, schwarzen Trauer an. Lieber Gott, dachte ich, schenk mir *eine* barmherzige Stunde. Eine Stunde, in der ich nicht durch eine Bemerkung oder einen Anblick an die Not dieses Landes erinnert werde. Ich wandte mich schnell ab und ging zu Evi, die ein paar Schritte weiter stehengeblieben war.

»Was wird aus so einem Kind?« fragte ich.

»Es ist ein Mädchen«, sagte sie. »Wenn es so hübsch bleibt, wie es jetzt ist, wird man es mit zwölf Jahren anstatt zum Betteln auf den Strich schicken. Ich kann Zigeuner nicht leiden. Sie lernen nicht, arbeiten nicht, stehlen wie die Raben, sind dreckig wie die Schweine, machen einen Haufen Kinder und beuten sie dann auf die grausamste Art und Weise aus. Aber wenn ich so ein kleines, unschuldiges, verhungertes Geschöpf sehe, möchte ich Amok laufen ... Du, guck mal, was ist das?«

»Das ist Dunkin' Donuts, so was wie McDonald's in süß. Amerikanische Kultur, mit der die ganze Welt beglückt wird. Schwarze, Gelbe, Weiße! Wenn es etwas Völkerverbindendes gibt, dann sind es Dunkin' Donuts und Kentucky Fried Chicken und natürlich McDonald's.«

»Ja, das haben wir auch hier.«

»Ich bin stolz auf euch!«

Sie lachte und spähte durch die große Fensterwand ins Innere.

»Komm«, sagte ich und nahm sie am Arm, »gehen wir hinein. Du mußt doch wissen, womit ihr hier beglückt werdet.«

Es war ein großer Raum von so steriler Sauberkeit, daß ihm sogar die grelle Neonbeleuchtung nichts anhaben konnte. Die vorherrschenden Farben waren die des Dunkin' Donuts Emblems: Rot und Gelb.

»Sehr gemütlich«, sagte ich, »und vor allem viel Platz.«

»Unsere Leute können sich so was nicht leisten.«

Wir setzten uns an eins der kleinen runden Tischchen und sofort lief eine rot-gelbe Kellnerin herbei und gab uns beiden die Karte.

»Ich möchte bitte nur einen Tee«, sagte ich.

»Ach, iß doch eins von den Dingern«, bat Evi und studierte die Karte.

»Ich bin kein Donut-Fan«, sagte ich, »ich glaube, das letzte Mal habe ich einen mit achtzehn Jahren hier in Sofia, in der Kantine der Amerikaner gegessen, aber damals hatte ich immer Hunger.«

»Du, es gibt mindestens zwölf verschiedene Sorten. Was für einen soll ich denn nehmen?«

»Ich weiß nicht, Evi. Ich kenne mich da nicht aus.«

»Ich werde den mit Erdbeerfüllung und Puderzucker nehmen. Weißt du warum?«

»Keine Ahnung.«

»Die erinnern mich an München. Da gibt es doch auch dieses runde Gebäck. Wie heißen die Dinger bloß?«

»Berliner Pfannkuchen.«

»In München heißen sie doch nicht Berliner Pfannkuchen!«

»Bestell erst mal, dann denken wir darüber nach.«

Sie bestellte Kaffee und das Gebäck, das sie an München erinnerte, dann schaute sie um sich.

»Sehr sauber«, stellte sie beeindruckt fest.

»In der Tat.«

Am Nebentisch saßen zwei kleine Jungens, die einen verstörten Eindruck machten. Sie sprachen kein Wort, hielten den Blick gesenkt, aßen mit behutsamen Bissen einen Donut mit Schokoladenglasur und tranken Coca-Cola in kleinen Schlucken.

»Schau mal«, sagte ich zu Evi, »da sitzen zwei kleine Kinder ganz alleine und sehen ängstlich aus. Können keine sechs Jahre alt sein.«

»Habe ich auch schon gesehen. Merkwürdig! Ich werde sie mal fragen.«

»Jungchens«, rief sie zum Nebentisch hinüber, »schmeckt es euch?«

Die Kinder warfen ihr einen schnellen, erschreckten Blick zu und gaben keine Antwort.

»Ist eure Mama auch hier oder seid ihr ganz alleine gekommen?«

Der Ältere erhob sich fluchtbereit halb von seinem Sitz, der Kleinere stopfte sich ein großes Stück Donut in den Mund, so als habe er Angst, es würde ihm jemand wegnehmen.

»Laß, Evi«, sagte ich, »du verdirbst ihnen das Festessen.«

Die Kellnerin brachte uns die Bestellung, und Evi fragte sie: »Sind die zwei Kinder da drüben am Tisch alleine gekommen?«

»Nein, mit ihren Eltern.«

»Und wo sind die?«

Das Mädchen sah sich um: »Komisch«, meinte sie, »sind nicht mehr da.«

»Ein bulgarisches Rätsel«, sagte Evi und biß in den Doughnut. »Ah«, rief sie und ihr Gesicht verklärte sich, »ein Krapfen! ... Krapfen heißen sie in München, Angeli, hast du das nicht gewußt?«

»Ach, Evi«, sagte ich, »ich hab dich so lieb wie ein Baby die Milch seiner Mutter.«

»Wo hast du denn das her?«

»Von Irina.«

»Du lernst da nur Quatsch«, lachte sie, »und wirst mit Alkohol vergiftet ... der Krapfen ist herrlich!«

Ein junges Paar betrat das Café, ging an unserem Tisch und an dem der Kinder vorbei und setzte sich in die hinterste Ecke, neben die Tür zur Toilette. Sie behielten Mäntel und Mützen an. Die beiden kleinen Jungen schauten zu ihnen hinüber, der ängstliche Ausdruck war einem strahlenden Lächeln gewichen. Sie tuschelten miteinander, sprangen dann auf und liefen zu dem Paar.

»Des Rätsels Lösung«, sagte Evi. »Sie haben ihre Kinder hergebracht und holen sie jetzt wieder ab. Konnten sich nicht vier Krapfen leisten.«

Die Kleinen kehrten an den Tisch zurück. Jetzt waren sie fröhlich und plapperten ununterbrochen. Als sie aufgegessen und ausgetrunken hatten, standen die Eltern schnell auf, zogen den Kindern die Anoraks an, zahlten an der Kasse und verließen das Café.

»Hast du gesehen, wie unangenehm es den Eltern war?« fragte Evi.

»Ja«, sagte ich, »und die armen Kinder haben kaum etwas von ihren verdammten Donuts gehabt, so viel Angst hatten sie.«

»Aber immer noch besser als das kleine Zigeunerchen mit dem Gewrek.«

»Hör bloß auf!«

Bevor wir gingen, kaufte ich an der spiegelblanken Theke ein paar Donuts für Irina und Avramsky. Das Mädchen, das mich bediente, bereitete sich wie zu einer Operation vor. Sie zog durchsichtige Plastikhandschuhe an, griff nach einer blitzenden Zange und versenkte das ordinäre Gebäck vorsichtig in einer geblümten Tüte.

»Plastikhandschuhe für einen Krapfen«, knurrte Evi. »Die Pathologen hier wären glücklich, wenn sie welche hätten. Sie müssen die Leichen mit nackten Händen sezieren. Weißt du was, jetzt gehen wir zum Trödelmarkt an der Alexander-Nevsky-Kathedrale. Der ist wirklich sehr hübsch.«

»Gut«, willigte ich ein, »das sind heimische Gefilde.«

»Denkst du gerne an die zurück?«

»Gerne ist nicht das richtige Wort, dazu ist zu viel Furchtbares dort passiert. Aber es war mein Leben, mit all seinen Schrecken, all seinem Schmerz, all seinen Irrwegen – mein Leben. Ich würde es mit keinem anderen vertauschen wollen.«

»Das verstehe ich nicht.«

»Ehrlich gesagt, ich auch nicht.«

Über dem weiten Platz mit seiner majestätischen Kathedrale spannte sich ein tiefblauer Himmel und hier, in Sofias vornehmster Gegend, sollte ich recht behalten: Bei schönem Wetter sah alles gleich ganz anders aus. Die Sonne lockte goldene Blitze aus den Kuppeln der Kirche, ließ die schönen, verblaßten Gesichter etlicher alter Patriziergebäude aufleuchten, legte sich wie ein flimmernder Schleier über die häßlichen Fassaden neuzeitlicher Häuser, verwandelte das kahle Geäst der Bäume in filigrane Kunstwerke. Am Rande des breiten Grüngürtels, der den Platz von der Straße trennte, standen die bunten Stände der Trödelhändler und drei hohe, schwarzgekleidete Popen schritten die Stufen zur Kathedrale empor.

»Ja«, sagte ich, »hier ist es schön.«

Wir schlenderten an den Verkaufstischen entlang, betrachteten farbenfroh bestickte bulgarische Trachten, Schnitzereien und Korbwaren, billigen und antiken Schmuck, hübsch bemalte Kästchen und Puppen, russische Soldatenmützen und kleine Taschenflaschen mit dem sowjetischen Hammer-und-Sichel-Emblem.

»Die Mützen kenne ich noch aus dem Jahr 1944, als die Russen hier einmarschiert sind«, sagte ich. »Damals kamen sie als siegreiche, gefürchtete Armee. Jetzt verkauft man ihre Sachen als groteske Andenken auf dem Trödelmarkt.«

Ich nahm eine der flachen Flaschen aus silbernem Metall in die Hand.

»Die haben wir immer die sowjetische ›Erste Hilfe‹ genannt«, lachte Evi. »Jeder Russe hatte so eine bei sich.«

»Willst du die kaufen, Frauchen?« fragte mich der Händler. »Ist nützlich und kostet nur fünf Dollar.«

»Nein danke«, sagte ich und legte sie zwischen verschiedene russische Kriegsorden zurück.

Es waren ein paar Schaulustige da, aber kaum Käufer und, soweit ich feststellen konnte, keine Touristen. Den Trödelhändlern schien das nichts auszumachen. Sie waren schlechte Geschäfte gewöhnt und ließen sich die gute Laune dadurch nicht verderben. Sie schwatzten untereinander, scherzten und lachten. Herrenlose Hunde tollten fröhlich auf dem Grünstreifen, privilegierte Rassehunde wurden von stolzen Besitzern an der Leine spazieren geführt. Wir setzten uns auf eine Bank, die Sonne schien mir warm ins Gesicht, und Evi erzählte mir eine belanglose, lustige Geschichte.

Ja, dachte ich, das ist sie wohl, die barmherzige Stunde.

Seelen

Die Hunde bellten, jaulten, quietschten, kreischten und das bereits seit einer halben Stunde. Es mußte ein ganzes Rudel sein, das die Mülltonnen vor unserem Haus belagerte und sich gegenseitig daran hinderte, an die schäbigen Abfallreste heranzukommen. Es hörte sich entsetzlich an, und ich überlegte, was für einen schweren Gegenstand ich zum Fenster hinausschmeißen könnte. Irinas großer, zerbeulter Kochtopf wäre das Richtige, und ich war wütend genug, den Gedanken ernsthaft zu erwägen. Aber um an den Topf zu gelangen, müßte ich mich wieder an ihrer angelehnten Zimmertür vorbeischleichen, um dann klappernd und klirrend nach ihm zu suchen. Viermal war ich schon im Klo gewesen, dessen Wasserspülung, erst ein Paukenschlag und dann ein kurzes niagara-ähnliches Tosen, Tote wecken konnte. Viermal hatte ich gepeinigt gewartet, bis das letzte Gurgeln verklungen war, und mich mit angehaltenem Atem wieder ins Bett geschlichen. Warum hatte ich auch die ganze Flasche Sodawasser austrinken müssen und warum hatten Irina und Avramsky nicht wie gewöhnlich ihre Tür zugemacht? War das eine Geste bulgarischer Freundschaft, die anzeigte, daß ich aus der Intimsphäre des ehelichen Schlafzimmers nicht länger ausgeschlossen sein sollte, oder hatten sie einfach ein Gläschen zuviel getrunken und die Tür zu schließen vergessen? Was immer der Grund war, er steigerte meine Nervosität und damit den Drang, auf's Klo zu gehen. Und jetzt auch noch die Hunde! Vielleicht sollte ich einen meiner Koffer aus dem Fenster werfen oder mich selber. Da hätten die Köter wenigstens mal eine anständige Mahlzeit und ich meine Ruhe. Der Gedanke erheiterte mich so, daß ich zu lachen begann, und im selben Moment knallte ein Schuß. Ich fragte mich, ob da jemand einen Hund erschossen hatte oder einen Menschen. Eins war so denkbar wie das andere, und der Knall hatte auf jeden Fall einen guten Zweck erfüllt. Es herrschte absolute Stille. Ich machte die kleine Lampe an und setzte mich auf. Nein, ich würde jetzt nicht wieder das Klo, sondern den Topf mit der exotischen Pflanze benutzen. Ich ging um ihn herum. Die verdammte Pflanze stand genau in der Mitte, und der Abstand zwischen Stamm und Topfrand war nicht breit genug. Also doch wieder raus und die ganze Prozedur zum fünften Mal.

Ich öffnete sachte die Tür und trat auf Zehenspitzen in den Flur. In der Küche brannte Licht, und beim nächsten Schritt entdeckte ich Irina, die in einem weißen Bademantel, die Kapuze über den Kopf gestülpt, auf einem Stuhl saß und eine Zigarette rauchte.

Ein Ehekrach, dachte ich, bestimmt eine Folge der unheilvollen Wasserspülung, mit der ich die beiden wachgehalten und Avramsky zu unwillkommenen Tätigkeiten angestiftet haben mochte. Das hatte gerade noch gefehlt! Ich kam ungesehen ins Klo, aber ungehört heraus kam ich natürlich nicht.

»Angelina«, rief Irina mit leiser Stimme, »komm doch mal ein Momentchen zu mir.«

Ich ging in die Küche.

»Ist dir wieder schlecht, Angelina? Soll ich dir Soda geben?«

»Nein, danke, aber ich habe dich mit meinem ewigen Hin und Her geweckt, nicht wahr? Oder bist du krank?« Es war zwei Uhr früh.

»Nein, ich mache mir Sorgen. Deshalb kann ich nicht schlafen. Ich habe mit Avramsky darüber geredet und geredet, und jetzt schläft er. Aber ich mußte mich etwas entspannen und frische Luft atmen. Möchtest du etwas trinken? Ein Glas Wein oder eine Tasse Tee?«

»Nein, bloß nichts mehr trinken!«

Sie schloß das Fenster und schob mir einen Stuhl hin: »Setz dich ein Minütchen und rauch ein Zigarettchen mit mir. Ich werde dir mitteilen, worum es geht, oder belästige ich dich damit?«

»Nein, es ist nur etwas ... komm, sag mir, was dich bedrückt.«

»Du weißt nicht, wie schlimm es um das bulgarische Volk steht«, begann sie bereitwillig, »es ist dem Teufel auf den Leim gegangen und tanzt jetzt nur noch um das goldene Kalb. Das eigene Land, die eigene Seele ist ihnen nichts mehr wert. Sie verkaufen das eine wie das andere für ein Visum und die kleine Aussicht, in einem fremden Land Geld zu machen. Geld, was ist Geld, wenn man seine Seele, seine Heimat, seine Freunde verliert ... Verstehst du, was ich meine?«

»Ja, ich verstehe, nur würde ich gerne wissen, was der Ausgangspunkt dieser traurigen Geschichte ist.«

»Heute mußte ich mit einem Packen Formulare ...«, sie zeigte eine Höhe von mindestens einem Meter an, »zur österreichischen Botschaft gehen und die Ausreise meiner Kollegen beantragen. Fast die Hälfte unserer jüngeren Angestellten will die staatliche Elektrizitätsgesellschaft und das Land verlassen.«

»Und alle wollen nach Österreich?«

»Manche haben Verwandte oder Bekannte da, andere gehen weiter in irgendein Land, das sie aufnimmt. Sie würden auch in die Wüste gehen, wenn sie da viel Geld verdienen könnten. Nur das interessiert sie noch. Was aus Bulgarien wird, wenn sie alle weggehen, ist ihnen egal. Avramsky sagt, so ist der Mensch, und daran wäre der Kommunismus, auch wenn er sauber geblieben wäre, über kurz oder lang gescheitert. Die Habgier, sagt er, ist aus dem Menschen nicht rauszukriegen. Glaubst du das auch, Angelina?«

»Ja.«

Irina, die Kapuze immer noch auf dem Kopf, die Augen voller Tränen und zwei runde, rote Flecken auf den Wangen, sah aus wie ein unglücklicher Gartenzwerg.

»Meine arme Mutter«, sagte sie, »Gott hab sie selig ...«, sie bekreuzigte sich, »sie würde sich im Grabe umdrehen, wenn sie wüßte, was hier passiert. Sie hatte einen sehr verantwortungsvollen Posten in der Elektrizitätsgesellschaft. Sie hat fließend Russisch gesprochen und die Verträge mit der Sowjetunion gemacht. Sie war ein edler Mensch, Angelina, ich habe sie sehr geliebt.«

Wenn ich jetzt nicht sofort aufstand, würde ich die Geschichte der Mutter anhören müssen, und der Schuß, der die Hunde zum Verstummen gebracht hatte, wäre umsonst gewesen. Aber wie konnte ich mich jetzt, im entscheidenden Moment, aus der Affäre ziehen, ich, eine Freundin, die Irina so lieb hatte wie ein Baby die Milch seiner Mutter! Unmöglich, das Gesetz der Freundschaft zu verletzen, bloß um zu schlafen. Ich zündete mir eine Zigarette an.

»Ich kann eigentlich gar nicht darüber sprechen«, fuhr Irina fort, schüttelte endlich die Kapuze vom Kopf, preßte die Hände gegen die Schläfen und schloß die Augen. »Sie starb an Zungenkrebs. Mit fünfzig Jahren, eine schöne, kluge, gebildete Frau, die noch lange hätte leben können. Genau ein Jahr nach Tschernobyl wurde sie krank, zahllose sind damals an Krebs erkrankt. Er ist ja alles zu uns herübergekommen. Unser ganzes Gemüse war verseucht, die Luft, das Wasser, die Erde, alles! Aber man hat es verschwiegen und vertuscht, nicht eine einzige Vorsichtsmaßnahme wurde getroffen. Mama konnte plötzlich nicht mehr schlucken, aber sie hat darüber gelacht und gesagt, das sei gar nichts, nur eine kleine Angina. Es wurde aber immer schlimmer, sie konnte kaum noch essen, und ich hatte so eine böse Ahnung. Schließlich habe ich sie dazu überredet, mit mir zum Arzt zu gehen. Er war ein berühmter Professor. Ein Onkologe, und nachdem er sie untersucht hatte, hat er gesagt, da sei nichts mehr zu machen, jedenfalls nicht in Bulgarien. Die einzige Möglichkeit sei Paris. Dort gäbe es ein Krankenhaus, in dem hochspezialisierte Chirurgen solche Operationen durchführten, aber er fürchtete, auch das würde ihr nicht mehr helfen. Natürlich war ich fest entschlossen, alles zu versuchen, um Mama zu retten, und die Elektrizitätsgesellschaft, die sie sehr schätzte, hat 90 Prozent der Kosten übernommen. Wir sind also nach Paris gefahren. Es war unsere erste Reise in den Westen, und wir waren aufgeregt wie die Kinder. Ach, es war so wunderschön! Wir haben in einem kleinen Hotel am Boulevard Saint Michel gewohnt und uns die Stadt angesehen und die Seine. Wir waren auf dem Eiffelturm und im Luxembourg Park und in einem so hübschen Geschäft, da haben wir die kleine Schildkröte gekauft, grün mit goldenen Beinchen, die erste in meiner Sammlung ...«

»Hat man deine Mutter denn nicht operiert?«

»Oh doch, sofort nach unserer Ankunft. Paris haben wir uns erst danach angesehen. Man hat sie operiert, und anschließend konnte sie nicht mehr sprechen und nur noch Brei essen. Die Operation hat nichts mehr genützt, und man hat ihr nur noch ein paar Monate gegeben. Aber Gott war uns gnädig, Angelina. Er hat uns dieses letzte Geschenk gemacht: drei herrliche Wochen Paris.« Sie lächelte in glückliche Erinnerungen versunken.

»Wie alt warst du damals?«

»Zweiundzwanzig.«

»Und ihr konntet nicht mehr miteinander sprechen?«

»Nein, kein Wort. Aber was macht das, wenn man sich so nahe ist, wenn die Seelen so eng miteinander verbunden sind.«

Das Bild meiner Mutter tauchte vor mir auf, unheilbar krank

und ebenfalls nicht mehr fähig, zu schlucken oder zu sprechen. Es war die furchtbarste Erinnerung meines Lebens, vor der ich immer noch floh, so wie ich damals vor meiner Mutter geflohen war, anstatt ihr nahe zu sein. Ich war genauso alt gewesen wie Irina, aber ich hatte nicht ihre Seele gehabt, diese so oft von ihr heraufbeschworene Seele, für mich ein nichtssagendes Wort, das mir nie ohne Ironie über die Lippen kam, für sie ein Begriff, so groß und selbstverständlich wie der Name Gottes, der Inbegriff eines Menschen.

»Ein Jahr später ist sie in meinen Armen gestorben«, sagte Irina und bekreuzigte sich. Tränen sprudelten aus ihren Augen und liefen ihr in vielen kleinen Rinnsalen übers Gesicht. »Soll ich dir die Fotos aus Paris zeigen?«

»Nein«, sagte ich, »ein anderes Mal.« Ich umarmte und küßte sie, ging in mein Zimmer und suchte die kleine grüne Schildkröte mit den goldenen Beinchen. Da war sie, das Andenken an eine kurze glückliche Zeit in Paris, die eine stumme, an Zungenkrebs sterbende Frau und ihre junge, schöne Tochter miteinander verbracht hatten.

Der Geist aus der Flasche

Meine Abreise rückte immer näher und damit die Gewißheit, gescheitert zu sein. Gescheitert an dem ebenso naiven wie ambitiösen Versuch, einem mir nahestehenden Volk zu helfen, indem ich Zeugnis von seinem Unglück ablegte und über einen Winter berichtete, in dem womöglich Tausende an Hunger und Kälte starben. Doch aus der Gegenwart war, wie der Geist aus der Flasche, die Vergangenheit gestiegen, und ich, anstatt ihn zurückzuschütteln und den Verschluß fest zuzudrehen, war ihm gebannt gefolgt. Gegenwart und Vergangenheit, die sich in Angst und Schrecken, Entbehrungen und Not berührten, waren bald nicht mehr zu trennen gewesen, und aus mir, der Beobachterin, war eine Beteiligte geworden, die zwischen dem Jetzt und Damals hin- und herpendelnd keine Versuche mehr machte, das angestrebte Ziel zu erreichen. Diese Erkenntnis, die mich anfangs belastet hatte, wurde jetzt zur Erlösung. Der Beobachterin hatte sich Bulgarien verweigert, der Beteiligten hatte es sich geöffnet. Bulgarien wollte nicht erfaßt, sondern umarmt werden. Bulgarien war keine Statistik, sondern eine menschliche Geschichte, die Jahrzehnte des Glücks und des Unglücks, Generationen von Verzweifelten und Hoffenden umfaßte, eine Geschichte, in der dieser Winter am Rande des Abgrunds nur eine kleine Etappe war.

Meine Mission ist beendet, sagte ich mir, was jetzt noch folgt, ist der Abschied – der von der Gegenwart und den Menschen, die ich alsbald verlassen würde, der von der Vergangenheit und den Menschen, die mich vor langer Zeit verlassen hatten. Auch das war nur eine kleine Etappe in einem Leben, reich an Abschieden.

Die letzte Eintragung in meinem Heft war und blieb: »Eine barmherzige Stunde ...« und darunter eine Reihe von Fragezeichen, deren Bedeutung mir unklar war. Sie konnten Zweifel an der Barmherzigkeit der Stunde oder Unzufriedenheit mit mir selber ausdrücken.

»Evi«, sagte ich, drei Tage vor ihrer Abreise nach Burgas, fünfeinhalb Tage vor meiner nach Israel, »ich brauche noch ein paar Fotos und heute ist ein guter Tag dafür. Ab morgen wird die Zeit knapp.«

»Sie wird noch nicht knapp«, widersprach sie mir, und in ihrem eben noch leuchtenden Gesicht ging das Licht aus.

»Sie wird nur darum knapp, weil ich noch viel zu tun habe«, sagte ich schnell, »die Lesung im Goethe-Institut und der Umzug ins Hotel und das Abendessen mit Lilli. Und außerdem, Evi, ist es nun ja wirklich nicht mehr so wie früher. Wir können uns sehen, wann immer wir wollen ...«

Ich wußte genau, daß diese Tatsache den Schmerz nicht lindern konnte, denn der entzog sich jeder Rationalität und kam aus den blutigen, eitrigen Tiefen einer nie geheilten Wunde. Wir litten beide unter einem Abschiedstrauma, das sie dem Kommunismus und der Trennung von der Mutter, ich dem Nationalsozialismus und der Trennung von meinem Vater verdankte.

»Ich weiß«, sagte sie und kramte Zigaretten suchend in ihrer Tasche, »aber laß uns jetzt nicht darüber sprechen. Ich rufe gleich Elia an.«

Elia hatte Grippe, kam aber trotzdem. Er trug einen dicken Schal, der die untere Hälfte seines Gesichtes bis zur Nase, und eine gestrickte Mütze, die die obere Hälfte bis zu den Augen verbarg. Bogdan, gutgelaunt wie immer, traf pünktlich zur verabredeten Stunde ein, und als wir alle im Auto saßen, wußten wir nicht, wo die Fotos gemacht werden sollten. Es hatte in der Nacht geschneit, eine dünne Schneeschicht bedeckte den Boden und schwere, graue Wolken den Himmel.

»Schlechtes Licht«, brummelte Elia hinter seinem Schal.

»Fahren wir«, sagte Bogdan, »finden wir Platz.«

Wir fuhren los und in verkehrter Richtung in eine Einbahnstraße. Ein Polizist trat uns in den Weg.

»Heide dä«, entrüstete sich Bogdan, »fahre ich immer verkehrt hier durch, war noch nie Polizist da.«

Er zog einen Geldschein aus der Tasche, öffnete das Fenster und drückte ihn dem Polizisten in die Hand. Der salutierte lässig und winkte uns weiter.

»Eine sehr zeitsparende Methode«, sagte ich, »sind hier alle Polizisten bestechlich?«

»Alle«, antwortete Evi lakonisch.

Wir fuhren jetzt durch eine Straße, in der ein paar baufällige kleine Häuser standen. Dazwischen waren große Lücken, in denen vermutlich einmal ähnliche Behausungen gestanden hatten, dann aber endgültig zusammengebrochen und zum Teil weggeräumt worden waren. In einer dieser Lücken tummelten sich ein Dutzend wilder Hunde.

Bogdan hielt: »Willst du nicht haben eine Erinnerungsfoto aus deine Wohnviertel?« fragte er mich.

»Ja, aber nur wenn die Hunde auch drauf sind.«

Es wurde ein mühsames Unternehmen. Die scheuen Tiere wollten sich nicht zu einem Gruppenbild um mich versammeln, und Elia meinte: »Sie sind wie die alten Frauen vor der Suppenküche. Schämen sich ihrer Armut.«

»Ist da eine kleine Laden«, sagte Bogdan, der immer Rat wußte, »werde ich kaufen billigste Wurst, werden sie stillhalten.«

Die in Scheiben geschnittene Wurst, die ich schließlich in den Schnee warf, rief allgemeines Befremden hervor. Sowohl die Hunde als auch die vorübergehenden Passanten starrten sie aus der Entfernung an und trauten ihren Augen nicht.

»Gleich werden sich die Menschen auf die Wurst stürzen, wenn die Hunde sie nicht fressen«, prophezeite Evi düster.

»Komm, gehen wir«, sagte ich, »das ist mir wirklich zu peinlich!«

In diesem Moment hatten die Hunde offenbar unter sich beschlossen, das Wagnis einzugehen, sich mir zu nähern und die Wurst aus dem Schnee zu schnappen. Elia, nicht der Schnellste, und durch Grippe, Schal und Mütze zusätzlich behindert, gelang es dennoch, ein paar Aufnahmen zu machen, und Bogdan sagte lachend: »Kannst du jetzt zeigen deine Freunde in Westen, wie gut Bulgaren behandeln Hunde.«

Unsere nächste Station war die Alexander-Nevsky-Kathedrale, vor der ich alleine, mit imposanter Pelzmütze, dann mit Evi und Bogdan posierte.

»Ich werde euch sehr vermissen«, sagte ich, »einen Freund wie dich, Bogdan, und eine Nichte wie dich, Evi, gibt es nur einmal und das ausgerechnet in Bulgarien.«

»Hör auf, Angeli«, bat Evi mit der rauhen Stimme, die den Tränen vorangeht, »und komm jetzt! Wenn du die Fotos jemandem zeigst, werden die Leute denken, denen mit ihren Kathedralen und Pelzmützen geht's aber gut.«

»Was willst du? Sie gehören nun mal auch dazu.«
»Solange du hier bist. Und danach ist es Scheiße.«
»Doktore«, sagte Bogdan, die Gefahr eines Tränenausbruchs ahnend, »was sind das für schlimme Worte!«

Aber Evi lachte schon wieder und schlug vor, zu dem Haus in der Uliza Oborischte zu fahren, in dem ich einige Jahre gelebt hatte.

Und so stand ich dann vor der schmalen, abgeschabten Holztür, und eine Kette blitzlichthafter Bilder all jener Menschen, die so oft durch sie hindurchgegangen waren, zuckte an mir vorbei: meine Mutter, Dimiter Lingorsky, der Mann, den sie geheiratet hatte, um in letzter Minute aus Nazideutschland herauszukommen, Leo Ginis, ihr letzter glühender Verehrer, mein Vater, der uns noch drei Mal besucht hatte, bevor die Grenzen geschlossen wurden, meine Schwester Bettina und Mizo, ihr damaliger Freund und späterer Mann, Ivanka, unser häßliches, treues Dienstmädchen, meine Freundin Ludmila und wieder meine Mutter ...

Alle tot bis auf meine Schwester.

»So kann man dich aber wirklich nicht fotografieren«, rief Evi, »du machst ein Gesicht, als stündest du vor einem Grab.«

»Tu ich ja auch«, sagte ich.

»Ich glaube, das mit den Fotos war keine gute Idee«, sagte Evi, »erst bin ich traurig, dann bist du traurig, Elia hat Grippe, die Hunde laufen weg und Bogdan ...«

»Der«, fiel Bogdan ihr ins Wort, »ist so vergnügt wie Frosch in Wasser!«

Ich mußte lachen, Elia, geistesgegenwärtig, knipste und stellte fest, daß kein Film mehr in der Kamera war.

»Ich sag es ja«, klagte Evi, »heute geht alles schief!«

Wir waren dann noch auf der Suche nach einem »schrecklichen Platz«, einem, der das ganze Elend und den gesamten moralischen Zerfall Bulgariens im Format 9 x 13 ausdrücken würde. Evi, von der dieser Vorschlag kam, war überzeugt, daß da nun wirklich nichts schiefgehen könne, denn schreckliche Plätze gebe es jede

Menge. Es gab sie in der Tat, doch keiner war Evi schrecklich genug. Wir fuhren mindestens eine halbe Stunde kreuz und quer durch die Stadt, und als wir deren Grenze erreicht hatten, geschah etwas Merkwürdiges: Von einer Minute auf die andere verschwand Sofia in einem undurchdringlichen Nebel. Es war, als hätte es sich eine Tarnkappe übergestülpt, um sich unserem bösen Blick zu entziehen.

»Nanu«, rief Evi, »was ist denn das plötzlich?«

»Ist lebensgefährliche Situation«, entgegnete Bogdan, fuhr an den Straßenrand und hielt.

»Da hilft auch kein Blitzlicht mehr«, sagte Elia erleichtert, »da kann man überhaupt nichts machen.«

»Doch«, sagte ich, »Sie können ein Suchbild machen. Ich im Nebel, und wer mich findet, kriegt eine Reise nach Bulgarien geschenkt.«

»Wäre erste Geschenk, das kein Mensch wird annehmen«, bemerkte Bogdan.

»Wo kommt denn auf einmal der Nebel her?« fragte Evi immer noch fassungslos.

»Von liebe Gott«, sagte Bogdan.

»Ich verstehe das nicht, verstehst du das, Angeli?«

»Ja«, nickte ich, »ich verstehe es. Die alten Frauen haben sich geschämt, fotografiert zu werden, die herrenlosen Hunde haben sich geschämt, jetzt schämt sich Sofia und will uns sein Gesicht nicht zeigen.«

Einen Moment lang schwiegen wir und starrten in das weiße Nichts.

Dann sagte Bogdan: »Liegt Sofia in eine Loch. Passiert das oft. Ist keine Magie.«

»Aber seltsam«, sagte Evi, »seltsam ist es doch.«

Ein Dank an Bulgarien

Die Lesung im Goethe-Institut fand um sechs Uhr abends statt. Mittags hatte es zu schneien begonnen und nicht mehr aufgehört. Als Bogdan und Evi mich abholten, fiel der Schnee so dicht, daß es aussah, als wehten weiße Laken vom Himmel.

»Werden viele Menschen nicht können kommen«, sagte Bogdan, über die Unverschämtheit des Wetters verärgert.

»Sie werden kommen«, behauptete Evi, ging mit gefurchter Stirn und scharfem Blick um mich herum, zupfte hier, glättete dort, trat dann ein paar Schritte zurück und erklärte zufrieden: »Du siehst sehr schön aus.«

»Wird sie uns machen viel Ehre«, sagte Bogdan. »Nicht wahr, Angelintsche?«

»Ich habe noch nie vor einem Publikum gelesen, also kann ich für nichts garantieren.«

»Hast du es wirklich noch nie getan?« fragte Evi.

»Nein.«

»Und warum tust du es dann hier?«

»Zum Dank. Und weil ich hier auch nicht das Gefühl habe, vor fremden Menschen zu lesen.«

»Ich werde weinen«, erklärte Evi, »ich weiß, daß ich weinen werde. Aber du liest doch auch die Seiten, die ich dir angestrichen habe, die komischen, nicht wahr?«

»Natürlich.«

»Das ist gut, sonst glauben die Leute nämlich, du seist eine ganz ernsthafte Schriftstellerin.«

»Gott bewahre!« rief ich. »Nur in Bulgarien könnten die Leute so was glauben, und das muß verhindert werden.« Ich mußte derart lachen, daß Evi um mein Make-up besorgt war.

»Hör auf, Angeli«, warnte sie, »du verschmierst dir den ganzen Lippenstift.«

»Wäre große Unglück«, sagte Bogdan, »gehen wir lieber vorher. Heide, Mädchen, kommt!«

Das Goethe-Institut war eine schmucke, weiße Villa, außen wie innen. Es roch nach Sauberkeit und Kaffee. In der Bibliothek hatte man Reihen von Stühlen und ein kleines Podium aufgestellt, in einem anderen Raum einen großen Tisch mit Keksen, kalten und warmen Getränken. Der Schnee hatte die Menschen nicht aufhalten können. Sie kamen vermummt, durchnäßt, in freudiger Erwartung. Ein Ereignis wie dieses war für die Bulgaren rar. Wer reiste schon nach Bulgarien, in dieses unscheinbare Balkanland, von dem es nichts zu sehen, zu hören, zu lesen, kurzum nichts Sensationelles zu berichten gab. Anstatt der dreißig geladenen Gäste kam die doppelte Anzahl. Die Stühle reichten nicht aus, die Bibliothek faßte nicht alle Gäste. Viele standen im angrenzenden Raum.

»Motek«, sagte Evi aufgeregt, »so viele Menschen! Hast du Angst?«

»Nein«, sagte ich, »vor ihnen nicht.«

Als ich dann auf dem kleinen Podium stand, vor mir die Reihen mucksmäuschenstiller Menschen mit den mir zugewandten, erwartungsvollen Gesichtern, tauchte sekundenlang ein Bild vor mir auf: Ich betrat zum ersten Mal die Schulklasse in Sofia, eine kleine, verschreckte Kreatur, die, Spott und Aggressionen ihrer neuen Mitschülerinnen fürchtend, mit offenen Armen aufgenommen wurde. Und so wie vor über fünfzig Jahren öffneten sich auch diesmal die Arme, eine Woge der Zuneigung schlug mir entgegen, und ich spürte dieselbe Dankbarkeit, dasselbe Vertrauen.

»Danke«, sagte ich so leise, daß nur ich es hören konnte, und dann laut auf bulgarisch: »Guten Abend. Herzlich willkommen.« Ich sprach ein paar einleitende Worte, um die, die meine Geschichte nicht kannten, ein wenig damit vertraut zu machen. Evi, die ganz nah am Podium saß, begann bereits bei dem Satz »Als meine jüdische Mutter Nazideutschland verlassen mußte …« zu weinen. Einen Moment lang verlor ich den Faden und dachte: Der Schaden hat sich tatsächlich bis in die dritte Generation fortgesetzt. Dann sprach ich weiter und schloß mit den Worten des

Dankes an das Land unseres Exils, an meine bulgarischen Verwandten und Freunde, an die Einwohner des Dorfes Buchowo, an die Lebenden, die mich bis zum heutigen Tag begleitet hatten, an die Toten, die mich in meiner Erinnerung bis ans Ende meiner Tage begleiten werden.

Ich las eineinhalb Stunden, für die, die vor mir saßen und aufmerksam zuhörten, für die, die in mir waren und mich nicht mehr hören konnten, für mich, die ich die Texte zwar geschrieben, aber nie wieder gelesen hatte, und jetzt von Sätzen, Bildern und Emotionen in die Vergangenheit zurückgetragen wurde. Ich war im Bulgarien meiner Kindheit und Jugend, diesem damals so bunten, vitalen und mir fremden Land, das ganz allmählich mein Zuhause wurde, ich war im Jerusalem der frühen sechziger Jahre, dieser armen, geteilten, aber menschlich so reichen Stadt, die ich sofort als Heimat erkannt hatte. Ich war im bedrückenden Bulgarien der kommunistischen Ära und durchwanderte die verschiedenen Stadien Jerusalems, in denen die Stadt immer reicher an materiellen Gütern wurde, und immer ärmer an menschlichen Werten. Ich hörte die Stille im Raum, meine Stimme, die von weit her kam, hörte mich manchmal auch lachen und in meinem Inneren weinen. Wenn ich kurz aufschaute, sah ich die mir zugewandten Gesichter, sanfte Gesichter, Evis große schwarze Augen, immer voller Tränen des Lachens oder Weinens, Bogdans kleinen, koboldhaften Kopf in der letzten Reihe, daneben Lillis orange gefärbtes Haar.

Als ich geendet und sich der Applaus gelegt hatte, stand Radka, eine ehemalige Mitschülerin auf und ließ mich im Namen der ganzen Klasse wissen, daß sie stolz auf mich seien.

»Ja«, sagte ich, »wenn das unsere Lehrerin, die schöne Schwester Anastasia wüßte. Sie hat mich – wohl zu Recht – für einen hoffnungslosen Fall gehalten.«

Man lachte, man strömte auf mich zu, umringte mich, schüttelte mir die Hand, umarmte mich, küßte mich, fotografierte mich, überreichte mir Blumen, bat mich, etwas in die mitgebrachten Bücher hineinzuschreiben. Die Rührung saß mir bereits in der Kehle.

»Ich möchte jetzt gehen«, sagte ich zu Evi, die hinter mir stand, »ich bin solchen Situationen nicht gewachsen.«

»Es war doch ein großer Erfolg, Motek, freust du dich denn nicht?«

»Doch, ich freue mich. Es war schön und mir sehr wichtig, aber jetzt bin ich müde wie nach einer langen Reise. Ich möchte irgendwo in Ruhe mit dir sitzen und etwas trinken.«

Eine Frau trat auf mich zu. Sie sagte, sie sei eine Deutsche und sehr betroffen. Ob ich ihrem Volk jemals würde verzeihen können.

Ob ihr das so wichtig sei? fragte ich.

Die Frau hatte ein freundliches Gesicht und ein bittendes Lächeln.

»Oh ja«, sagte sie.

»Angeli«, sagte Evi mit einem beschwörenden Blick, und als ich nicht reagierte, zu der Frau: »Natürlich kann sie verzeihen.«

Ich mußte lachen. »Meine Nichte weiß es«, sagte ich, »ich weiß es leider nicht. Es ist ein zu weites Feld.«

Eine Sternstunde im Sheraton Hotel

Ich beschloß, mit Evi ins Sheraton Hotel essen zu gehen. Das koste ein Vermögen, protestierte sie, aber ihrem Protest fehlte die Festigkeit und in ihren Augen leuchtete bereits die Hoffnung, daß ich bei meinem Beschluß bleiben würde.

»Du wirst dich wundern«, fühlte sie sich noch verpflichtet zu sagen, »die Preise können nur die Mafiosos bezahlen.«

»Ich werd's gerade noch zusammenbringen«, erklärte ich voreilig.

Als wir die feudale Halle mit ihrem spiegelnden Marmorboden

betraten, setzte Evi ihr hochmütiges, dem Dekor entsprechendes Gesicht auf.

»Mein Bruder würde in dieses Mafiahotel keinen Fuß setzen«, erklärte sie, »aber mir gefällt's trotzdem. Du schau mal, da geht's zum Ballsaal. Wer feiert denn hier Bälle?«

»Keine Ahnung, aber sicher nicht die Einwohner von Ljulien oder Mladost.«

Wir gingen in den rosa Speisesaal. Er war amerikanischer Kitsch in Perfektion. Rosa gestrichene Wände und rosa gedeckte Tische, rosa Plüschteppiche und rosa Blumenarrangements. An der Decke hingen riesige funkelnde Lüster und an einem cremefarbenen Flügel saß ein Klavierspieler in cremefarbenem Jackett und spielte bekömmliche Tischmusik.

Wir hatten eine große Auswahl an Tischen, denn außer einem modisch gekleideten Mann, neben dessen Teller ein Handy lag, war das Restaurant leer.

»Das ist ja wie in ›Dallas‹ hier«, staunte Evi, nachdem wir uns gesetzt hatten, »kennst du die Serie?«

»Nein, ich habe sie mir erspart.«

»Die lief bei uns ein Jahr und ganz Bulgarien hat am Fernseher geklebt. Ich find sie ziemlich schrecklich. Die Menschen waren alle so unsympathisch und gefühllos, und es ging immer nur um Geld und darum, wer wen am schlimmsten und geschicktesten reinlegen kann. Was ist das bloß?«

»Das ist die neue amerikanische Weltordnung«, sagte ich und lachte.

Ein junger Oberkellner in tadellosem schwarzen Anzug trat an unseren Tisch. Er hatte ein angenehmes Gesicht und ein ungekünstelt liebenswürdiges Lächeln.

»Möchten die Damen vielleicht ein Aperitiftsche?« fragte er und überreichte uns eine großformatige rosa Speisekarte.

»Nein, danke«, sagte Evi erschrocken, denn sie hatte bereits die Karte aufgeschlagen und einen Blick auf die Preise geworfen.

»Evi«, sagte ich, nachdem sich der Kellner wieder entfernt

hatte, »tu mir jetzt bitte eine einzige Liebe und schau nicht nach den Preisen. Iß und trink worauf du Lust hast und verdirb uns nicht den Abend.«

»Gut«, sagte sie mit der Entschlossenheit, die einer großen Tat vorausgeht, »es ist dein Abend und wir werden ihn feiern. Du warst wirklich fabelhaft, Motektsche, alle Leute haben das gesagt, auch der Minister.«

»Welcher Minister?«

»Jetzt ist er's zwar nicht mehr, aber er war's mal und seine Frau war auch eine Ministerin ... ich hab sie dir doch vorgestellt!«

»Ach ja ...ich glaube, ich weiß ...«

»Du weißt überhaupt nicht, wer alles da war. In der Kaffeepause bist du herumgegangen wie eine Schlafwandlerin, ich hab dich doch beobachtet.«

»Ich habe mich mit vielen unterhalten, zum Beispiel mit einem sehr gutaussehenden Mitarbeiter des Goethe-Instituts ...«

»Typisch, Motek, daß dir der im Gedächtnis geblieben ist.«

»... und mit den drei Zwergen von der jüdischen Gemeinde. Die waren sehr niedlich, haben aber kein Wort Deutsch gesprochen.«

»Der Redakteur von dem literarischen Magazin, in dem deine Novelle erschienen ist, hat auch nicht Deutsch gesprochen.«

»Vielleicht haben die meisten kein Deutsch gesprochen und darum war der Erfolg so groß.«

»Quatsch, Angeli«, sagte sie in strafendem Ton und lachte gleich darauf prustend in ihre Serviette.

»Hat wenigstens der Minister Deutsch gesprochen?«

»Hat in Deutschland studiert«, sagte sie, sich die Tränen trocknend.

»Also, ich eß die Lammkoteletts mit grünen Bohnen«, erklärte ich, »und du?«

Sie begann, aufmerksam die Karte zu lesen, und ich verfolgte ihren Blick, der, von den Preisen magisch angezogen, immer wieder nach rechts abrutschte.

»Evi, ich warne dich!«

»Brauchst du nicht. Ich esse das Steak in grüner Pfeffersoße. Und vielleicht ein Salatchen.«

»Und dazu trinken wir eine Flasche Rotwein«, sagte ich und schlug die Weinkarte auf.

Das Geld, das ich dabeihabe, reicht in gar keinem Fall, dachte ich leicht beunruhigt. Bloß gut, daß Evi nichts davon weiß!

Die Preise waren in Dollar ausgezeichnet, und meine Dollar hatte Bogdan in Verwahrung. Ich hatte lediglich fünfzehntausend Leva dabei, mehr war in die Gürteltasche nicht hineingegangen, und leider entsprach der gewaltige Umfang des Bündels nicht seiner Kaufkraft.

»Ist was?« fragte die wachsame Evi, der mein in Zahlen verstrickter Gesichtsausdruck nicht entgangen war.

»Nein, überhaupt nichts, was soll denn sein?«

Der Klavierspieler klimperte *Wien und der Wein*, eine rosafarbene Kellnerin brachte Brötchen, Butter und zwei hübsche, kleine Näpfchen, der Kellner trat an unseren Tisch und nahm die Bestellung entgegen.

»Sieht doch alles sehr appetitlich aus«, sagte ich, »was mag wohl in den Näpfchen sein?«

Evi inspizierte sie: »Senf«, sagte sie, »und eine Meerrettichsoße.«

»Oh schön«, rief ich, »gib mal her!«

Ein unwiderstehliches Verlangen nach Meerrettichsoße und Senf, nach kleinen, runden Brötchen und gelber Butter hatte mich gepackt, und ich stürzte mich darauf.

»Was ist denn mit dir los?« fragte Evi erstaunt. »Hast du so einen Hunger?«

»Nein, ich glaube, es sind nur die Näpfchen und die Farbe der Butter und die Form der Brötchen.«

»Ich verstehe das«, sagte Evi ernst, »jetzt geht es dir so wie mir mit dem Krapfen bei Dunkin' Donuts. Noch zwei Wochen länger und du würdest begreifen, warum hier alle jungen Leute in den Westen abhauen wollen.«

»Um dort ihrem bulgarischen Kjopolo – Auberginensalat – nachzutrauern. Evi, es ist doch immer wieder dasselbe. ›Wo du nicht bist, da ist das Glück‹, und wenn man dann da ist, wo man es hinphantasiert hat, muß man erschüttert feststellen, daß es dort auch nicht ist.«

»Aber du hast doch in Jerusalem das Glück gefunden.«

»Mehr als woanders, das stimmt, aber es verflüchtigt sich. Jerusalem hat sich sehr zu seinem Nachteil verändert, ganz Israel ist wahrlich nicht mehr das, was es einmal war oder was ich mir, in meiner Naivität, erhofft hatte.«

»Aber du bist immer noch lieber dort als in Deutschland.«

»Ja, natürlich.«

»Du haßt Deutschland, nicht wahr?«

»Das ist ein viel zu starkes Wort, Evi, und ein viel zu pauschales. Ich kann vielleicht noch gewisse, mir bekannte Menschen hassen oder eine Regierung als hassenswert empfinden. Aber ich kann doch nicht fünfundfünfzig Jahre nach dem Holocaust und sechsundzwanzig Jahre nach meiner zweiten, freiwilligen Auswanderung ein ganzes anonymes Volk hassen. Ich habe wahre und wunderbare Freunde in Deutschland. Ich kenne eine Reihe junger Deutscher, die ich für besonders wertvoll halte. Also, wie soll ich das auseinanderklabüsern?«

Der Kellner brachte den Wein und schenkte uns ein.

»Endlich«, sagte ich. »Nastravje, Evilein!« Ich stieß mit ihr an und trank das halbe Glas leer: »Genau das habe ich gebraucht!«

»Ich auch«, sagte sie, »ein sehr guter Wein!« Doch sie war mit ihren Gedanken nicht beim Wein, sondern immer noch bei dem leidigen Thema, und nach einer kurzen Pause, in der sie mich mit zusammengezogenen Brauen eindringlich ansah, kam sie wieder darauf zurück: »Aber als dich die Deutsche im Goethe-Institut fragte, ob du ihrem Volk jemals verzeihen könntest, hast du geschwiegen.«

»Was hätte ich denn sonst tun sollen? Jubelnd erklären, ich hätte verziehen? Evi, das sind doch Phrasen. Ihrem Volk verzeihen! Wer ist das, ihr Volk? Generationen von Schuldigen und Unschuldigen, angefangen von den Nazimördern bis zu den gestern geborenen Kindern? Ich kann und werde einem großen Teil des deutschen Volkes nie verzeihen, und sehe auch gar nicht ein, warum ich das sollte, und dem anderen Teil habe ich nichts zu verzeihen. Also, was soll dieses undifferenzierte Gelaber von verzeihen und was spielt das überhaupt für eine Rolle, ob ich verzeihe oder nicht. Ja, ich kann sogar noch weiter gehen: Hätte ich das Recht angesichts der Millionen Ermordeten zu sagen: Ich, Klein-Angelika, die durchgekommen ist, verzeihe dem deutschen Volk?«

Ich trank das Glas Wein aus und sagte: »Man soll mich mit solchem Scheiß in Ruhe lassen.«

»Ich verstehe, Motek«, sagte Evi, und legte ihre Hand auf meine. »Es war gut, daß du mir das gesagt hast. Weißt du, ich komme mit dem allen nicht klar. Ich habe die Zeit ja gar nicht miterlebt und trotzdem ist sie irgendwie in mir. Du brauchst nur ›1939‹ oder ›Emigration‹ oder ›meine jüdische Mutter‹ zu sagen und schon muß ich heulen. Das ist doch nicht normal, oder?«

»Das hat sich wahrscheinlich von deiner Mutter auf dich übertragen so wie auch ihre Bindung an Deutschland.«

»Ja, siehst du, und daraus ist dieses Kuddelmuddel entstanden. Ich kann nicht sagen: Ich bin Bulgarin; ich kann nicht sagen: Ich bin Deutsche; ich kann erst recht nicht sagen: Ich bin Jüdin. Und trotzdem ist das alles hier drinnen, in meinem Herzen, meinem Blut, meinem Bauch, und ich fühle es, mal das eine stärker, mal das andere, und ich weiß eigentlich gar nicht, wer ich bin.«

»Du bist du, Evi, ein großartiger Mensch, der aus dieser Mischung entstanden ist. Ich weiß genau, wie schwer es ist, gespalten zu sein und sich nirgends ganz dazugehörig zu fühlen, und ich weiß auch, daß es sehr lange dauert, bis man sich damit abgefunden hat. Aber wenn man das hat, gibt es einem das Gefühl großer Freiheit ... ah, da kommen endlich die Lammkoteletts und dein Steak.«

Die rosa Kellnerin stellte die Teller vor uns hin und ich schwelgte in dem Anblick und dem Duft der braungebratenen, fettlosen Koteletts, der grasgrünen Bohnen und kleinen, in Butter geschwenkten Kartoffeln.

»Ach, segensreicher Westen«, sagte ich und mit einem Blick auf Evis Steak: »Deins sieht auch sehr gut aus.«

»Herrlich«, sagte sie, »du, Angeli, ich hab noch eine Frage: Ist man da nicht sehr einsam, wenn man sich nirgends dazugehörig fühlt?«

»Ja, das ist man«, entgegnete ich und schob das erste Stück Lamm und zwei grasgrüne Bohnen in den Mund.

»Und wie kommt man damit zurecht?«

»Manchmal besser, manchmal schlechter ... Iß doch, bevor es kalt wird.«

Als wir den letzten Bissen gegessen und das dritte Glas Wein ausgetrunken hatten, sagte ich: »Evi, jetzt gibt es als Nachtisch eine Eistorte, eine Mitteilung und einen Cognac. Was möchtest du zuerst?«

»Die Mitteilung«, sagte sie, »ich bin jetzt so voll mit Essen und Trinken, daß die Eistorte und der Cognac noch warten können.«

»Gut«, sagte ich, »also reg dich jetzt bitte nicht auf. Es ist eine ganz lapidare Mitteilung: Ich hab nicht genug Geld dabei, um die Rechnung zu zahlen.«

Einen Moment lang starrte sie mich stumm mit halb geöffnetem Mund an, dann sagte sie: »Das war ein blöder Witz, nicht wahr? Du lachst ja.«

»Ich lache über dein erschrecktes Osterhasengesicht, aber genug Geld habe ich trotzdem nicht, jedenfalls nicht in meiner Gürteltasche. Um bei dieser Inflation eine Rechnung in Leva zu bezahlen, muß man ja einen Rucksack mitnehmen. Als ich in Bulgarien ankam, war der Dollar 470 Leva, vor drei Tagen war er 600 Leva, heute ist er vielleicht schon 650 Leva, also wie soll man da ...«

»Angeli«, unterbrach sie mich streng, »wieviel Geld hast du bei dir?«

»Fünfzehntausend Leva, aber in der Uliza Propotniza, im Schrank zwischen meiner Unterwäsche, liegt noch ein Haufen Geld.«

»Ich habe eintausendfünfhundert Leva und fünfzig Mark bei mir.«

»Die machen den Kohl auch nicht fett. Du mußt ein Taxi nehmen, zu mir nach Hause fahren, das Taxi warten lassen und das Geld holen. Das dauert nicht länger als zwanzig Minuten, und ich warte hier auf dich mit der Eistorte und dem Cognac.«

Sie war schon aufgestanden. Ich gab ihr den Wohnungsschlüssel: »Nimm zur Sicherheit das ganze Geld mit, ich hab noch nicht nachgeschaut, wieviel der Cognac hier kostet.«

Der Mann mit dem Handy war gegangen, und ich saß alleine in der rosa Kulisse. Drei Kellnerinnen standen untätig im Hintergrund, wagten aber nicht, in dem vornehmen Restaurant miteinander zu schwatzen. Der Klavierspieler hatte eine Pause eingelegt, und der nette Kellner trat an meinen Tisch und fragte, ob es mir geschmeckt hätte.

»Ausgezeichnet«, sagte ich, »ist es hier immer so leer?«

Mittags kämen mehr Gäste, meinte er, da gäbe es ein kaltes Buffetsche, aber alles in allem sei nicht viel los. Es gäbe ja kaum Touristen und die Bulgaren ... Er breitete die Arme aus und hob die Schultern.

Zum Trost bestellte ich die Eistorte und den Cognac, bat ihn aber, damit zu warten, bis die Dame, mit der ich gekommen war, wieder am Tisch sei.

Plötzlich kam doch noch Leben in das Restaurant, und zwar in Gestalt von sechs blonden Riesen, die sich in meiner Nähe um einen runden Tisch setzten und sehr laut sprachen und lachten. Offenbar Schweden. Der Klavierspieler eilte an den Flügel zurück und spielte sich mit *Summertime and the livin' is easy* in zuversichtliche Stimmung hinein. Die drei Kellnerinnen und der Oberkellner scharten sich um die neuen Gäste, die ihrer Statur nach zu großen Hoffnungen berechtigten. Evi kehrte zurück. Sie machte einen freudig erregten Eindruck, den ich dem Geld und unserer damit geretteten Ehre zuschrieb.

»Hast du es?« fragte ich.

»Den ganzen Packen. Irina und Avramsky waren nicht zu Hause und es ging alles ganz schnell und glatt. Und stell dir vor, vor dem Hotel habe ich Philipp, den Studenten aus Bellowo, getroffen. Er stieg gerade aus einem dicken, neuen Auto, in dem so ein Mafiosotyp saß, Sonnenbrille auf dem Kopf und Ring am kleinen Finger, du weißt schon. Philipp hat auch schon diesen Mafioso-look, so ein aufgeschwemmtes Gesicht und diesen feisten Nacken, man erkennt sie sofort daran. Sagt, er macht ›Investments‹! Investments! Krumme Geschäfte macht er. Also wollte er mir, der armen kleinen Ärztin aus Burgas, natürlich imponieren und da habe ich so ganz nonchalant gesagt, ich hätte leider keine Zeit, ich müsse ins Sheraton Hotel zum Abendessen. Du, da ist ihm aber der Wind aus den Segeln gegangen und er hat mich nur noch ganz kleinlaut gefragt, ob er mich nicht mal treffen könne.« Sie lachte entzückt über den Triumph, den sie, eine bezaubernde Frau, einem Abendessen im Sheraton verdanken zu müssen glaubte.

»Muß ein ganz schöner Idiot sein, wenn ihn das Sheraton so beeindruckt«, sagte ich.

»Mich beeindruckt's ja auch. Wir werden hier langsam alle korrupt. Entweder die Menschen verkommen physisch, weil's ihnen so dreckig geht, oder sie verkommen moralisch, weil sie aus dem Dreck raus wollen. War so ein anständiger, schöner Junge und jetzt …! Du, Motek, wollen wir wirklich noch Nachtisch essen?«

»Selbstverständlich, ich habe ihn schon bestellt, er wird sicher gleich kommen.«

»Na, das wird eine Rechnung!«

Es war nicht die Rechnung, die mich in Verlegenheit brachte, sondern die ihr folgende Transaktion. Der Kurs des Dollars mußte festgestellt, die Summe in Leva umgerechnet, das Geld auf den

Tisch gelegt und gezählt werden. Die Rechnung betrug 28.000 Leva und der Tisch war bedeckt mit Fünfhundert-Levascheinen, die uns so verwirrten, daß wir uns immer wieder verrechneten. Die sechs schwedischen Riesen schauten interessiert zu uns hinüber. Wahrscheinlich glaubten sie, daß wir irgendwelche Schwarzmarktgeschäfte abwickelten oder den Flügel mitsamt dem Klavierspieler kaufen wollten. Der spielte, ob absichtlich oder zufällig, *Pennies from heaven*.

Ich entschuldigte mich bei dem Oberkellner, der uns geduldig und hilfsbereit zur Seite stand und mich mit den Worten beruhigte: »Meine Dame, hier in Bulgarien ist nichts mehr normal, aber dafür können Sie doch nichts.«

»Weißt du eigentlich, wie viel du da eben ausgegeben hast?« fragte mich Evi, nachdem er gegangen war.

»Ja, so viel, wie ich in einem guten Restaurant in Israel, Frankreich oder Deutschland auch ausgegeben hätte. Das sind nun mal die westlichen Preise. Freiheit will bezahlt sein. Aber es hat dir doch gefallen, nicht wahr?«

»Angeli«, seufzte sie, »es war herrlich. Weißt du, solche Abende sind Sternstunden für mich.«

Eine dramatische Nacht

Die zweite Demonstration des CDC begann um zehn Uhr morgens. Man forderte vorgezogene Wahlen. Die sozialistische Regierung, die gerade im Parlament tagte, verweigerte jegliche Debatte darüber. Die Demonstranten marschierten entschlossen zum Parlamentsgebäude. Diesmal würden sie nicht weichen. Entweder man erfüllte ihre Forderungen, diskutierte zumindest darüber oder ...

»Oder?« fragte ich Bogdan, der mich von einem Abschiedsbesuch bei Stefana nach Hause fuhr.

Er hob die Schultern: »Oder gibt man auf. Wir sind nicht Serben, versuchen wir es nachzumachen, aber haben wir nicht ihre Stehvermögen und Kampfgeist. Wären wir schon weiter, wenn wir wären wie sie.«

»Also du meinst, es geht aus wie das Hornberger Schießen.«

»Wie was für Schießen?«

»Ist nicht wichtig. Du glaubst, es kommt nichts dabei heraus.«

»Hoffe ich, daß kommt etwas heraus, sehe ich aber nicht, wie.«

In der Stadt herrschte Chaos. Die Straßen waren von Schlangen hupender Autos und Scharen aufgeregter Menschen verstopft, die mitten auf dem Fahrdamm entweder zur Demonstration liefen oder von ihr zurückkamen. Wir wurden ständig von hektischen Verkehrspolizisten umgeleitet und schienen im Kreis zu fahren.

»Haben sie selber keine Ahnung, wo ist offen und wo gesperrt!« schimpfte Bogdan.

»Erinnert mich an Jerusalem«, sagte ich.

»Jerusalem kann nicht sein so schlimm.«

»Noch schlimmer!«

»Werde ich jetzt fahren nach meine Konzept.«

Es war ein erfolgreiches Konzept, das uns durch die abenteuerlichsten Gegenden und Gassen führte und Bogdan alles in allem nur 500 Leva Bestechungsgeld kostete.

»Hast du wie immer fabelhaft gemacht«, lobte ich, als wir vor meinem Haus hielten.

»Kenne ich Sofia und Polizistenmentalität wie meine Hosentasche«, sagte er. »Also willst du nicht kommen mit Evi, Raina und mir zu Demonstration.«

»Nein, eine war genug und außerdem ziehe ich ja morgen wieder ins Hotel Bulgaria und muß packen.«

»Gut, kommen wir nach Demonstration zwischen fünf und sechs zu dir und werden berichten.«

Ich brauchte auf ihren Bericht nicht zu warten. Irina kam eine

Stunde früher als sonst nach Hause und trat noch im Mantel, mit tropfendem Schirm, in mein Zimmer.

»Angelina«, flüsterte sie, »entschuldige, daß ich dich störe.«

An derartige Störungen längst gewöhnt, fuhr ich im Packen fort: »Macht nichts, Irina«, sagte ich, »hast du mir etwas mitzuteilen?«

»Es ist etwas Furchtbares passiert. Darf ich den Fernsehapparat anmachen?«

Jetzt schaute ich auf und in ein blasses, verstörtes Gesicht.

»Natürlich kannst du den Fernseher anmachen. Was ist denn passiert?«

»Sie zertrümmern Fensterscheiben und Türen. Sie werden sich gegenseitig die Köpfe zertrümmern.«

»Von wem sprichst du, Irina?«

»Von den CDC-Demonstranten.«

Sie schaltete den Fernseher an, aus dem gleich darauf ein irres Getöse brach.

»Hörst du«, sagte sie und fiel auf einen Stuhl.

Es war beim besten Willen nicht zu überhören. Ich schaute auf den Fernsehschirm, wo eine entfesselte, brüllende Menschenmasse tobte.

»Siehst du«, sagte Irina mit ersterbender Stimme.

»Ich sehe, aber ich weiß nicht genau, was los ist.«

»Sie versuchen, ins Parlamentsgebäude einzudringen, wo sich die Abgeordneten zu einer Sitzung versammelt haben. Sie schlagen die Fenster und die Tür des Hintereingangs ein.«

»Das ist aber nicht sehr schlau. Was wollen sie denn machen, wenn sie drinnen sind?«

»Den Abgeordneten an die Gurgel springen, nehme ich an.«

Irina stand auf, den nassen Schirm immer noch in der Hand, und trat neben mich: »Sie haben die Geduld verloren«, seufzte sie, »stehen ja auch schon seit Stunden in Schnee und Regen und hören immer wieder nur ein glattes Nein. Keine vorgezogenen Wahlen, kein Gespräch darüber. Trotzdem, es hätte nicht zu so was kommen dürfen, nicht von Seiten der CDC ... Oh Gott, jetzt zertrümmern sie auch noch ein Auto.«

»Sieht wirklich nicht gut aus«, sagte ich, »was ist denn mit der Polizei?«

»Die ist da, aber sie weiß nicht, was sie tun soll. So was ist doch noch nie vorgekommen!«

»Ich hoffe, meine Nichte steckt nicht mitten drin!«

»Da, siehst du, siehst du die kaputten Fensterscheiben? Wenn die Polizei nicht bald einschreitet, werden sie durchklettern.«

Evi, Bogdan und Raina trafen gegen sechs Uhr ein und waren in einem ähnlichen Zustand wie zuvor Irina: verstörte Gesichter, nasse Mäntel und tropfende Schirme, die sie sich nicht die Zeit nahmen abzulegen. Sie rannten geradewegs ins Zimmer und starrten auf den Fernsehschirm. Dort wurde gerade Tränengas eingesetzt.

»Wird immer schlimmer«, meine Evi, »ist gar nicht mehr unter Kontrolle zu kriegen.«

»Keiner weiß mehr, was er tut«, sagte Bogdan auf bulgarisch, »haben überhaupt keine Erfahrung, wie man sich in solchen Situationen verhält.«

»Die Leute vom CDC sind von sich aus nicht gewalttätig«, behauptete Raina, »man hat sie provoziert.«

Evi und Irina stimmten ihr zu.

Das Tränengas hatte sein Ziel verfehlt. Es war durch die kaputten Scheiben bis in den Sitzungssaal gedrungen, wo man die Abgeordneten hustend, mit tränenden Augen und Tüchern vor dem Mund, aufgescheucht durcheinanderlaufen sah. Die Demonstranten hatten nur einen kleinen Teil abbekommen und wußten sich zu helfen, indem sie Mäntel und Jacken auszogen und damit um sich schlugen. Ich mußte über die grotesken Bilder lachen, und Raina war begeistert. »Sollen sie da drinnen alle ersticken«, rief sie.

»Peter Strojanov ist auch drinnen«, sagte Evi, um den künftigen Präsidenten besorgt.

»Um den macht das Gas einen Bogen«, lachte Bogdan, »möcht'

wissen, welcher Idiot die Kapsel in die falsche Richtung geschmissen hat!«

»Vielleicht hat sie einer von den Demonstranten durchs Fenster geworfen, um die Abgeordneten zu treffen«, gab Irina zu bedenken.

»So was machen die Leute vom CDC nicht«, wiederholte Raina, »es war bestimmt die Polizei oder ein Provokateur.«

»Gut, daß ihr hier seid«, sagte ich, »ich hatte schon Angst um euch.«

»Ich hab gesehen, wie die Sache läuft«, erklärte Bogdan, »und gesagt: weg von hier, es wird gefährlich.«

Um sieben Uhr kam Avramsky nach Hause und war, im Gegensatz zu den anderen, die Ruhe selbst. Er zog sich im Flur den Mantel aus, kämmte sich das Haar und betrat dann mit einem »Guten Abend, die Herrschaften« das Zimmer. Im Arm trug er liebevoll an sich gedrückt eine Flasche Whisky. Man begrüßte ihn zerstreut, denn auf dem Fernsehschirm hatte das Tohuwabohu einen Höhepunkt erreicht. Die ersten Demonstranten versuchten, durch die zerbrochenen Scheiben zu klettern, und die Abgeordneten verbarrikadierten sich, indem sie sämtliche große Möbelstücke vor Fenster und Türen zerrten.

»Ich glaube es nicht«, sagte ich lachend, »das geht ja zu wie im bayerischen Bauerntheater.«

»Das ist eine Schande«, empörte sich Avramsky, »benehmen sich wie die Barbaren! Ich bin auch für vorgezogene Wahlen, aber bitte auf zivilisierte Art und Weise.«

Einen Moment lang herrschte betretenes Schweigen, dann rief Raina: »Man hat sie provoziert. Wie lange soll das Volk noch stillhalten?«

»Das Volk«, sagte Avramsky, »halten Sie das für ein Volksbegehren? Fünf- bis zehntausend Rowdies machen diesen Krach und selbst wenn sie provoziert worden sind, was noch lange nicht feststeht, bringt das bestimmt keine Lösung. Gewalt ist nie eine Lösung.«

»Ich bin auch gegen Gewalt und gegen das, was hier passiert«, sagte Bogdan, »aber irgendwie ist es zu verstehen.«

»Ja«, sagte Evi, »wie lange hätten wir da noch mit unseren Kerzen stehen, Lieder singen und zivilisiert um Wahlen bitten sollen?«

»Die Serben stehen seit fünfzig Tagen da, und es ist zu keinen Ausschreitungen gekommen«, bemerkte Avramsky, »wir stehen zum zweiten Mal da und zertrümmern die Fenster und Türen des Parlaments. Wenn das ein demokratisches Verhalten sein soll, dann muß ich fürchten, daß wir nicht reif für die Demokratie sind.«

Raina faßte ihn scharf ins Auge. Ein böser Verdacht stieg in ihr auf. Dieser Mann dachte und sprach anders. Dieser Mann war nicht aus ihren Reihen.

»Von wem hätten wir wohl ein demokratisches Verhalten lernen sollen«, fragte sie spitz, »von den Herren Kommunisten?«

Es war natürlich wieder Bogdan, der die richtigen Worte fand, um die Situation zu entspannen: »Avramsky«, sagte er, »weißt du, für was ich jetzt reif wäre? Einen Schnaps.«

Avramsky hielt siegessicher die Flasche hoch: »Whisky«, rief er, »Geschenk von meinem Chef! Haben heute einen großen Auftrag für ein Alarmsystem bekommen. Der erste und bestimmt der letzte in diesem Monat. Hat er mir gleich eine Flasche Whisky geschenkt.«

»Großzügiger Chef«, sagte Bogdan anerkennend mit dem Kopf wackelnd.

Es war inzwischen acht Uhr geworden, aber die Situation vor und im Parlament unverändert. Die verbarrikadierten Abgeordneten saßen erschöpft auf den Stühlen oder beratschlagten in kleinen Gruppen, was nun weiter zu tun sei. Raus konnten sie nicht, denn dort tobte weiterhin die aufgebrachte Menschenmasse, brüllte, pfiff, hämmerte mit schweren Gegenständen gegen die Tür, kippte Autos um, verprügelte Polizisten. Die setzten zum ersten Mal ihre Schlagstöcke ein. Verwundete wurden weggetragen.

Evi, Raina und Irina fielen von einem Schrecken in den anderen und Bogdan erklärte: »Gehen wirklich zu weit! Ist keine gute Reklame für uns.«

»Die einzige, die euch helfen wird, von der internationalen Öffentlichkeit wahrgenommen zu werden«, prophezeite ich.

Avramsky kam mit der geöffneten Flasche, Gläsern und einem kleinen Radio zurück.

»Dreißig Verwundete sind bereits in der Unfallstation eingeliefert worden«, verkündete er und drehte das Radio lauter. Man dämpfte den Ton des Fernsehers und lauschte den Rundfunkberichten und -Aufrufen: Man möge Ruhe bewahren und den friedlichen Demonstranten, die seit Stunden in Schnee und Regen ausharrten, Tee und Kaffee bringen. Man würde die Situation in den Griff bekommen und klären, auf wen und was sie zurückzuführen sei. Ein aufgeregter Polizeioffizier beteuerte, es sei nicht die Polizei gewesen, die das Tränengas eingesetzt hätte, das *bombitschka* – das Bömblein – sei aus der Mitte der Demonstranten gekommen. Dieser Behauptung schloß sich eine langatmige Debatte über die Frage an, wie die Krawalle überhaupt zustande gekommen wären. Die Mitglieder der BCP (sozialistischen Partei) bezichtigten die Mitglieder der CDC der Gewalttätigkeit, die Mitglieder der CDC beschuldigten die Mitglieder der BCP der Provokation. Eine Klärung der Frage war nicht in Sicht.

Bei uns war es inzwischen gemütlich geworden: Die Flasche Whisky hatte sich geleert, Irina hatte Oliven, Schafskäse und Truschia – in Essig eingelegtes Gemüse – serviert. Dichte Rauchwolken vernebelten das Zimmer, und Avramsky, der keinen Hehl mehr aus seiner Vergangenheit machte, überraschte die Anwesenden mit einer ausgewogenen politischen Analyse, die sogar Raina beeindruckte.

Evi beugte sich zu mir und flüsterte: »Vor dem Mann habe ich Respekt. Er ist klug, ehrlich und mutig.«

»Ja«, flüsterte ich zurück, »selbst Raina, die ja in solchen Fällen gnadenlos ist, muß das zugeben.«

»Die Ärmste hatte eine Hysterektomie.«

»Ach so«, sagte ich, obgleich mir der Zusammenhang zwischen ihrer gnadenlosen Einstellung und der Entfernung ihrer Gebärmutter nicht ganz klar war. »Ist aber immer noch eine schöne Frau. Sieht aus wie eins der Frauengemälde von Modigliani ... kennst du den Maler?«

»Natürlich, Angeli! Wir sind hier gebildeter als die Menschen im Westen. Damals war auf kulturellem Gebiet sehr viel los in Bulgarien und wir haben unheimlich viel gelesen.«

Es war das erste Mal, daß sie für das »damals« in Bulgarien eine Lanze brach, und ich überlegte, ob das dem Ex-Kommunisten Avramsky, der ihr mit Klugheit, Ehrlichkeit und Mut imponiert hatte, zu verdanken war.

Um ein Uhr hatte man die Situation immer noch nicht in den versprochenen Griff bekommen. Die Abgeordneten hatten sich im Parlament häuslich niedergelassen, die Demonstranten vor dem Parlament Wurzeln geschlagen. Das Aufgebot und die Einsatzbereitschaft der Polizei reichten offenbar nicht aus, um die einen zu vertreiben und die anderen zu befreien. Evi, Bogdan und Raina beschlossen, das unabsehbare Ende des Dramas nicht mehr abzuwarten, und verabschiedeten sich. Irina und Avramsky, die Augen auf den immer noch laufenden Fernseher geheftet, wünschten mir zögernd eine gute Nacht. Ich brachte es nicht über mich, sie in diesen entscheidenden Stunden in ihr Schlafzimmer zu verbannen, und sagte: »Wenn es euch nichts ausmacht, daß ich mich hinlege, könnt ihr gerne hierbleiben und weiter fernsehen.«

»Aber dann kannst du doch nicht schlafen«, meinte Irina.

»Im Gegenteil!« sagte ich. »In Jerusalem mache ich mir zum Einschlafen immer den Fernseher an. Er wirkt auf mich wie eine Narkose. Manchmal läuft er die ganze Nacht, und ich schlafe. Es ist fabelhaft.«

»Ist das wirklich so?« fragte Avramsky. »Oder sagst du das nur ...«

»Ich schwöre es. Trinkt, raucht, sprecht und weckt mich, wenn es soweit ist.«

Es bedurfte keiner großen Überredungskünste. Ich zog mir ein Nachthemd an und legte mich ins Bett. Irina und Avramsky holten sich ein Gläschen Rakia und setzten sich vor den Fernseher. Schließlich war ich unter Freunden und, von der auf leise gestellten Geräuschkulisse, dem Whisky und Zigarettenrauch betäubt, bald eingeschlafen.

Ich erwachte von einem beängstigenden Lärm. Eine ganze Menschenmeute schien sich in meinem Zimmer zu prügeln, und ich fuhr hoch. Irina saß zusammengekauert in einem Sessel, Avramsky, einen Arm um ihre Schultern gelegt, auf dessen Lehne. Beide starrten gebannt auf den Fernsehschirm und zogen dabei heftig an ihren Zigaretten.

»Man holt sie gerade heraus, Angelina«, wimmerte Irina, »es ist furchtbar.«

Man sah ein Menschenknäuel, aus dem hier und da Schlagstöcke, geballte Fäuste und blutüberströmte Köpfe herausragten. Dann sah man eine schmale Schneise, durch die, von entnervten, um sich schlagenden Polizisten verteidigt, vereinzelte Abgeordnete wie zerzauste Hasen rannten. Schließlich wurden auch noch ein paar von Sanitätern gestützte oder auf Bahren liegende Verwundete gezeigt.

»Ganz schlechte Organisation, ganz unzureichender Schutz«, erklärte Avramsky, der immerhin Offizier und Bodyguard gewesen war.

»Bulgaren zerfleischen Bulgaren«, stöhnte Irina, »das ist der Anfang eines Bürgerkriegs.«

»Ach was!« rief Avramsky. »Dazu gehört mehr als ein paar sture Regierungsmitglieder, wild gewordene Rowdies und unfähige Polizisten. Aber es ist schlimm genug.«

Er ging in die Küche und kam mit einem Glas und einer Flasche zurück.

»So, Angelina, jetzt trinken wir alle noch ein Schlückchen

Rakia auf dieses unrühmliche Ende und dann gehen wir schlafen.«

Es war zwischen drei und vier Uhr früh, als in Bulgarien die Fernseher erloschen und sich das erschöpfte, entgeisterte Volk zur Ruhe legte.

Kein Abschied für immer

»Sechzig Verwundete«, sagte Irina, als ich am nächsten Morgen die Küche betrat, »guten Morgen, Angelina.«

Sie trug den resedagrünen Rollkragenpullover und ein dünnes goldenes Kettchen, an dem ein schlichtes Kreuz hing. Ich hatte es noch nie an ihr gesehen und nahm an, daß sie es als Zeichen ihrer Trauer über die nächtlichen Vorfälle angelegt hatte.

»*Mob zerschlägt das Parlament*«, sagte Avramsky und hielt eine Zeitung hoch, »das ist heute früh die Schlagzeile. Eine Schande! Hoffentlich haben wir dich nicht um deinen Schlaf gebracht.«

»Nein, überhaupt nicht.«

Das Radio lief auf vollen Touren.

»Gibt es sonst noch irgendwas Neues?« fragte ich.

»Die Demonstration geht weiter«, entgegnete Avramsky und Irina fügte hinzu: »Aber friedlich. Und ein alter Herr sucht seinen Hund, einen Schäferhund, der hat sich gestern vor Angst von der Leine gerissen und ist weggelaufen. Der Mann ist völlig verzweifelt.«

»Kann ich verstehen«, sagte ich, trat ans Fenster und schaute auf die graubraune, matschige Fläche zwischen den Häuserblocks hinunter.

»Wird es im Frühling hier grün?« fragte ich.

»Oh, ja«, bestätigte Irina, »es wird grün und sieht im Frühling wunderhübsch aus.«

Vieles konnte ich mir vorstellen, aber nicht das.

»Im Sommer wird es dann schon gelb«, fuhr sie fort, »und im Herbst rot. Das ist sehr schön. Es war ein großes, großes Glück, diese Wohnung zu bekommen. Ich verdanke sie der Elektrizitätsgesellschaft. Die hat sehr viel für ihre Angestellten getan und nicht nur für die. Immerhin ist die Stromversorgung für zwei Jahre gesichert, während der Weizen nur noch bis Februar reichen wird.«

»Heißt das, ab Februar gibt es kein Brot mehr?«

»So ist es«, sagte Avramsky, »eine Mafiafirma namens ›Orion‹, an der höchste Regierungsbeamte beteiligt sind, hat 200.000 Tonnen Mehl ins Ausland verschoben und jetzt müssen wir den Weizen, falls wir ihn bezahlen können, aus Argentinien beziehen.«

»Kein Wunder, daß man die Abgeordneten gestern lynchen wollte«, sagte ich.

»Mit denen allein ist's nicht getan«, erklärte Avramsky, »halb Bulgarien müßte man lynchen. Eine Schande!«

»Komm, setz dich doch zu uns und trink ein Teechen«, forderte Irina mich auf.

»Ich hab mein Teechen schon getrunken, und Bogdan wird gleich hier sein. Geht ihr heute nicht zur Arbeit?«

»Doch, aber etwas später. Die meisten werden heute wohl etwas später zur Arbeit kommen.«

Bogdan jedenfalls war pünktlich. Er begrüßte Irina und Avramsky, ging dann mit mir in mein Zimmer und schloß die Tür hinter sich.

»Hier hast du Dollar für Miete«, sagte er und gab mir die Scheine, »stimmt genau. Nehme ich jetzt Koffer und gehe schon runter. Evi wartet im Auto. Fährt ihr Zug um zehn. Haben wir nicht sehr viel Zeit.«

Um Irina die Peinlichkeit der Bezahlung zu ersparen, legte ich das Geld auf den Tisch und sah mich noch einmal im Zimmer um: die exotische Topfpflanze, die ich beinahe mißbraucht hätte, die Bettcouch mit der abschüssigen Liegefläche, das nadelnde Weihnachtsbäumchen, von dem sich Irina offenbar nicht trennen konnte, die grüne Schildkröte mit den goldenen Beinchen, die unweigerlich das Bild der todkranken Mutter und ihrer blühenden Tochter vor dem Eiffelturm heraufbeschwor.

»Hat es dir auch wirklich bei uns gefallen?« fragte mich Irina, und ihr hübscher rosa Mund verzog sich wie bei einem ängstlichen Kind kurz vor dem Weinen.

»Mehr als das. Ich habe mich richtig wohl bei euch gefühlt.«

»Wirst du wiederkommen und uns besuchen?«

»Natürlich komme ich wieder und besuche euch. Und paß auf deine Pullover auf, Irina. Ich möchte, daß sie dann immer noch so schön und neu aussehen. Und du auch.«

Sie überreichte mir eine große Schachtel bulgarischer Pralinen, Avramsky das Bild einer bulgarischen Landschaft mit einer Schafherde.

Wir umarmten uns, Irina schnüffelte, Avramsky begleitete mich bis zum Auto.

Evi saß auf dem Rücksitz: »Angelika«, sagte sie kopfschüttelnd, »deine Stiefel sollten wirklich mal geputzt werden. Gib sie mir, ich mach das ein bißchen mit einem Papiertuch.«

»Ich zieh mir doch jetzt nicht die Stiefel aus, und du fängst da hinten an zu putzen! Wirklich, Evi, wenn du keine anderen Sorgen hast!«

»Doch, habe ich, und darum bringt mich das Putzen auf andere Gedanken.«

»Ich zieh mir trotzdem nicht die Stiefel aus.«

Wir fuhren los und ich erzählte von meinen nächtlichen Erlebnissen. Evi lachte, bis ihr die Tränen kamen, und Bogdan sagte: »Ja, noch zwei Tage mehr und ihr hättet alle drei gelegen in Bett und geschaut Television.«

Als der Bahnhof in Sicht kam, sagte Evi mit energischer Stimme: »Motek, du begleitest mich jetzt nicht auf den Bahnsteig und du auch nicht, Bogdan.«

»Natürlich nicht«, sagte ich, »hast du deinen Pavarotti?«

»Ja, diesmal ist er in meiner Manteltasche. Ich setz mir den

Walkman gleich auf, und wenn ich dann die Stimme höre, bin ich in einer anderen, einer schönen Welt.«

Bogdan hielt, und wir stiegen aus.

»Also, Evi, wir werden uns bald ...«

»Ja, Angeli, natürlich.«

»Vielleicht kommst du zu mir nach Jerusalem.«

»Dieses Jahr geht es nicht, weil ich nicht zweimal Urlaub machen kann und im Sommer vielleicht wieder nach München fahre.«

»Dann sehen wir uns vielleicht dort.«

»Ja, vielleicht. Das wäre schön!«

»Siehst du, so viele Möglichkeiten.«

»Und so viele ›Vielleichts‹«, sagte sie.

Ich nahm sie in die Arme, hatte ihre Locken in meinem Gesicht und das elende, durch nichts gerechtfertigte Gefühl, sie zum letzten Mal zu sehen.

Sie schluchzte kurz auf, riß sich los, umarmte Bogdan, nahm ihren Koffer und ging, ohne sich noch einmal umzudrehen.

»Äh, Angelintsche«, sagte Bogdan, »ist ja nicht Abschied für immer.«

»Nein, aber Evi und mir kommt es jedesmal so vor.«

Wir erreichten den Boulevard Zar Oswoboditel auf der Höhe des Parlaments und wurden von einem Verkehrspolizisten, der beim Zuknöpfen seiner Jacke einen Knopf übersprungen hatte, angehalten. »Die Straße ist gesperrt«, sagte er.

»He, Kamerad«, sagte Bogdan, »wir müssen zum Hotel Bulgaria. Die Dame wohnt dort und hat sechs Koffer. Bitte laß uns jetzt durch.«

»Moment«, sagte der Mann und beriet sich mit einem anderen.

Das Parlament war von Polizisten umstellt. Sie standen bewegungslos, die Beine leicht gespreizt, eine Hand am Schlagstock, Helm auf dem Kopf, den Gesichtsschutz, der in der Nacht zuvor noch gefehlt hatte, hochgeklappt.

»Kennst du das aus Israel«, konstatierte Bogdan, »sehen sie heute schon aus wie eure Polizei, haben sie in der Nacht gelernt.«

Der unordentlich zugeknöpfte Ordnungshüter kehrte zurück: »Also fahrt«, sagte er, »aber schnell und parkt nicht vor dem Hotel.«

Das Grandhotel Bulgaria war genauso kalt, leer und düster wie an dem Tag, an dem ich es verlassen hatte. Die apathische junge Frau stand hinter der Rezeption, der Hotelboy in dem zerknitterten Hemd strahlte in Erwartung eines guten Trinkgelds. Nur der Weihnachtsbaum mit den vier roten Kugeln und die stachelige Girlande um den Empfang waren entfernt worden. Ich fühlte mich zu Hause.

»Wollen Sie dasselbe Zimmer haben?« erkundigte sich die Frau.

»Ja bitte.«

»Gut, es ist noch frei.«

»Was meint sie wohl damit?« fragte ich Bogdan. »Erwartet sie eine Invasion?«

»Macht sich wichtig.«

Da war der alte Lift, der rote Läufer mit dem hellen Fleck, die lange, dünne Zimmerfrau in dem gestreiften Sträflingskittel: »Oh, liebe Dame, Sie sind zurückgekommen! Das freut mich aber!«

In meinem Zimmer hatte sich nichts verändert. Sogar das Zettelchen, auf das ich eine Telefonnummer gekritzelt hatte, lag noch zerknüllt im Aschenbecher, und von dem hohen Turm blinkte das rote Licht.

Ich gab dem Boy ein Trinkgeld und schob mich seitwärts ins Bad, um mir die Hände zu waschen. Dann ging ich in die Halle, in der Bogdan seinen alten Platz eingenommen hatte, Kaffee trank und eine Zigarette rauchte. Die dicke Frau, die an der Bar bediente, saß diesmal nicht strickend in der Ecke neben dem Heizkörper, sondern vor dem Fernseher. Dort diskutierten einige Männer und Frauen die Frage, wer für die Ausschreitungen verantwortlich sei. Eine auffallend gutaussehende Moderatorin machte einen entnervten Eindruck.

»Schöne Frau, die Moderatorin«, sagte ich zu Bogdan.

»Und sogar intelligent. Ist ja auch blau.«

»Selbst wenn sie nicht dem Bund der demokratischen Kräfte angehören würde, wäre sie schön.«

»Glaube ich nicht«, sagte er mit einem verschmitzten Grinsen.

Wir warteten auf Raina, die zur Demonstration gehen wollte. Sie kam zehn Minuten später und sah mitgenommen und gelb im Gesicht aus. Ich mußte an die Hysterektomie denken und fragte, ob sie sich nicht erst einmal setzen und etwas Heißes trinken wolle.

»Nein«, sagte sie, »das sind jetzt die entscheidenden Stunden. Ganz Sofia sollte demonstrieren.«

Ich hatte nicht vorgehabt, sie und Bogdan zu der Kundgebung zu begleiten, aber nach diesem strengen Satz wagte ich nicht, mich den entscheidenden Stunden zu entziehen.

Es fiel noch immer Schneeregen, und ich patschte mißgestimmt hinter den beiden her zur Alexander-Nevsky-Kathedrale. Dort war zwar nicht ganz Sofia, aber doch eine beachtliche Menschenmenge versammelt, und die war in kämpferischer Hochstimmung.

Vor dem Haupteingang der Kathedrale donnerten politische Größen von der CDC Reden ins Mikrofon. Einer triumphierte gerade: »... und heute sind es nicht die Serben, die in den Medien an erster Stelle stehen, sondern wir. Bei CNN, in Deutschland, in Frankreich, in Spanien sind wir die Schlagzeile! Wir haben gezeigt, daß auch wir nicht ewig stillhalten, daß wir kein Volk sind, das unfähig und eingeschüchtert alles mit sich machen läßt!«

»Natürlich nicht«, sagte eine männliche Stimme hinter mir und das Volk jubelte, schmetterte »CeDeCe«, streckte zwei zum V gespreizte Finger in die Luft.

Jetzt erwähnte der Redner einen Politiker von der sozialistischen Partei, der versuche, ihnen Gewalttätigkeit und undemokratische Methoden anzukreiden.

Das Volk ließ ein langgezogenes »Buuuhhh« hören und stach mit dem Daumen nach unten. Blaue Fahnen wurden geschwenkt und die üblichen Parolen geschrien: »Roter Dreck! Mörder! Wir wollen Wahlen!«

»So ist's richtig«, sagte die Stimme hinter mir.

Eine Zwischenmeldung wurde durchgegeben: »Der kleine Alex, der seine Eltern im Gedränge verloren hat, ist aufgefunden worden. Die Angehörigen möchten bitte zum Eingang der Kirche kommen.«

»Ist so ein kleiner Kauz auch wichtig!« sagte die Stimme und ich drehte mich um. Es war ein drahtiges Männlein, das meinen Blick auffangend energisch wiederholte: »Ist auch wichtig, nicht wahr, *gospodja*?«

Ich nickte ebenso energisch.

Ein neuer Redner trat ans Mikrofon und gab bekannt, daß die Studenten ihre Beteiligung an den folgenden Demonstrationen zugesagt hätten. »Wir sprechen ihnen unseren Dank aus«, rief er.

»Bravo!« jubelte das Volk.

»Und nun«, fuhr der Redner fort, »wollen wir hüpfen. Wer nicht hüpft, ist rot.«

Die Masse Mensch begann zu hüpfen und im Takt »Wer-nicht-hüpft-ist-rot« zu schreien.

»Ist gut für den Kreislauf«, sagte das drahtige Männlein hinter mir.

Ich verabschiedete mich von Bogdan und Raina und ging zurück ins Hotel. Etwa sechs Leute waren in der Halle, ein ungewöhnlicher Andrang. Ein Mann hatte eine Kameraausrüstung dabei, ein anderer sprach in ein Handy. Ein großer, breitschultriger Kerl saß in einem Sessel, und ich vermutete, daß es sich dabei um einen Bodyguard handelte.

»Sie hatten einen Anruf aus Jerusalem«, sagte die Frau hinter der Rezeption, die plötzlich mit Anzeichen von Lebendigkeit überraschte, »eine Dame hat sich erkundigt, ob Sie *alright* seien.«

Also nicht nur bei CNN, in Deutschland, Frankreich und Spanien war Bulgarien in den Nachrichten, sondern auch in Israel.

»Ich habe mir erlaubt, ihr zu sagen, daß Sie *alright* sind.«

»Das war richtig«, sagte ich. »Dankeschön.«
»Man macht sich Sorgen um uns«, sagte die Frau mit Stolz, »mein Bruder aus Schweden hat auch schon angerufen. Und wir haben allein für heute sieben Zimmerbestellungen.«
»Großartig«, sagte ich und dachte: Ein paar eingeschlagene Köpfe, ein bißchen Gewalttätigkeit, ein bißchen Blut und plötzlich erfährt die Welt, daß es ein Land gibt, das Bulgarien heißt.

Die Aasgeier und die Kellner

Die Aasgeier sind da und bevölkern den Roten Salon. Sie hatten mir sogar mein Tischchen an der lauwarmen Heizung gestohlen. Die zwei jungen Kellner, der eine mit krausem, der andere mit glattem Haar, hatten an diesem Morgen Dienst, und der Glatthaarige eilte auf mich zu und erklärte entrüstet, die Ausländer hätten das Schild *Réservée* einfach nicht zur Kenntnis genommen. Er würde mir dafür ein Tischchen in der anderen Ecke geben, das sei auch recht hübsch. Mein Frühstück mit der extra großen Kanne heißen Wassers, den zwei Teebeuteln und fünf Zuckertütchen würde gleich kommen.

Ich setzte mich, sah mir die Leute an und verfolgte das Geschehen. An einem Tisch in meiner Nähe saß eine blonde Frau mittleren Alters, die von dem kraushaarigen Kellner auf englisch Honig und Butter verlangte. Er verstand nicht. Ich übersetzte: »*Met e masslo.*«

»Honig gibt's«, sagte er, »Butter nicht.«

Ich übersetzte.

»Keine Butter«, sagte die Frau ungehalten, »warum gibt es keine Butter?«

Ich fragte den Kellner.

»Weiß ich nicht«, sagte der.

»Weiß er nicht«, sagte ich.

»Vielen Dank für die Übersetzung«, sagte die Frau mit honigsüßem Lächeln.

Am Fenster saß eine brünette Frau, ebenfalls mittleren Alters. Die wollte nur ein Kännchen Kaffee. Während sie diesen Wunsch noch einige Male in schwyzerisch gefärbtem Deutsch wiederholte, kam der andere Kellner und stellte ihr den Frühstücksteller vor die Nase.

»Nein, kein Frühstück«, protestierte die Frau und sprach jetzt laut und langsam, damit sie der Eingeborene auch ja verstehe, »nur Kaffee ... Kännchen Kaffee.« Sie hob mit der einen Hand die Tasse und mit der anderen ein imaginäres Kännchen, mit dem sie sich einschenkte. Der Kellner sah ihr spöttisch zu und entfernte sich.

An dem für mich reservierten Tisch saß ein junger Mann mit Zwergengesicht. Er bestellte bei meinem glatthaarigen Kellner auf englisch ein Glas Orangensaft. Der verstand und schüttelte zustimmend den Kopf.

»Haben Sie dann vielleicht ein Glas Grapefruitsaft?« fragte das Zwergengesicht. Der Kellner warf verneinend den Kopf in den Nacken und schnalzte dazu mit der Zunge.

Ich sah ein unentwirrbares Mißverständnis auf die beiden zukommen und schaltete mich ein: »Bring ihm ein Glas Orangensaft«, sagte ich zu dem einen und zum anderen: »Der Orangensaft kommt gleich.«

»Aber der Kellner hat doch eben ...«

»Ist alles in Ordnung«, sagte ich mit einem beruhigenden Lächeln.

Jetzt betraten zwei Herren den Roten Salon. Der jüngere setzte sich an ein leeres Tischchen, der ältere zu der brünetten Frau ans Fenster. Sie begannen ein Gespräch über die politische Lage auf französisch.

»Man muß mit weiteren Ausschreitungen rechnen«, sagte der Herr.

»Ja«, nickte die Brünette, »die Fronten zwischen den zwei Parteien haben sich dramatisch verhärtet.«

Der Kellner brachte ihr eine Tasse Kaffee.

»Ich habe ein Kännchen bestellt«, klagte sie, »aber so was gibt es hier offenbar nicht.«

Der Herr bedauerte die Zustände und verlangte ein Kännchen Tee ohne Frühstücksteller.

Ich sah dem Kellner an, daß er von den verzogenen Ausländern jetzt endgültig genug hatte und ihnen bringen würde, was er für richtig hielt. Mit dieser Einstellung trat er an den Tisch des jüngeren Mannes, der in gebrochenem Bulgarisch ein Glas Saft und danach einen Kaffee bestellte.

Es gäbe keinen Saft, sagte der Kellner, der dem Zwergengesicht eben ein Glas Saft gebracht hatte, aber er könne ein Glas Milch haben. Der Mann wollte keine Milch, die ja auch ein unpassender Ersatz für Saft war, und erklärte trübe, dann würde er also nur einen Kaffee trinken. Der Kellner entfernte sich mit grimmigem Gesicht und stieß in der Tür beinahe mit einem Schwarzen in gelbem Sweatshirt und grüner Baseballkappe zusammen. Der Kellner prallte erschrocken zurück und der Schwarze schlenkerte ein paar Schritte in den Raum und dann wieder hinaus. Ich war sehr erheitert über dieses unfreiwillige Theater und wartete auf die nächste Szene. Sie kam in Form der russisch-bulgarischen Mafia, vier Männer in modischen blauen Hemden und eleganten Krawatten. Der älteste, eine imposante, weißhaarige Erscheinung am Stock wurde von den anderen drei hofiert. Sie ließen sich an einem großen runden Tisch neben mir nieder.

»Sprechen wir Russisch oder Englisch?« fragte einer der Männer das am Stock gehende Oberhaupt.

»Russisch«, erklärte der, und da es sich bei dem Team um zwei Russen und zwei fließend Russisch sprechende Bulgaren handelte, war die Frage nach der Sprache wohl nur glatte Angabe gewesen. Man begann sofort mit der Unterhaltung, bei der es sich, selbst für mich verständlich, um *Privatisazia*, verschiedene Firmen, darunter eine oft erwähnte *Multi-Group*, und hohe Summen drehte. Beide Kellner, endlich einmal eine normale reichhaltige

Bestellung und gute Trinkgelder vorausahnend, stürzten sich auf den Tisch. Die vier Blauhemdigen verlangten Saft und Kaffee, *ham and eggs*, zwei Portionen Schinken, eine Portion Käse, Butter und saure Gurken. Es gab plötzlich wieder alles und keinerlei Komplikationen. Dafür ging an dem Tisch mit der Brünetten, die ein Kännchen Kaffee, und dem Herrn, der ein Kännchen Tee haben wollte, das Chaos weiter. Eine junge Bulgarin hatte sich zu ihnen gesellt, einem Aktenkoffer einen Packen Zeitungen entnommen und die, ziemlich achtlos, auf den immer noch dastehenden, unangerührten Frühstücksteller gelegt. Dem nicht genug, kam jetzt der kraushaarige Kellner mit einem zweiten Frühstücksteller und einer Tasse Kaffee und stellte beides vor dem Herrn ab. Der erlaubte sich einzuwenden, daß er kein Frühstück und keinen Kaffee, sondern ein Kännchen Tee bestellt habe. Der Kellner, mit angewidertem Gesicht, nahm den Teller wieder weg, die Brünette griff, zum Glück, nach der Tasse Kaffee, und die Bulgarin, die ihre Anwesenheit im Roten Salon allein der außergewöhnlichen politischen Lage und den Schlagzeilen in der Weltpresse verdankte, bat den Kellner um ein ganz normales Frühstück mit Kaffee. Inzwischen waren die blonde Frau, die keine Butter, der junge Mann, der keinen Saft, und das Zwergengesicht, das ein Gläschen blasser Flüssigkeit bekommen hatte, gegangen, der Mafia war bereits der erste Gang serviert worden, und ich hatte mein Frühstück beendet. So blieb also nur noch der unglückselige Tisch am Fenster, den mein glatthaariger, kompetenterer Kellner nun auch schleunigst hinter sich brachte, indem er dem Herrn eine Tasse heißes Wasser hinstellte und der Bulgarin zu verstehen gab, daß der Frühstücksteller unter ihren Zeitungen begraben war.

Wäre mir das alles passiert, hätte ich gewiß nicht so entzückt gekichert, wie ich es als Zuschauerin tat. Die zwei Kellner, die sich zu Recht für den Anlaß meiner Heiterkeit hielten, grinsten mir zu und der Kraushaarige sagte: »Ausländer! Kommen zum Frühstück und wollen nicht frühstücken. Haben immer genug zu essen gehabt, wissen es nicht zu schätzen.«

Ich blieb noch ein Weilchen sitzen, um den letzten Akt zu verfolgen, der darin bestand, daß sich der Herr am Fenstertisch erhob und erklärte, die Damen nicht länger stören und den Tee in seinem Zimmer trinken zu wollen. Er nahm die übervolle Tasse und verschüttete die Hälfte des heißen Wassers auf den Zeitungspacken. Die Kellner sahen ihm befremdet zu, sprangen aber nicht ein.

»So ein Umstand für eine Tasse heißes Wasser«, seufzte der Glatthaarige und beobachtete den Mann, der, die Tasse wie eine unentschärfte Mine weit von sich haltend, durch den Raum schlich.

»Wenn das ein Journalist vom CNN ist«, sagte er, »habe ich meinen Respekt für den Sender verloren.«

Danach trat Ruhe ein. Die gestylte Mafia bekam ihre *ham and eggs* und redete weiter über Privatisierung und Finanzierung. Hin und wieder steckte einer von ihnen anstatt die Gabel das Messer in den Mund, was nicht gut zu seiner eleganten Ausstattung paßte. Die Schweizerin und die Bulgarin, die alles ohne Beanstandung und extra Wünsche aufgegessen und ausgetrunken hatte, gingen den durchnäßten Packen Zeitungen durch, wobei die eine übersetzte, die andere Notizen machte. Die Kellner standen etwas abseits und rauchten Zigaretten.

Ich hinterließ ein Trinkgeld, das der Eintrittskarte zu einer erfolgreichen Komödie entsprach. Die Hauptdarsteller, fand ich, hatten es sich verdient.

Geliebtes Vaterland

Sie kamen angetrabt wie eine Herde ungestümer kleiner Pferde, ein paar hundert Studenten, die sich dem Bund Demokratischer Kräfte angeschlossen hatten. Über ihren Köpfen wehten die bulgarischen weiß-grün-roten und die demokratischen blauen Fahnen. Sie sangen mit starken Stimmen die sozialistische Nationalhymne:

> »*Mila rodena*
> – Geliebtes Vaterland
> *ti ce semen rai*
> – du bist das Paradies auf Erden
> *tweuta chubost*
> – deine Schönheit
> *tweuta prelest*
> – deine Pracht
> *njemat krai*
> – hat keine Grenzen.«

Die Worte waren so seelenvoll lyrisch wie die Melodie schwermütig. Es war keine sieghafte Hymne, die Glanz und Glorie eines Staates heraufbeschwor, sondern ein Lied, das der natürlichen Schönheit eines Landes huldigte. Es war kein zuversichtlicher Aufbruch, es war ein wehmütiger Abschied.

Und vielleicht war es auch nur eine Projektion und weniger die Schwermut der Hymne als die nostalgische Stimmung, in der ich mich befand. Vielleicht war es an diesem letzten Tag meines Aufenthalts der Abschied von einem Volk, das um sein Leben kämpfte, ein Kampf, in dem sich für mich keine Zuversicht und kein Aufbruch abzeichneten.

Ich stand auf dem Boulevard Zar Oswoboditel, dessen gelbe Klinkersteine meinen Füßen, dessen Häuser meinen Augen so vertraut waren, die Straße, mit der mich die tiefgreifendsten Erinnerungen verbanden. Erinnerungen ersten unsäglichen Schmerzes, ersten unfaßbaren Glücks.

Ich sah sie auf mich zutraben, Jungen und Mädchen, so jung wie ich damals gewesen war, und die Tränen waren schneller und stärker als die Worte, die ich mir zuflüsterte: »Sei nicht albern!«

»Geliebtes Vaterland, du bist das Paradies auf Erden ...«

Es war für mich kein Vaterland und es war für uns kein Paradies gewesen. Es war Exil gewesen und sehr oft Hölle. Die grenzenlose Schönheit und Pracht seiner Landschaft hatten wir selten genug auskosten dürfen. Das Geld hatte gefehlt und die Angst uns gelähmt. Und trotzdem hatte ich die Landschaft, die Natur Bulgariens bewußter wahrgenommen als die Deutschlands. Vielleicht weil sie Sofia so nahe gewesen und in die ländliche Stadt hineingewachsen war. Die Berge und die Wälder und die Maisfelder. Vielleicht auch, weil ich in Buchowo in und mit ihr gelebt hatte und dort gesund und glücklich gewesen war. Ja, es hatte Momente gegeben, in denen das Exil geliebtes Vaterland geworden war und ich die Schönheit der Natur als grenzenlos empfunden hatte.

Sie waren jetzt auf meiner Höhe, die jungen Menschen, und eine ungeheure Kraft und Vitalität ging von ihnen aus. Sangen sie die Worte mit Überzeugung, fühlten sie Liebe zu diesem Vaterland, das ihnen das Leben so schwer machte? Oder sangen sie mit bitterer Ironie: »Du bist das Paradies auf Erden ...« Das Paradies, das man lieber heut' als morgen verlassen würde.

Ich hatte mich mit einer Gruppe von ihnen unterhalten. Es waren freundliche Kinder gewesen, unpolitisch und ohne einen Funken Idealismus. Ihr Traum war der Westen gewesen: Dort das Studium fortsetzen, dort arbeiten und Geld verdienen! Hier, in Bulgarien, hätten sie keine Zukunft, hier würde es von Jahr zu Jahr schlimmer. Allein eine ältere Jurastudentin, die zwei Jahre mit ihrer Mutter im Westen gelebt hatte, war von diesem Traum geheilt zurückgekehrt. »Wir sind und bleiben dort Fremde«, hatte sie gesagt, »man duldet uns, aber man akzeptiert uns nicht. Ich habe Freunde in vielen westlichen Ländern, es geht ihnen finanziell gut und seelisch schlecht. Sie haben Sehnsucht nach Bulgarien.«

Geliebtes Vaterland ...

Ich kannte einige bulgarische Juden, die als Jugendliche mit der großen Auswanderung im Jahr 1949 nach Israel gegangen waren. Es waren tüchtige Menschen gewesen, die sich problemlos in die Gesellschaft eingefügt hatten und allgemein geschätzt wurden.

Sie hatten Bulgarien verlassen, aber Bulgarien hatte sie nicht verlassen. Es lebte in ihnen, seine Sprache, seine Sitten, seine Landschaft, auf die für sie die Zeile paßte: »Deine Schönheit, deine Pracht hat keine Grenzen.«

Sie fuhren immer wieder hin, besuchten dort verbliebene Verwandte und Freunde, wanderten durch die Landschaft ihrer Kindheit, gegen die das Chaos und Elend der Gegenwart nicht ankam.

Sie waren an mir vorbeigetrabt, die ungestümen kleinen Pferde mit ihren schwarzen und braunen Mähnen und ihren blanken Augen. Ich schaute ihnen nach. Würden sie aus den Ruinen des mir vertrauten Bulgariens ein neues heranwachsen sehen? Ein Bulgarien, das seiner Ursprünglichkeit und Seele beraubt, eine Parodie des Westens werden würde?

Ein leichter Wind hatte sich erhoben und die Wolkendecke aufgerissen. Ein Stück blauer Himmel kam zum Vorschein, dann die Sonne.

Ich ging den Boulevard Zar Oswoboditel hinunter, vorbei an dem Denkmal des »Zar Befreier« und dem ehemaligen Café Berlin, in dem ich als Kind so oft mit meiner Mutter und »Opa« Ginis, ihrem Verehrer, gewesen war. Vorbei am ehemaligen britischen Offiziersclub, in dem ich, siebzehnjährig, meine ersten unvergeßlichen Parties gefeiert, und an der ehemaligen *English Speaking League*, in der ich Englisch gelernt hatte. Ich ging und ging durch das »Ehemals« und immer war die Melodie in mir – eine Melodie, so schön wie das Land einmal gewesen, so traurig wie es geworden war.

Mila rodena – Geliebtes Vaterland ...

Gloomy Sunday

An diesem letzten Sonntagabend kam Lilli. Sie gab mir als Abschiedsgeschenk zwei gerahmte Fotografien: Auf der einen war unsere Schulklasse im Jahr 1942, auf der anderen das, was beim letzten Klassentreffen, vor wenigen Monaten, davon übriggeblieben war.

Wir saßen als einzige Gäste in dem großen Restaurant des Grandhotels Bulgaria und der Saxophonist spielte: *Happy days are here again ...*

Ich legte die Fotos vor mich auf den Tisch und betrachtete zuerst die Schar junger Mädchen, die in ihren Festtagsuniformen – blauer Rock, weiße Bluse, blau-weiß getupfte Schleife am Kragen und runder, kleiner Hut – vor der Kamera posierten: eine Reihe stehend, eine sitzend, eine kniend, im Hintergrund unsere Lehrerinnen, drei Nonnen, darunter die schöne Schwester Anastasia.

»Das Bild ist natürlich ziemlich verblichen«, sagte Lilli, »aber man erkennt uns noch. Hast du uns gefunden?«

»Ja, ich hab uns gefunden.«

Da saßen wir, die Köpfe dicht beieinander, Ludmila mit ihrem Katzengesicht und einem Ausdruck unterdrückten Lachens, Lilli lächelnd mit dicken, schwarzen Zöpfen und ich in der Mitte, mit gerecktem Hals und großen, erstaunten Augen.

Während ich mich in die drei kleinen, verwischten Gesichter vertiefte, stellte ich fest, daß mir meine Freundinnen gegenwärtiger waren als ich selber. Ich erinnerte mich plötzlich genau an Lillis Gang, und wie sie die Kürze ihrer Beinchen mit langen Schritten auszugleichen versucht hatte, und an Ludmilas Mimik, die der eines traurigen Clowns, der die Menschen zum Lachen bringen wollte, ähnlich gewesen war. Mich sah ich statisch: ein gereckter Hals, große Augen, eine Schleife, ein Hütchen, sonst nichts.

»Und wo ist Stefana?« fragte ich.

»Auf der rechten Seite, kniend ... siehst du sie?«

Ja, da war sie: klein, pummelig und über das ganze Gesicht lachend.

Ich schaute mir das andere Foto an. Da war keine Ludmila mehr und keine Stefana. Von Lilli abgesehen, waren sie mir alle fremd. Großmütter mit lebhaften, fröhlichen Gesichtern, die nicht das Alter der Fotografien, sondern das des Lebens verwischt und verformt hatte.

»Siehst du«, sagte Lilli und tippte mit dem Zeigefinger von einem Foto zum anderen, »das ist Radka damals und heute, und das ist Swetlana und das hier Vera ...«

»An die Vera von damals erinnere ich mich noch gut«, sagte ich und betrachtete das hübsche Gesicht, das mir aus einem Busch lockiger Haare entgegenlächelte, »ich habe sie immer um ihren rotblonden Wuschelkopf beneidet.«

»Schau mal, ob du sie auf dem anderen Bild findest.«

Ich warf einen Blick auf das Foto mit den fröhlichen Großmüttern und schob es beiseite.

»Finde ich nicht«, erklärte ich, »will ich auch gar nicht finden. Mein Gott, Lilli, was ist aus uns geworden!«

»Äh, Angelika, was aus allen Menschen wird. Aus einem jungen wird ein alter, aus einem alten ein toter Mensch. Was willst du! Wir befinden uns doch in guter Gesellschaft. Denk an all die großen bedeutenden Menschen, die uns vorangegangen sind. Denk an all die geliebten Menschen, die uns erwarten.«

»Ja, im *Winter Palace Hotel* in Jericho.«

»Wo?«

»Ach, ich hatte kürzlich einen Traum, da haben die Toten auf mich in einem zusammengebrochenen Hotel in Jericho gewartet ... was möchtest du essen und trinken, Lilli?«

Eine Kellnerin war zu uns getreten, eine kleine, dickliche mit einer weißen Schürze, die so schmuddelig war wie unser Tischtuch. Sie hatte ein bekümmertes Lächeln und fragte, ob wir schon gewählt hätten. Da wir es nicht hatten, sagte sie, es gäbe ein Spießchen oder ein Omelettchen und auch verschiedene Salatchen. Wir wählten aus dem reichhaltigen Angebot die Salatchen und bestellten dazu Rakia.

»50 oder 100 Gramm?« fragte sie.

»Hundert«, sagte ich, und zu Lilli: »Scheint mir unter den gegebenen Umständen erforderlich.«

»Was sind das für Umstände?«

»Mein letzter Abend in Bulgarien, die Fotografien, der Zustand des Restaurants ...«

»Das ist auch am Ende seines Lebens«, sagte Lilli und kicherte. »Geht kein Mensch mehr hin.«

»Nein, nicht einmal der CNN oder der Mann mit dem Zwergengesicht, der heute früh an meinem Tisch im Roten Salon gesessen hat.«

»Hier warst du damals oft mit deinem amerikanischen Mann, nicht wahr?«

»Mit dem auch, ja. Er hat so schön Tango und Rumba getanzt.«

»Weißt du, was aus ihm geworden ist?«

»Er ist tot. Vor eineinhalb Jahren in Australien an Krebs gestorben. Wir hatten jahrelang nichts voneinander gehört, und dann haben wir uns wiedergefunden und korrespondiert und telefoniert. Wir wollten uns unbedingt noch einmal sehen, aber es war zu spät.«

»Wie traurig«, sagte Lilli, »aber deine anderen Männer ...«

»Leben noch.«

Die Kellnerin brachte den Rakia, und der Klavierspieler und Saxophonist hatten sich an einen Tisch gesetzt und rauchten Zigaretten.

»Da wir schon einmal bei diesem Thema sind, Lilli, und ich sie hier auf dem Foto neben mir habe, wie ist Ludmila gestorben? Allein in ihrem Bett, in dieser schrecklichen Kajüte neben der Küche? Ich habe dich nie danach gefragt, hatte wohl Angst davor. Aber es läßt mich nicht los, ich muß es wissen.«

Lilli sah mich an, zögerte, sagte schließlich: »Sie wollte sterben, Angelika, zehn Jahre oder noch länger wollte sie nichts anderes als sterben. Nach ihrer Pensionierung wurde es noch schlimmer. Sie hat die meiste Zeit geschlafen, und wenn sie aufwachte, hat sie schnell wieder irgendwelche Schlaf- oder Betäubungsmittel geschluckt. Als Ärztin konnte sie sich ja Rezepte ausschreiben, und ihre Nachbarin hat ihr das Zeug geholt. Wenn sie mal kurz aufgestanden ist, um sich was zu essen zu holen oder zu waschen oder so, ist sie hingefallen. Sie war voller blauer Flecken und Wunden ...«

»Das weiß ich alles, Lilli.«

»Etwa ein Jahr, bevor sie gestorben ist, hat sie sich noch einmal aufgerappelt. Sie hatte eine Postkarte von ihrer Tochter, diesem Miststück, aus Wien bekommen. Die allererste in vierzig Jahren, glaube ich, und das schien ihr Auftrieb gegeben zu haben. Sie hat sich die Zähne machen und endlich die Haare kurz schneiden lassen. Sie war sogar auf einem Klassentreffen, und wir haben uns alle schrecklich gefreut und neue Hoffnung geschöpft. Aber sie hat es nicht geschafft, sie hatte ja keine Kraft mehr. Ich habe sie noch eine Woche vor ihrem Tod besucht und ihr eine Tafel Schokolade und ein paar Kekse gebracht. Sie hat alles sofort in sich hineingeschlungen. Ich hab sie gefragt: Ludmila, hast du nichts zum Essen zu Hause, soll ich dir was kaufen. Aber da war sie schon wieder eingeschlafen. Ja, Angelika, sie ist alleine gestorben, in der schmutzigen Küche, auf dem Boden. Ihre Nachbarin, die den Schlüssel hatte, hat sie am nächsten Tag dort gefunden. Ich habe mich immer wieder gefragt: Warum, warum hat sie das aus sich gemacht? Sie hat doch alles gehabt damals: Schönheit, Intelligenz, eine Wohnung, genug Geld. Die Männer sind ihr nachgelaufen, sie war eine gute, geschätzte Ärztin, und sie hatte so viele Freunde und Bekannte. Sie hätte sogar zu ihrem damaligen Mann und ihrer Tochter nach Wien gehen und dort arbeiten können!«

»Sie wollte aber nicht nach Wien. Sie wollte Bulgarien nicht verlassen. In die Männer war sie verliebt, Bulgarien hat sie geliebt, sogar mehr als ihre Tochter.«

»Ich verstehe das nicht, verstehst du es?«

»Teilweise ja. Wir waren uns in vielen Dingen ähnlich: in unserer Unruhe, in unseren Zweifeln, unserem Unglauben, unserer Unfähigkeit, einen Mann über die erste Zeit der Leidenschaft hinaus zu lieben. Nur hat mich das Leben stark gemacht und Ludmila hat das Leben schwach gemacht.«

»Und warum glaubst du, hat es sie schwach gemacht und dich stark?«

»Vielleicht, weil ich die richtigen Voraussetzungen dafür hatte.«

»Welche?«

»Einen disziplinierten deutschen Vater und eine vitale jüdische Mutter«, sagte ich und lachte.

»Dein Vater hat mich ganz stark beeindruckt. Ich erinnere mich noch heute an ihn. Er war ein Edelmann.«

»Ein Edelmann«, wiederholte ich, »das ist ein hübsches, antiquiertes Wort, das gut zu ihm paßt.«

»Ja, und deine Mutter war so warm und ängstlich. Immer hatte sie Angst um dich oder um irgend etwas anderes oder vor etwas.«

»Lilli«, fragte ich, »hast du es damals gewußt? Ich meine, daß meine Mutter Jüdin war.«

»Nein, gewußt habe ich es nicht und mir auch keine Gedanken darüber gemacht. Doch ... einmal hat Ludmila gesagt, sie glaube, daß deine Mutter Jüdin ist und ihr darum aus Deutschland geflohen seid. Da habe ich mir gedacht, das wäre ja schrecklich für dich, wenn es wirklich so wäre. Aber gewußt hat es Ludmila ja auch nicht. Du hast mit niemand darüber gesprochen, selbst mit ihr nicht. Bei Kriegsende, als man darüber hätte reden können, wart ihr in Buchowo, und als ihr zurückgekommen seid, waren wir schon in die Provinz verbannt worden. Ich habe es erst viel später erfahren. Da warst du schon weg. Ludmila hat mir alles erzählt. Auch von deiner Hochzeit, und daß es so viele gute Sachen zu essen gegeben hat und du immer gesagt hast: Iß, Ludmilitschka, iß! Denn wir hatten ja nichts mehr.«

»Ja, plötzlich war ich der Glückspilz. Wahrscheinlich hat die

Zigeunerin das vorausgesehen: einen Tisch voller amerikanischer Konvervenköstlichkeiten – *corned beef* und *frankfurters* und *meat balls in tomatoe sauce*.«

»Welche Zigeunerin?«

»Die Ludmila, dir und mir die Zukunft vorausgesagt hat. Erinnerst du dich etwa nicht mehr an unseren heimlichen Ausflug ins Zigeunerviertel zur Wahrsagerin?«

»Nein, Angelika, aber erzähl weiter, vielleicht fällt's mir dann wieder ein.«

»Wir waren zwölf oder so und haben uns irgendwelche alten Fetzen angezogen, um nicht aufzufallen. War alles schrecklich aufregend! Ich weiß nicht mehr, ob sie unsere Zukunft in einer Glaskugel, im Kaffeesatz oder in Tarotkarten entdeckt hat, auf jeden Fall war sie eine böse, alte Frau. Sie hat Ludmila und dir so scheußliche Dinge vorausgesagt, daß ihr beide zu heulen angefangen habt und …«

»Jetzt erinnere ich mich!«

»Siehst du! Und dann als letzte kam ich dran, und da hat mir doch diese Zigeunerin eine glanzvolle Zukunft prophezeit: Liebe, Erfolg, Geld, Glück, weiß der Teufel, was noch alles.«

»War wohl wirklich eine Hellseherin«, sagte Lilli nachdenklich, »hat doch alles gestimmt.«

»Wie man's nimmt. Ludmila hat einmal zu mir gesagt: Lilli ist ein glücklicherer Mensch als du und ich. Sie geht ganz in ihrem Leben als Ehefrau und Mutter auf.«

Lilli lachte und sagte: »Ich weiß nicht, ob man das glücklicher oder anspruchsloser nennen soll. Ich hab mich mit der Gesetzmäßigkeit des Lebens arrangiert und mich ihr angepaßt. Ihr nicht. Bei mir ging es in einer geraden, unauffälligen Linie, bei euch in scharfen Zacken rauf und runter. Ich hab weder das Glück der oberen noch das Unglück der unteren Zacken erreicht.«

Plötzlich stand der Saxophonist an unserm Tisch und fragte, ob die Damen einen besonderen Wunsch hätten, ein Lied, das sie gerne hören würden.

»*Gloomy Sunday*«, sagte ich aus meinen Gedanken heraus. »Kennen Sie das?«

»Natürlich«, erwiderte er, und mit einer weit ausholenden Gebärde das Lokal umfassend, »ein angemessenes Lied. Ich werde es gleich spielen.«

»Sollen wir nicht noch etwas trinken?« fragte ich Lilli, denn nicht nur das Lied, sondern auch ein zweiter Rakia schienen mir angemessen.

»Nein, wir gehen doch zur Demonstration! Mein Mann war heute vormittag dort, meine Tochter und ihr Mann heute nachmittag und jetzt bin ich an der Reihe. Es soll eine riesige Menschenmenge da sein, aber es soll ganz friedlich zugehen.«

Ich winkte die Kellnerin heran und bat um die Rechnung.

»Was ist mit dem Restaurant los?« fragte ich sie. »Kommt seit den Feiertagen niemand mehr her?«

»Es geht dem Ende zu«, gab sie mit gramvollem Gesicht zur Antwort. »Das Hotel Bulgaria ist an die *Multi Group* verkauft worden.«

Die Musiker hatten zu spielen begonnen, und der große, leere Raum war von dem Klagen und Schluchzen des Saxophons erfüllt.

»Das Hotel Bulgaria ist verkauft worden?« wiederholte ich fassungslos. »Und was wird nun daraus?«

»Es beibt wohl ein Hotel, aber es wird umgebaut, renoviert und ganz neu ausgestattet. Es wird nicht mehr das Hotel Bulgaria sein, unser schönes Hotel Bulgaria, das schönste Hotel Sofias.«

Unsere Ankunft im Hotel Bulgaria. Meine Mutter in einem weißen Musselinkleid und hochhackigen Sandalen. Mein Vater in einem leichten, eleganten Anzug und einem Panamahut. Ich mit meiner großen Puppe. Die zwei ineinandergehenden Zimmer, so groß, so hell – waren sie wirklich so gewesen? »Schau mal, Mutti, ist das gegenüber das Schloß, in dem der König wohnt?« – »Ja, mein Hase, ist das nicht aufregend?« Der Abschied von Papa im Hotel Bulgaria: »Du mußt jetzt sehr tapfer sein, meine Tochter, und deiner Mutter helfen.«

»Angelika, wie heißt das Lied?« fragte Lilli.

»*Gloomy Sunday*, düsterer Sonntag«, sagte ich, »die Menschen sollen sich in den dreißiger Jahren massenweise zu dieser Melodie umgebracht haben.«

»Warum hast du dir ausgerechnet das gewünscht?«

»Ich mag es. Oder hättest du lieber die alte zaristische Nationalhymne *Schumi Mariza* gehört?«

Lilli lachte, und die Kellnerin sagte: »Alles wird in unserem Land anders, aber nichts wird besser.«

»Die Leute sind verzweifelt«, sagte Lilli.

»Ich auch«, sagte ich.

Der Saxophonist blies weiter seine wunde Seele in das Instrument, und ich summte die Melodie leise mit, schaute mich noch einmal, zum letzten Mal, im Restaurant um, betrachtete mit trauriger Zärtlichkeit die Galerie, auf der ich mit den Siegern gesessen hatte, die breite Treppe, die ich hinabgestiegen war, den abgeschabten Parkettboden, auf dem ich getanzt, das kleine Podium, auf dem eine Fünf-Mann-Kapelle die alten amerikanischen und englischen Schlager gespielt hatte. Ich betrachtete die Tische und Stühle, die gewiß noch aus der damaligen Zeit stammten, und die häßlichen, gelblackierten Säulen. Ich versuchte, mir das siebzehnjährige Mädchen ins Gedächtnis zu rufen. Ja, da war sie. Ein merkwürdiges Geschöpf, nicht Kind und nicht Frau, in dem schwarzen Satinkleid seiner Mutter, die Haare hochgetürmt, die Lippen rot geschminkt, in den Augen der harte Glanz: »... *und wenn jemand tritt, dann bin ich es!*«

»Komm, Angelika«, sagte Lilli, »gehen wir – es wird Zeit.«

»Ja«, sagte ich, »es wird Zeit!«

Schöner Vogel Hoffnung

Es war ein sanft wogendes Menschenmeer, das unter einem klaren Sternenhimmel weit über die Ufer des riesigen Platzes hinaustrat und all die in ihn mündenden Straßen überschwemmte. Aus seiner Mitte ragte im gleißenden Licht der Scheinwerfer die gold- und grünspan-bekuppelte Kathedrale, schön und majestätisch wie nie zuvor. Es war ein so gewaltiger Anblick, daß ich tatsächlich das Gefühl hatte, in ein Meer zu tauchen und mich von seinem Sog immer weiter hineinziehen zu lassen. Es war dasselbe Glücksgefühl, das ich empfand, wenn ich mich in die Wellen warf.

»Warte«, rief Lilli und griff nach meiner Hand, »ich verliere dich sonst!«

Ich verliere mich selber, dachte ich, verliere mich in einer Hoffnung, die aus hunderttausenden von Körpern steigt, aus ihren Augen leuchtet, als Atem, Lachen, Rufen, Singen aus ihren Kehlen bricht. Eine Hoffnung, die sich, von den Melodien schöner Volkslieder beflügelt, vom Lärm der Rasseln, Trillerpfeifen und Trompeten angefeuert, von der Klarheit des Sternenhimmels, dem Glanz der goldenen Kuppeln verführt, aus meinem Bewußtsein gelöst und ihre eigne Dynamik entwickelt hatte. Und ich ließ mich von ihm tragen, diesem großen, schillernden Vogel Hoffnung, der Vergangenheit und Gegenwart hinter sich lassend der Fata Morgana Zukunft entgegen flog.

»Es sind sicher eine halbe Million Menschen«, sagte Lilli, »so was hab ich noch nie gesehen.«

»Ich auch nicht«, sagte ich.

»Und sie sind alle so fröhlich und friedlich, so, als sei Bulgarien, das schöne Bulgarien, plötzlich wieder auferstanden.«

Kleine Jungens waren auf Bäume geklettert und hingen dort wie überdimensionale Früchte, Frauen schoben ihre Babys in Kinderwagen vor sich her, Männer führten privilegierte Hunde an der Leine. Es wurden keine Parolen geschrien, keine politischen

Reden geschwungen, keine Kerzen angezündet. Es wurde auch nicht gehüpft. Das Volk war da und seine ruhige Zurückhaltung weitaus eindrucksvoller als jede militante Schau.

»Das ist der Aufbruch«, sagte Lilli, »wie gut, Angelika, daß du den noch miterlebt hast.«

Und ich, auf meinem wunderschönen Vogel reitend, sagte: »Ja, Lilli, ihr werdet es schaffen.«

Die Glocken der Kathedrale begannen zu läuten. Waren es Sonntagsglocken, Friedensglocken, Sturmglocken? überlegte ich und fühlte das Echo der schweren, dramatischen Schläge in meinem Herzen.

Bulgarien wird leben

Am nächsten Tag fuhr mich Bogdan zum Flugplatz.

»Wirst du sein in drei Stunden in deine warme Land, deine heilige Stadt, deine schöne Haus«, sagte er, »freust du dich, Gientsche, nach Hause zu fliegen, nicht wahr?«

»Momentan bin ich noch hier zu Hause.«

Er gab mir eine Zigarette und steckte sich eine zwischen die Lippen.

»Bist du zufrieden mit deine Besuch in Bulgarien?« fragte er.

»Es war mehr als ein Besuch. Es war eine Heimkehr in die Vergangenheit und ein Blick in die Gegenwart Bulgariens.«

»War nicht sehr gute Programm, hat beides keine Zukunft.«

»Ich weiß nicht. Als ich gestern abend auf der Demonstration war und das Menschenmeer mit dem Sternenhimmel darüber gesehen und die Lieder gehört habe, da wußte ich, ja, ich *wußte*, daß es eine Zukunft gibt.«

»War ich auch da mit Raina, war wirklich große Eindruck. Habe ich mir gedacht wie du: wird sich was ändern. Ein Land und eine starke Volk wie Bulgaren gehen nicht einfach kaputt. Werden noch viele sterben, werden noch viele weggehen, werde ich und meine Generation nicht mehr erleben gute Zeiten. Wird es gehen sehr langsam und nicht ohne Hilfe aus Westen. Aber wie und wann immer, glaube ich, Bulgarien wird wieder leben und Mirtsche, mein Enkel, wird sein Generaldirektor in große Fahrstuhlwerk.«

Er lachte, und ich nahm Abschied von seinem kleinen, kahlen Kopf, seinem verschmitzten Koboldgesicht, seinen starken Händen, die, eine Zigarette zwischen den Fingern, auf dem Lenkrad lagen.

»Ohne dich, Bogdan«, sagte ich, »wäre ich verloren gewesen. Und ich meine nicht, ohne dein Auto, an dem die Scheibenwischer übrigens immer noch nicht funktionieren, sondern ohne deinen Humor und dein Herz, das so groß ist wie der Kofferraum.«

»Ist es bulgarische Herz. Sind sie groß wie Kofferraum und liegen viele kaputte Sachen darin rum.«

»In meinem auch.«

Als er am nächsten roten Licht halten mußte, holte er einen flachen, viereckigen Gegenstand aus dem Handschuhfach und legte ihn mir auf die Knie:

»Ist Abschiedsgeschenk«, sagte er.

Ich riß das Papier auf und blickte auf eine kolorierte Zeichnung der Alexander-Nevsky-Kathedrale.

»Spielt doch große Rolle in Sofia und in deine Leben, nicht wahr?«

»Oh ja«, sagte ich, »eine gewaltige. Schau mal her, Bogdan: hier in der größten, höchsten Kuppel wohnt das alte Schlitzohr.«

»Was für alte Schlitzohr?«

»Der ›liebe Gott‹, der dafür gesorgt hat, daß ich mit elf Jahren nach Bulgarien kam und seither immer wieder komme.«

Ich sang:
>»*Mila rodena*
>– Geliebtes Vaterland
>*ti ce semen rai* …
>– du bist das Paradies auf Erden …«

Und Bogdan fiel mit schöner, kraftvoller Stimme ein:

>»*tweuta chubost, tweuta prelest*
>– deine Schönheit, deine Pracht
>*njemat krai* …
>– hat keine Grenzen.«